奥数题库

小学数学世界邀请赛试题解答

朱华伟　孙文先　编著

科 学 出 版 社
北 京

内 容 简 介

本书收录了“小学数学世界邀请赛”第一届(1998)至第十三届(2010)的全部试题,每届包含个人赛和队际赛两套试题. 对每一道试题均给出详解,有些题还给出了多种解法,目的是使读者加深对问题的理解,从中得到有益的启发.

本书可供小学数学资优生,准备小升初数学考试的考生,准备参加各类小学数学竞赛的选手,小学数学教师,高等师范院校小学数学教育专业大学生,数学爱好者及数学研究工作者参考.

图书在版编目(CIP)数据

小学数学世界邀请赛试题解答 / 朱华伟,孙文先编著. —北京:科学出版社,2011

(奥数题库)

ISBN 978-7-03-030891-7

Ⅰ. 小… Ⅱ. ①朱…②孙… Ⅲ. 小学数学课-题解 Ⅳ. G624.505

中国版本图书馆 CIP 数据核字(2011)第 073481 号

责任编辑:李 敏 / 责任校对:鲁 素

责任印制:徐晓晨 / 整体设计:黄华斌

科 学 出 版 社 出版

北京东黄城根北街 16 号

邮政编码:100717

http://www.sciencep.com

北京教图印刷有限公司 印刷

科学出版社发行 各地新华书店经销

*

2011 年 5 月第 一 版 开本:B5(720×1000)

2017 年 2 月第四次印刷 印张:12

字数:232 000

定价:88.00 元

(如有印装质量问题,我社负责调换)

张景中谈奥数

华伟教授认为，竞赛数学是教育数学的一部分．这个看法是言之成理的．数学要解题，要发现问题、创造方法．年复一年进行的数学竞赛活动，不断地为数学问题的宝库注入新鲜血液，常常把学术形态的数学成果转化为可能用于教学的形态．早期的国际数学奥林匹克试题，有不少进入了数学教材，成为例题和习题．竞赛数学与教育数学的关系，于此可见一斑．

写到这里，忍不住要为数学竞赛说几句话．有一阵子，媒体上面出现不少讨伐数学竞赛的声音，有的教育专家甚至认为数学竞赛之害甚于黄、赌、毒．我看了有关报道后第一个想法是，中国现在值得反对的事情不少，论轻重缓急还远远轮不到反对数学竞赛吧．再仔细读这些反对数学竞赛的意见，可以看出来，他们反对的实际上是某些为牟利而又误人子弟的数学竞赛培训．就数学竞赛本身而言，是面向青少年中很小一部分数学爱好者而组织的活动．这些热心参与数学竞赛的数学爱好者（还有不少数学爱好者参与其他活动，例如青少年创新发明活动、数学建模活动、近年来设立的丘成桐中学数学奖），估计不超过约两亿中小学生的百分之五．从一方面讲，数学竞赛培训活动过热产生的消极影响，和升学考试体制以及教育资源分配过分集中等多种因素有关，这笔账不能算在数学竞赛头上；从另一方面看，大学招生和数学竞赛挂钩，也正说明了数学竞赛活动的成功因而得到认可．对于青少年的课外兴趣活动，积极的对策不应当是限制堵塞，而是开源分流. 发展多种课外活动，让更多的青少年各得其所，把各种活动都办得像数学竞赛这样成功并且被认可，数学竞赛培训活动过热的问题自然就化解或缓解了.

摘自《走进教育数学》丛书总序

前　言

1997 年，香港著名慈善机构保良局举办了“小学数学亚洲邀请赛”．为鼓励学生放眼世界，培养学生作多元交流和发展，1998 年，这一赛事正式更名为“小学数学世界邀请赛”，至今共举办了十三届，每年都吸引了世界各地多支参赛队伍赴香港角逐各个奖项．

19 世纪末的香港，局势动荡不安，由社会慈善名人联名上书港督轩尼诗爵士，于 1878 年成立了保良公局，旨在保赤安良．随着社会环境的转变，现在保良局是香港一所庞大的社会服务机构，服务范围包括教育、福利和康乐，致力为香港提供优质、专业及多元化的社会服务．保良局的教育服务部多年来积极推广小学数学竞赛，希望通过数学竞赛提高全港学生的数学水平和能力．保良局历年来举办的数学竞赛包括“香港小学数学精英选拔赛(The Hong Kong Primary Mathematics Contest)”、“香港青少年数学精英选拔赛（The Hong Kong Mathematical High Achievers Selection Contest)”及“小学数学世界邀请赛（The Primary Mathematics World Contest)”等，在策划及推动数学竞赛方面积累了丰富经验．

“小学数学世界邀请赛”由香港保良局主办、香港教育学院协办，举办这项赛事的宗旨是为世界各国小学生提供一个国际数学交流的机会、促进世界各地小学生的友谊、发掘世界各地资优生学习数学的潜能．这项赛事通常在每年 7 月中旬举行．遵循国际数学奥林匹克（International Mathematical Olympiad）出题赛制，各参赛队伍提供试题，再由筹委会委任的评判团和各队领队在领队会议上共同商定试题．“小学数学世界邀请赛”的试题尊重教育规律，适合多数国家，内容涵盖广泛，其中不少赛题设计新颖，生动活泼，展示了数学之美．

“小学数学世界邀请赛”的比赛项目分个人赛和队际赛．参加个人赛的选手必须在1小时30分内完成15道试题；队际赛分两部分进行，必须在1小时内完成．第一部分，全队4名选手首先在5分钟内商议分配其中8个试题，在45分钟内独立完成各自分配的部分，每位成员至少完成1题；第二部分比赛时间15分钟，由全队4名队员合作共同完成余下的2道试题．邀请赛不但要求学生有一定的逻辑思维和独立解题的能力，而且讲求协作精神．数学是一门需要与人沟通交流的学问，选手们要具有团队分工、互助合作的精神，这样才能取得好成绩．

本书收录了第一届（1998年）至第十三届（2010年）香港保良局小学数学世界邀请赛的全部试题，对每一道试题均给出了详细解答，有些题还给出了多种解法，目的是使读者加深对问题的理解，从中得到有益的启发．

在本书编写过程中，编者参阅了许多中外文文献资料，在此向原作者表示衷心的谢意．广州大学软件所数学奥林匹克方向硕士生杨姗同学对本书的编写提供了很大的帮助，在此向她表示真诚的感谢．对于本书存在的问题，真诚希望读者不吝赐教．

朱华伟　孙文先

2011年4月

于广州大学城

目　录

第 1 章　第一届小学数学世界邀请赛

1.1　个人竞赛试题

1. 计算：$29\frac{27}{28}\times 27\frac{14}{15}$.

2. 在图 1-1 的乘式中，每一个方格□和英文字母都代表一个数字，不同字母代表不同的数字，□可填任意数字．请问“HAPPY”所代表的五位数是什么？

```
    □ 1 □
×     9 □
---------
  □ □ 9 □
□ □ □ 7
---------
H A P P Y
```

图 1-1

3. 小明生病了，医生嘱咐他必须每 8 小时服用一次 A 药，每 5 小时服用一次 B 药，每 10 小时服用一次 C 药．如果小明在星期二上午 7 时第一次同时服用这三种药，请问他在星期几的几点钟会再次同时服用这三种药？

4. 图 1-2 的三个图分别表示左右两边同重的三个天平，请问一个○的质量相当于几个□的质量？

5. 图 1-3 中，大小两个正方形面积部分重叠．请问两个正方形不重叠的部分面积相差多少 cm^2？

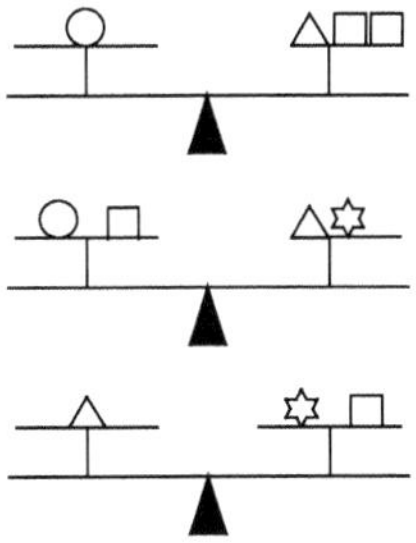

图 1-2

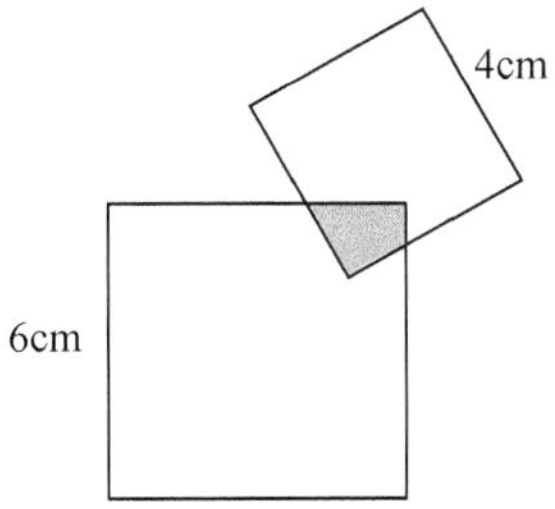

图 1-3

6. 大华和小明各带 100 元到文具店买练习簿．大华的钱刚好买 7 本大的与 4 本小的练习簿；小明买 5 本大的与 6 本小的练习簿，剩下 5 元．请问小的练习簿一本多少元？

7. 在某一个班级中,有 40% 的女生和 50% 的男生成绩得到 A,共有 12 名学生成绩得到 A. 如果班上女生的总人数和男生的总人数的比例为 5∶4,请问该班级共有多少名学生?

8. $997-996-995+994+993-992+991-990-989+988+987-986+985-984-983+982+981-980+\cdots+7-6-5+4+3-2+1=?$

9. 一位化学家将浓度为 48% 的硫酸溶液和浓度为 80% 的硫酸溶液混合后,再加入 2 升蒸馏水,均匀混合后,结果他得到浓度为 40% 的硫酸溶液 10 升. 请问化学家使用了多少毫升浓度为 48% 的硫酸溶液?(1 升 =1000 毫升)

10. 小明带 24 只鸡到市场去卖,早上每只鸡卖 7 元,卖出了不到总数的一半,下午他对每只鸡的价钱进行打折,折后的价钱仍是一个整数. 下午,他卖完剩下的鸡. 全天共收入 132 元,请问早上卖出多少只鸡?

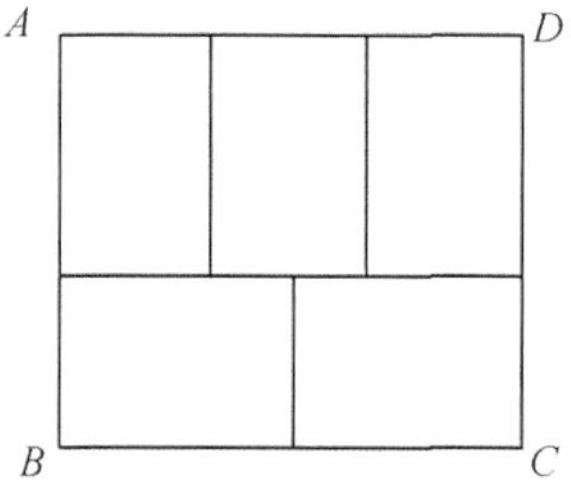

图 1-4

11. 如图 1-4 所示,长方形 $ABCD$ 是由 5 个全等的小长方形所组成的,如果长方形 $ABCD$ 的面积是 6750 cm^2,请问长方形 $ABCD$ 的周长为多少 cm?

12. 一个正方体骰子中,三组相对的面分别标了 1 与 6、2 与 5、3 与 4. 如果将这样两个骰子任意投掷在桌面上,它们的顶面与底面的点数依照下列方式作乘法运算:

(1)(第一个骰子顶面的点数) ×(第二个骰子顶面的点数);

(2)(第一个骰子顶面的点数) ×(第二个骰子底面的点数);

(3)(第一个骰子底面的点数) ×(第二个骰子顶面的点数);

(4)(第一个骰子底面的点数) ×(第二个骰子底面的点数).

请问上述四个乘积的和是多少?

13. 一辆卡车从 A 地开到 B 地的速度为每小时 50 km;从 B 地开回 A 地的速度为每小时 70 km. 如果这辆卡车来回 3 趟共花费 18 小时,请问 A、B 两地之间的距离是多少 km?

14. 用 0,1,2,…,9 配成五个两位数,每个数字恰好使用一次,当这五个数的乘积为最大时,这五个二位数中最大的数是多少?

15. 如图 1-5 所示,从 A 出发到 B,要求刚好经过六条线段走完(可利用横的线段、直的线段或斜的线段),请问最多有多少种走法?

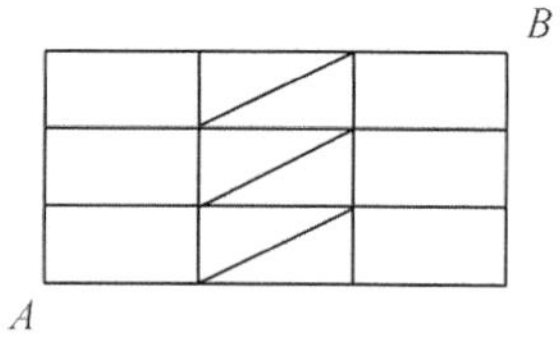

图 1-5

1.2　个人竞赛试题解答

1. 答案：$837\frac{1}{420}$.

解　可利用分配律简化计算过程：

$$29\frac{27}{28}\times 27\frac{14}{15}=\left(30-\frac{1}{28}\right)\times\left(28-\frac{1}{15}\right)$$

$$=840-2-1+\frac{1}{420}$$

$$=837\frac{1}{420}.$$

2. 答案：20661.

解　令乘式为

$$\begin{array}{rrrrr} & & a & 1 & b \\ \times & & & 9 & c \\ \hline & d & e & 9 & f \\ g & h & i & 7 & \\ \hline H & A & P & P & Y \end{array}$$

可知 $P=6$. 因为被乘数$\overline{a1b}$乘以 9 所得的数为$\overline{ghi7}$，其个位数为 7，故 $b=3$，也因此可知 $i=1$，$e=4$.

因为被乘数$\overline{a1b}$乘以 c 所得的数$\overline{de9f}$的十位数为 9，故可以知道 $c+(3\times c$ 的十位数$)=9$，再由$(3\times c$ 的十位数$)\leqslant 2$ 可知 $c\geqslant 7$，也因此知道$(3\times c$ 的十位数$)=2$，所以 $c=7$；

因为 $e=4$，$c=7$，所以 $a=2$，此时便可知完整的算式为

$$\begin{array}{rrrrr} & & 2 & 1 & 3 \\ \times & & & 9 & 7 \\ \hline & 1 & 4 & 9 & 1 \\ 1 & 9 & 1 & 7 & \\ \hline 2 & 0 & 6 & 6 & 1 \end{array}$$

所以“HAPPY”所代表的五位数是 20661.

3. 答案：星期三的晚上 11 时.

解　因为 8，5，10 的最小公倍数为 40，故在第一次同时服用这三种药后 40

小时会再次同时服用这三种药，即星期三的晚上 11 时．

4．答案：6 个．

解 由第一个图与第二个图可知 1 个☆的质量相当于 3 个□的质量，由第一个图与第三个图可知 1 个○的质量相当于 1 个☆的质量与 3 个□的质量和，所以 1 个○相当于 6 个□的质量．

5．答案：20 cm^2．

解 大正方形不重叠部分的面积为

$$6\times6-(\text{重叠部分面积})=36-(\text{重叠部分面积}),$$

而小正方形不重叠部分的面积为

$$4\times4-(\text{重叠部分面积})=16-(\text{重叠部分面积}),$$

所以两个正方形不重叠部分面积相差

$$[36-(\text{重叠部分面积})]-[16-(\text{重叠部分面积})]$$
$$=36-16=20(cm^2).$$

6．答案：7.5 元．

解 小明比大华少买 2 本大的练习簿但多买了 2 本小的练习簿，且少花 5 元，故可知 1 本大的练习簿比 1 本小的练习簿贵 $5\div2=2.5$ 元，因此 7 本大的练习簿总价比 7 本小的练习簿总价多 $7\times2.5=17.5$ 元，即 11 本小的练习簿总价为 $100-17.5=82.5$ 元，因此 1 本小的练习簿价钱为 $82.5\div11=7.5$ 元．

7．答案：27 名．

解 由于班上女生总人数∶男生总人数 $=5:4$，故可知女生与男生得到 A 的人数比为 $5\times40\%:4\times50\%=1:1$；已知共有 12 名学生成绩得到 A，故男、女生得到 A 的人数各为 6 人．再根据男女生中得到 A 的比例可求得全班人数为

$$6\div40\%+6\div50\%=15+12=27(\text{人}).$$

8．答案：167.

解 将该式按顺序以六个为一组运算：

$$(997-996-995+994+993-992)+(991-990-989+988+987-986)$$
$$+(985-984-983+982+981-980)+\cdots+(7-6-5+4+3-2)+1$$
$$=(1-1+1)+(1-1+1)+(1-1+1)+\cdots+(1-1+1)+1.$$

此时可知共有 $(997-1)\div6=166$ 组 $(1-1+1)$，故原式可改写为 $166\times(1-1+1)+1=167$.

9．答案：7500 毫升．

解 可知硫酸共有 $10\times40\%=4$（升）的硫酸，浓度为 48% 的硫酸溶液和浓

度为 80% 的硫酸溶液共有 $10-2=8$(升). 若 8 升全为 80% 的硫酸溶液,则应有 $8\times80\%=6.4$(升)的硫酸,比现有的多 $6.4-4=2.4$(升),故浓度为 48% 的硫酸溶液有

$$2.4\div(80\%-48\%)=7.5(\text{升})=7500(\text{毫升}).$$

10. 答案:6 只.

解　若所有的鸡按照早上的价钱出售,则可收入 $24\times7=168$ 元,但实际上仅收入 132 元,一共少了 $168-132=36$ 元,即为(折价)×(只数). 由于下午的价钱仍为整数,故可求出可能的组合为 6×6,4×9,3×12 与 2×18;再由早上卖出不到鸡总数的一半可知下午所卖出的鸡数至少为 13 只,因此仅 2×18 满足,即下午每只鸡折价 2 元,早上卖出 $24-18=6$(只).

11. 答案:330 cm.

解　由 $AD=BC$ 可知 2 倍的小长方形长的长度等于 3 倍的小长方形宽的长度,故可得

长方形 $ABCD$ 的周长

$=AD+CD+BC+AB$

=5 倍的小长方形宽的长度 +4 倍的小长方形长的长度

=11 倍的小长方形宽的长度.

因长方形 $ABCD$ 的面积是 6750 cm^2,故小长方形的面积是 $6750\div5=1350$ (cm^2),即小长方形宽的平方为 $1350\div1.5=900$,可知小长方形宽为30 cm,因此长方形 $ABCD$ 的周长为 330 cm.

12. 答案:49.

解　经观察可知相对面的点数和均为 7.

(第一个骰子顶面的点数) ×(第二个骰子顶面的点数)
+(第一个骰子顶面的点数) ×(第二个骰子底面的点数)
+(第一个骰子底面的点数) ×(第二个骰子顶面的点数)
+(第一个骰子底面的点数) ×(第二个骰子底面的点数)
=(第一个骰子顶面的点数) ×(第二个骰子顶面的点数
+第二个骰子底面的点数) +(第一个骰子底面的点数)
×(第二个骰子顶面的点数 +第二个骰子底面的点数)
=(第一个骰子顶面的点数) ×7 +(第一个骰子底面的点数) ×7
=(第一个骰子顶面的点数 +第一个骰子底面的点数) ×7
$=7\times7=49$.

13. 答案:175 km.

解 由于卡车来回 3 趟共花费 18 小时,可知卡车来回 1 趟需 $18 \div 3 = 6$(小时). 因卡车从 A 地驶到 B 地与从 B 地驶回 A 地的速度比为 $50:70 = 5:7$,且速度与时间成反比,故卡车从 A 地驶到 B 地与从 B 地驶回 A 地花的时间比为 $7:5$,即卡车从 A 地驶到 B 地共花费 $6 \times \frac{7}{12} = 3.5$(小时),因此 A、B 两地之间的距离为 $50 \times 3.5 = 175$(km).

14. 答案:90.

解 要使这五个数的乘积最大,这 5 个数的十位数应尽可能大,故十位数应取 5、6、7、8、9,即这 5 个数为$\overline{9a}$、$\overline{8b}$、$\overline{7c}$、$\overline{6d}$、$\overline{5e}$,其中 a、b、c、d、e 为 0、1、2、3、4. 因这 5 个数的乘积为$(90+a)(80+b)(70+c)(60+d)(50+e)$,故最大的乘积会发生在 $90 \times 80 \times 70 \times 60 \times e$ 最大时,故 e 取 4,因此可知其中有 54,此时转变为求$(90+a)(80+b)(70+c)(60+d)$的最大乘积,该值必发生在 $90 \times 80 \times 70 \times d$ 最大时,故 d 取 3,因此可知其中有 63,此时转变为求$(90+a)(80+b)(70+c)$的最大乘积,该值必发生在 $90 \times 80 \times c$ 最大时,故 c 取 2,因此可知其中有 72,此时转变为求$(90+a)(80+b)$的最大乘积,该值必发生在 $90 \times b$ 最大时,故 b 取 1,因此 $a=0$. 故这五个二位数中最大数为 90.

15. 答案:25 种.

解 若只以水平或竖直线段行走,则六条线段恰为最短路径,因此可直接根据加法原理得到走法总数:

图 1-6 中的数字为从 A 点沿直线段走到该点最短路径的方法数,故可知走到 B 点有 20 种走法;接着考虑加入走斜线段的方法数(图 1-7),则还有以下 5 种走法:

$A \to d \to i \to e \to j \to k \to B$, $A \to d \to i \to e \to j \to n \to B$,

$A \to d \to i \to j \to f \to k \to B$, $A \to d \to i \to e \to f \to k \to B$,

$A \to d \to e \to j \to f \to k \to B$.

因此共 $20+5=25$ 种走法.

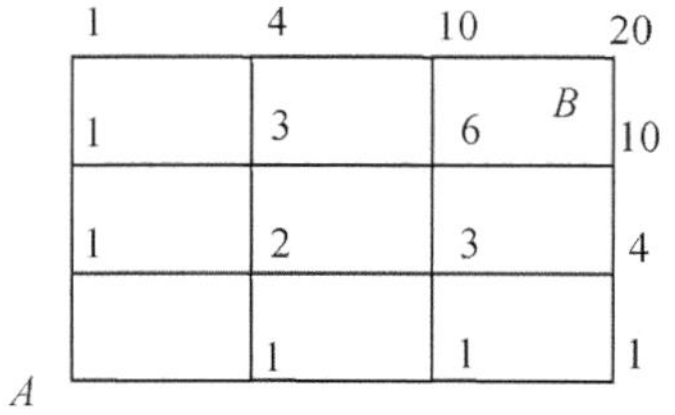

图 1-6

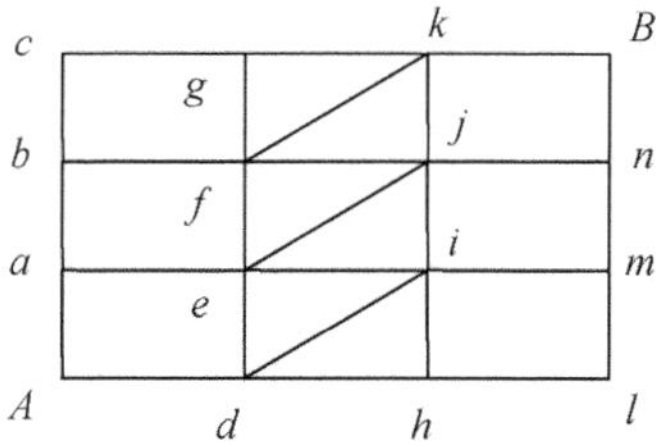

图 1-7

1.3　队际竞赛试题

1. 三角形 PQR 是边长为 3 个单位长的正三角形，线段 PU，UV，VQ，QW，WX，XR，RY，YZ，ZP 均长 1 个单位．阴影部分四边形 $UWXY$ 的面积占三角形 PQR 面积的几分之几（图 1-8）？

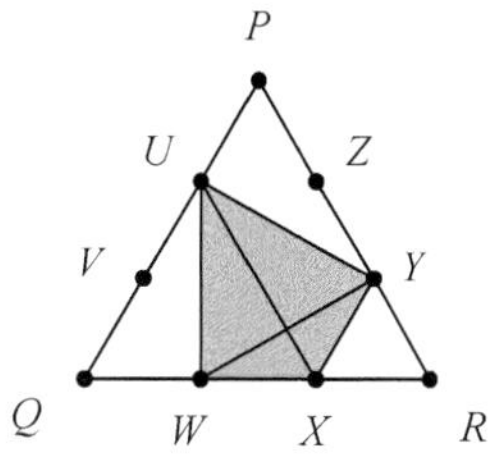

图 1-8

2. 计算：

$$1\times\left(\frac{1}{1}+\frac{1}{2}+\frac{1}{3}+\frac{1}{4}+\frac{1}{5}+\frac{1}{6}+\frac{1}{7}+\frac{1}{8}+\frac{1}{9}+\frac{1}{10}\right)$$
$$+3\times\left(\frac{1}{2}+\frac{1}{3}+\frac{1}{4}+\frac{1}{5}+\frac{1}{6}+\frac{1}{7}+\frac{1}{8}+\frac{1}{9}+\frac{1}{10}\right)$$
$$+5\times\left(\frac{1}{3}+\frac{1}{4}+\frac{1}{5}+\frac{1}{6}+\frac{1}{7}+\frac{1}{8}+\frac{1}{9}+\frac{1}{10}\right)$$
$$+7\times\left(\frac{1}{4}+\frac{1}{5}+\frac{1}{6}+\frac{1}{7}+\frac{1}{8}+\frac{1}{9}+\frac{1}{10}\right)$$
$$+9\times\left(\frac{1}{5}+\frac{1}{6}+\frac{1}{7}+\frac{1}{8}+\frac{1}{9}+\frac{1}{10}\right)+11\times\left(\frac{1}{6}+\frac{1}{7}+\frac{1}{8}+\frac{1}{9}+\frac{1}{10}\right)$$
$$+13\times\left(\frac{1}{7}+\frac{1}{8}+\frac{1}{9}+\frac{1}{10}\right)+15\times\left(\frac{1}{8}+\frac{1}{9}+\frac{1}{10}\right)+17\times\left(\frac{1}{9}+\frac{1}{10}\right)+19\times\frac{1}{10}.$$

3. 用打字机把 1 到 1997 的所有整数都打在纸上，共需按几次数字“9”的按键？

4. 某日清晨，一艘渡轮从香港岛驶向九龙，另一艘渡轮从九龙驶向香港岛，两艘渡轮航速不相同．它们同时出发，于上午 8:20 首次相遇，两艘渡轮继续航行到目的地，停留 15 分钟后才返航，两艘渡轮于上午 9:11 再度相遇．假设两艘渡轮全程匀速行驶，请问它们最初的开航时间是几点几分？

5. 下课时，五名学生中，有一名在黑板写了脏话，当老师质问时，学生回答如下：

学生 A 说：“是 B 或 C 写的．”

学生 B 说：“不是我也不是 E 写的．”

学生 C 说：“他们两个都说谎．”

学生 D 说：“不对，A、B 中只有一人说了实话．”

学生 E 说：“不，D 说的是假话．”

老师知道其中有三名学生绝对不会说谎，而有两名学生总是说谎，请问黑板上的字是谁写的？

6. 一项工程由 A、B、C 三个承包商承包，由于挖土机不足，他们互相租借所需的挖土机．首先 A 租挖土机给 B、C，租出的数量等于 B、C 原有的挖土机数量．几个月后，B 把挖土机租给 A、C，租出的数量等于 A、C 现有的挖土机数量．最后，C 把挖土机租给 A、B，租出的数量等于 A、B 现有的挖土机数量．这时，三个承包商都各有 24 台挖土机，请问各承包商最初各有多少台挖土机？

7. 将一个 $5\times5\times5$ 的正方体表面涂上红色，然后把它切成 $1\times1\times1$ 的小正方体．把表面至少有一面涂红色的小正方体全部取出，把它们重组成所有表面都是红色的长方体，问这样组成的长方体体积最大是多少？

8. 在 1,2,…,1997 的所有正整数中，最多可以找出多少个数，使得取出的这些数中，任意两个数加起来都不是 7 的倍数？

9. 有一个 10 位数，把它的数字顺序颠倒后，所得的 10 位数是原来的 9 倍，请找出所有满足上述条件的数．

10. 把 1,2,3,…,12 这 12 个整数围成一个圆圈排列，相邻两数的差只能是 2、3 或 4，求圆圈内相邻两数的差是 4 的次数最多有多少次？

1.4 队际竞赛试题解答

1. 答案：$\frac{4}{9}$．

解 连接 UX，则知

(1) 三角形 UXW 面积为边长是 2 单位的正三角形 UQX 面积的一半，因此三角形 UXW 面积为三角形 PQR 面积的 $\frac{1}{2}\times\frac{4}{9}=\frac{2}{9}$．

(2) 由题可知 $UW=UY$、$WX=XY$ 且 $UX=UX$，故 $\triangle UXY\cong\triangle UXW$，因此三角形 UXY 面积也为三角形 PQR 面积的 $\frac{2}{9}$．

故四边形 $UWXY$ 的面积占三角形 PQR 面积的 $\frac{2}{9}+\frac{2}{9}=\frac{4}{9}$．

点评 根据共角定理，可知三角形 PUY 面积为三角形 PQR 面积的 $\frac{1\times2}{3\times3}=\frac{2}{9}$、三角形 UQW 面积为三角形 PQR 面积的 $\frac{1\times2}{3\times3}=\frac{2}{9}$、三角形 YXR 面积为三角

形 PQR 面积的$\frac{1\times1}{3\times3}=\frac{1}{9}$，因此四边形 $UWXY$ 的面积占三角形 PQR 面积的 $1-\frac{2}{9}-\frac{2}{9}-\frac{1}{9}=\frac{4}{9}$.

2. 答案：55.

解　原式

$$=\frac{1}{10}(1+3+5+\cdots+19)+\frac{1}{9}(1+3+5+\cdots+17)+\frac{1}{8}(1+3+5+\cdots+15)+\frac{1}{7}(1+3+5+\cdots+13)+\frac{1}{6}(1+3+5+\cdots+11)+\frac{1}{5}(1+3+5+7+9)+\frac{1}{4}(1+3+5+7)+\frac{1}{3}(1+3+5)+\frac{1}{2}(1+3)+1$$

$$=\frac{1}{10}\times\frac{(1+19)\times10}{2}+\frac{1}{9}\times\frac{(1+17)\times9}{2}+\frac{1}{8}\times\frac{(1+15)\times8}{2}+\frac{1}{7}\times\frac{(1+13)\times7}{2}+\frac{1}{6}\times\frac{(1+11)\times6}{2}+\frac{1}{5}\times\frac{(1+9)\times5}{2}+\frac{1}{4}\times\frac{(1+7)\times4}{2}+\frac{1}{3}\times\frac{(1+5)\times3}{2}+\frac{1}{2}\times\frac{(1+3)\times2}{2}+1$$

$$=10+9+8+7+6+5+4+3+2+1=55.$$

3. 答案：595.

解　此即为计算 1 到 1997 间数字 9 出现的次数.

可将 1 至 9 视为 001 至 009、10 至 99 视为 010 至 099，则从 000 至 999 之间共有 $3\times1000=3000$ 个数字. 此时 0 至 9 这十个数字出现的次数一样，故数字 9 共出现 $3000\times\frac{1}{10}=300$ 次；同理可知，1000 至 1999 之间数字 9 共出现 300 次. 所以 1 到 1999 之间数字 9 共出现 600 次；因 998 与 999 数字 9 共出现 5 次，所以 1 到 1997 之间数字 9 合计出现 $600-5=595$(次).

4. 答案：8∶02.

解　若两艘渡轮均不停留 15 分钟而直接返航，则应于上午 8∶56 第二次相遇，即两次相遇共花费 36 分钟，见图 1-9.

在两次相遇间的 36 分钟内两艘渡轮共航行了两倍的香港岛至九龙的距离，即两艘渡轮共航行了香港岛至九龙的距离需花费 18 分钟；而因从出发至第一次相遇时两艘渡轮共航行了香港岛至九龙的距离，故可知出发时间为上午 8∶02.

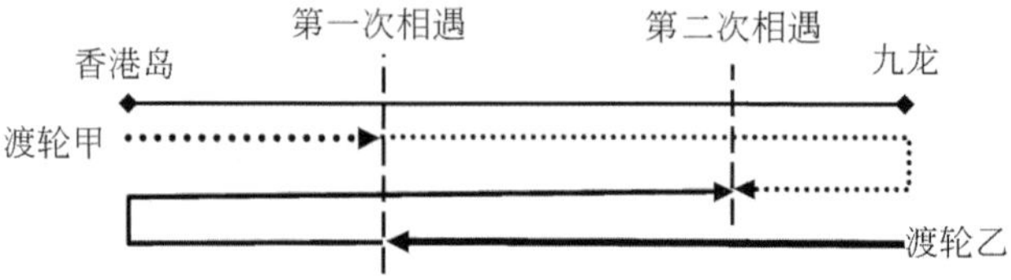

图 1-9

5. 答案:C.

解 (1)由 D 与 E 所讲的话可判断出 D 与 E 两人间至少有一人是说谎者;

(2)若 C 说实话,则 A 与 B 都是说谎者,与(1)矛盾,故 C 是说谎者;

(3)故由(1)与(2)可知 A 与 B 都说实话,因此黑板的字是 C 写的,且可知 D 说谎而 E 说实话.

6. 答案:A 有挖土机 39 台、B 有挖土机 21 台、C 有挖土机 12 台.

解 (1)由最后一次的租借状况为 C 把挖土机租给 A、B,租出的数量相等于 A、B 现有的挖土机数量且此时三个承包商都各有 24 台挖土机可知,在此之前 A 有 12 台挖土机、B 有 12 台挖土机、C 有 48 台挖土机;

(2)由第二次的租借状况为 B 把挖土机租给 A、C,租出的数量相等于 A、C 现有的挖土机数量且此时 A 有 12 挖土机台、B 有 12 台挖土机、C 有 48 台挖土机可知,在此之前 A 有 6 台挖土机、B 有 42 台挖土机、C 有 24 台挖土机;

(3)由第一次的租借状况为 A 把挖土机租给 B、C,租出的数量相等于 B、C 原有的挖土机数量且此时 A 有挖土机 6 台、B 有 42 台挖土机、C 有 24 台挖土机可知最初 A 有 39 台挖土机、B 有 21 台挖土机、C 有 12 台挖土机.

7. 答案:96.

解 可知共有 $5\times5\times5-3\times3\times3=98$ 个小立方块表面涂有红色,其中 8 个是三面涂红色、36 个是两面涂红色、54 个是一面涂红色.

(1)若要组成体积为 98 的长方体,则因 98 仅能用 $2\times7\times7$ 表示成三个整数的乘积,故可知需要 $5\times4\times2=40$ 个两面涂红色的小立方块,故不可能.

(2)若要组成体积为 97 的长方体,则因 97 为质数,故不可能.

(3)若要组成体积为 96 的长方体,则可利用以下方式:

(i)$3\times4\times8$ 长方体. 此长方体需要 8 个三面涂红色、$(3-2)\times4+(4-2)\times4+(8-2)\times4=36$ 个两面涂红色、$(3-2)\times(4-2)\times2+(3-2)\times(8-2)\times2+(4-2)\times(8-2)\times2=40$ 个一面涂红色的小立方块,以及再从其余的小立方块取 12 块置于内部;

(ii)$4\times4\times6$ 长方体．此长方体需要 8 个三面涂红色、$(6-2)\times4+(4-2)\times8=32$ 个两面涂红色、$(4-2)\times(4-2)\times2+(6-2)\times(4-2)\times4=40$ 个一面涂红色的小立方块，以及再从其余的小立方块取 16 块置于内部．

所以可组成的长方体体积最大是 96.

8. 答案：858.

解　因要求任取两数之和不可被 7 整除，故可将 1 到 1997 的数依照被 7 除所得的余数分类．因 $1997=7\times285+2$，故余数为 1 的有 286 个、余数为 2 的有 286 个、余数为 3 的有 285 个、余数为 4 的有 285 个、余数为 5 的有 285 个、余数为 6 的有 285 个、余数为 0 的有 285 个．此时若有余数为 1 的数，则不可有余数为 6 的数；若有余数为 2 的数，则不可有余数为 5 的数；若有余数为 3 的数，则不可有余数为 4 的数；若有余数为 4 的数，则不可有余数为 3 的数；若有余数为 5 的数，则不可有余数为 2 的数；若有余数为 6 的数，则不可有余数为 1 的数，且最多只能有一个余数为 0 的数．因此最多可选出 $286+286+285+1=858$ 个数．

9. 答案：1089001089，1098910989，1099999989.

解　可令此 10 位数为 $abcdefghij$，则由题意可得以下乘式：

$$\begin{array}{r} a\ b\ c\ d\ e\ f\ g\ h\ i\ j \\ \times\qquad\qquad\qquad 9 \\ \hline j\ i\ h\ g\ f\ e\ d\ c\ b\ a \end{array}$$

由积仍为 10 位数可知 $a=1$，$j=9$，故乘式为

$$\begin{array}{r} 1\ b\ c\ d\ e\ f\ g\ h\ i\ 9 \\ \times\qquad\qquad\qquad 9 \\ \hline 9\ i\ h\ g\ f\ e\ d\ c\ b\ 1 \end{array}$$

由积首位数为 9 可知 $9b$ 无进位，故 $b=0$ 或 1.

由积的十位数为 b 可知 $9i+8$ 的个位数为 b.

若 $b=1$，则积的十位数 i 为 9，此时 $9i+8$ 的个位数为 9，矛盾；

故 $b=0$，此时知 $9i+8$ 的个位数为 0，可得 $i=8$. 故乘式为

$$\begin{array}{r} 1\ 0\ c\ d\ e\ f\ g\ h\ 8\ 9 \\ \times\qquad\qquad\qquad 9 \\ \hline 9\ 8\ h\ g\ f\ e\ d\ c\ 0\ 1 \end{array}$$

现由该 10 位数的数字顺序颠倒后，所得的 10 位数是原来的 9 倍可知 $abcdefghij+jihgfedcba=abcdefghij0$，即可得以下算式：

$$\begin{array}{cccccccccccc} & & 1 & 0 & c & d & e & f & g & h & 8 & 9 \\ + & & 9 & 8 & h & g & f & e & d & c & 0 & 1 \\ \hline & 1 & 0 & c & d & e & f & g & h & 8 & 9 & 0 \end{array}$$

可知 $c+h$ 的个位数为 8 且 $c=8$ 或 9：

(1)若 $c=8$，则 $h=0$，此时加式为

$$\begin{array}{cccccccccccc} & & 1 & 0 & 8 & d & e & f & g & 0 & 8 & 9 \\ + & & 9 & 8 & 0 & g & f & e & d & 8 & 0 & 1 \\ \hline & 1 & 0 & 8 & d & e & f & g & 0 & 8 & 9 & 0 \end{array}$$

可知 $g+d$ 的个位数为 0 且 $d=8$ 或 9，$e=0$ 或 1.

若 $d=8$，则 $d+g$ 无进位，与 $g+d$ 的个位数为 0 矛盾；

故 $d=9$，且据此知 $g=1$. 此时加式为

$$\begin{array}{cccccccccccc} & & 1 & 0 & 8 & 9 & e & f & 1 & 0 & 8 & 9 \\ + & & 9 & 8 & 0 & 1 & f & e & 9 & 8 & 0 & 1 \\ \hline & 1 & 0 & 8 & 9 & e & f & 1 & 0 & 8 & 9 & 0 \end{array}$$

此时可知 $f+e+1$ 的个位数为 1，因此 $f=0$，$e=0$，加式为

$$\begin{array}{cccccccccccc} & & 1 & 0 & 8 & 9 & 0 & 0 & 1 & 0 & 8 & 9 \\ + & & 9 & 8 & 0 & 1 & 0 & 0 & 9 & 8 & 0 & 1 \\ \hline & 1 & 0 & 8 & 9 & 0 & 0 & 1 & 0 & 8 & 9 & 0 \end{array}$$

故 $\overline{abcdefghij}$ 为 1089001089.

(2)若 $c=9$，则 $h=9$，此时加式为

$$\begin{array}{cccccccccccc} & & 1 & 0 & 9 & d & e & f & g & 9 & 8 & 9 \\ + & & 9 & 8 & 9 & g & f & e & d & 9 & 0 & 1 \\ \hline & 1 & 0 & 9 & d & e & f & g & 9 & 8 & 9 & 0 \end{array}$$

可知 $g+d+1$ 的个位数为 9 且 $d=8$ 或 9.

(i)若 $d=8$，则 $g=0$. 此时加式为

$$\begin{array}{cccccccccccc} & & 1 & 0 & 9 & 8 & e & f & 0 & 9 & 8 & 9 \\ + & & 9 & 8 & 9 & 0 & f & e & 8 & 9 & 0 & 1 \\ \hline & 1 & 0 & 9 & 8 & e & f & 0 & 9 & 8 & 9 & 0 \end{array}$$

故 $e+f$ 的个位数为 0 且 $e+f+1$ 的个位数为 f，因此 $f=1$，$e=9$，

$$\begin{array}{cccccccccccc} & & 1 & 0 & 9 & 8 & 9 & 1 & 0 & 9 & 8 & 9 \\ + & & 9 & 8 & 9 & 0 & 1 & 9 & 8 & 9 & 0 & 1 \\ \hline & 1 & 0 & 9 & 8 & 9 & 1 & 0 & 9 & 8 & 9 & 0 \end{array}$$

故 $\overline{abcdefghij}$ 为 1098910989.

(ii)若 $d=9$,则 $g=9$. 此时加式为

$$\begin{array}{cccccccccccc} & & 1 & 0 & 9 & 9 & e & f & 9 & 9 & 8 & 9 \\ + & & 9 & 8 & 9 & 9 & f & e & 9 & 9 & 0 & 1 \\ \hline & 1 & 0 & 9 & 9 & e & f & 9 & 9 & 8 & 9 & 0 \end{array}$$

故 $e+f$ 的个位数为 8 且可知 f 为 $e+f$ 或 $e+f+1$ 的个位数、$e=8$ 或 9.

若 $e=8$,则 $f=0$,与 f 为 $e+f$ 或 $e+f+1$ 的个位数矛盾,故 $e=9$,且据此知 $f=9$. 此时加式为

$$\begin{array}{cccccccccccc} & & 1 & 0 & 9 & 9 & 9 & 9 & 9 & 9 & 8 & 9 \\ + & & 9 & 8 & 9 & 9 & 9 & 9 & 9 & 9 & 0 & 1 \\ \hline & 1 & 0 & 9 & 9 & 9 & 9 & 9 & 9 & 8 & 9 & 0 \end{array}$$

故 $abcdefghij$ 为 1099999989.

10. 答案:7 次.

解　可将这 12 个数分成 4 组,每一组均是公差为 4 的等差数列:{1, 5, 9},{2, 6, 10},{3, 7, 11},{4, 8, 12}. 此知可据最多可找到 8 个两数差为 4 的情况. 但这 8 个情况无法全部安排成为满足题意的状况. 若可以,即代表可将这一个圆圈切为四部分,每一部分恰有 3 个数,且这四组 3 个数依次恰为以上的四个等差数列. 可观察{1, 5, 9},9 之后只能接 11 或 12:

(1)若接 11,则依次为 1、5、9、11、7、3,此时可发现 3 之后无法再接任何一个数列,故不合题意;

(2)若接 12,则依次为 1、5、9、12、8、4,此时 4 之后只能接 2,故依次为 1、5、9、12、8、4、2、6、10,此时可发现 10 之后无法再接任何一个数列,故仍不合题意.

故两种状况均无法完成.

因此最多可有 7 次,排列方式之一如图 1-10 所示.

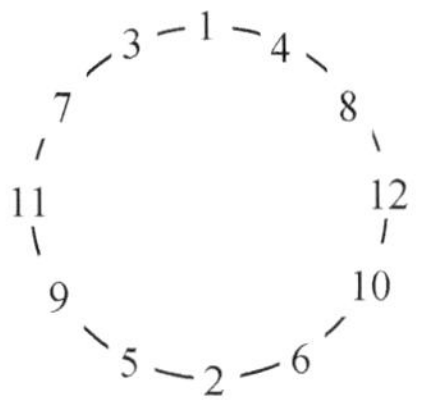

图 1-10

第2章 第二届小学数学世界邀请赛

2.1 个人竞赛试题

1. 计算：$\dfrac{1\times2\times3+2\times4\times6+3\times6\times9+4\times8\times12+5\times10\times15}{1\times3\times5+2\times6\times10+3\times9\times15+4\times12\times20+5\times15\times25}$.

2. 图2-1分别表示“三角形数”和“正方形数”的数列.

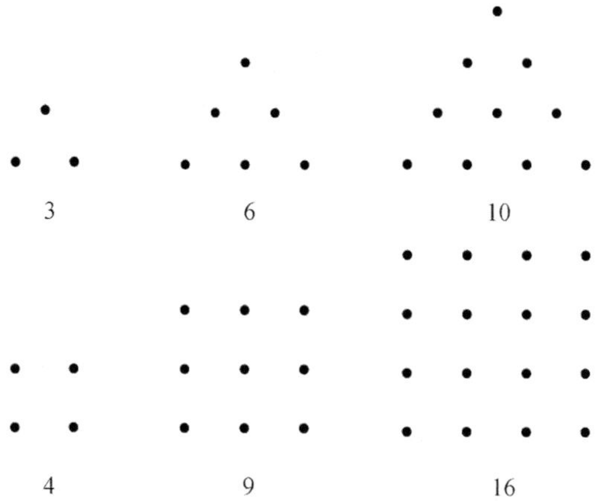

图2-1

如果某两个连续“三角形数”的差与某两个连续“正方形数”的差都是11，请问这四个数的和等于多少？

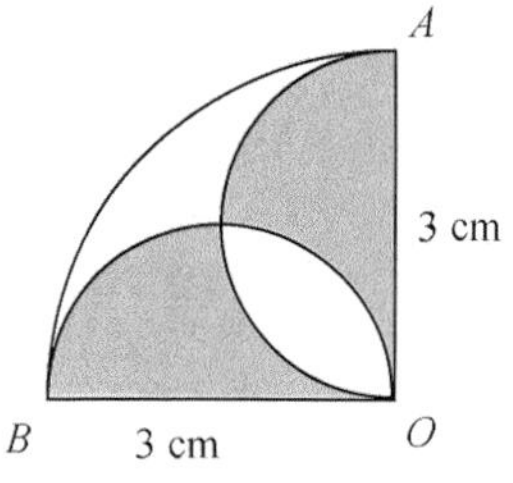

图2-2

3. 如图2-2所示，设 OA，OB 分别是小半圆的直径，且 $OA=OB=3$ cm，若 $\angle BOA$ 为直角，且 A，B 是在以 OA 为半径所成的大圆周上的两点，请问阴影部分的面积是多少 cm^2？

4. 假设某星球的一天只有10小时，每小时有100分钟，请问在6点75分时，时针与分针所形成的锐角为多少度？

5. 把若干个球分到 1998 个箱子之内，且所有箱子都被排成一列，如果从左边数起第二个箱子内有 7 个球，且任意四个连续的箱子球数的总和都是 30 个，请问最右边的箱子内有几个球？

6. 某一次数学测验之后，班上 25 名学生都瞄了老师的成绩册一眼，每一名学生都留意到有 5 个甲等成绩，没有一个学生看到全部的成绩，也没有一名学生看到自己的成绩，请问最少有几名学生获得甲等成绩？

7. 如图 2-3 所示，O 是边长为 6 的正方形 $ABCD$ 的中心，EOF 为直角三角形，$OE=8$，$OF=6$，求阴影部分的面积是多少？

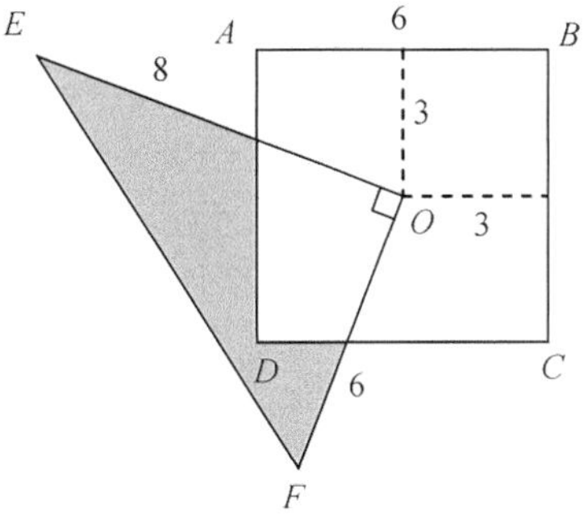

图 2-3

8. 小王要把三类厚度分别为 30 mm、24 mm 和 18 mm 的一堆书整理一下，他只将厚度相同的书分成高度一样的三叠，且尽量使书的高度越低越好，请问他共整理了几本书？

9. 请问三边长都是整数且周长是 10 cm 的三角形共有几个？

10. 请问 960 的正因子共有几个？

11. 请问 $2^{1998}+3^{1998}$ 的个位数是什么？

12. 从图 2-4 中的金字塔顶端数字“3”的方格出发，每步可走到该方格下面的两方格中的一格，一直到达底层为止．假如经过的七个方格内，所有的数字都不相同，请问走到最底层的所在方格内的数字为几？

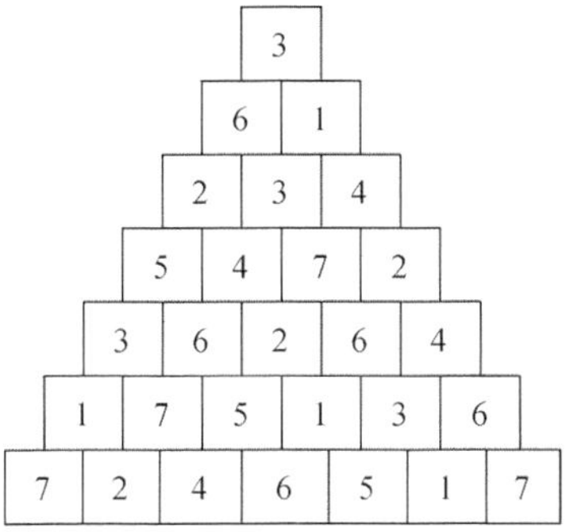

图 2-4

13. 每一年至少有一次星期五是某月的 13 日，但出现的次数不会超过三次，1998 年正好有三次，分别在 2 月、3 月和 11 月，请问下次刚好又有三个月的 13 日是星期五的是公元哪一年？

14. 将所有形如 $\frac{m}{n}$ 的分数排成一行，其中 m，n 都是自然数，且满足下面的规定：

（1）若 $m_1 \times n_1 < m_2 \times n_2$，则 $\frac{m_1}{n_1}$ 必须排在 $\frac{m_2}{n_2}$ 的前面；

(2)若 $m_1 \times n_1 = m_2 \times n_2$,且 $n_1 < n_2$,则$\frac{m_1}{n_1}$也必须排在$\frac{m_2}{n_2}$的前面.

请问在$\frac{1998}{1}$和$\frac{1}{1998}$两数中间共排有多少个分数?

15. 将9个边长分别为1,4,7,8,9,10,14,15,18的正方形拼成一个大长方形,请问这个长方形四个角上的四个正方形面积的总和是多少?

2.2 个人竞赛试题解答

1. 答案:$\frac{2}{5}$.

解 可利用分配律简化计算过程:

$$\frac{1\times2\times3+2\times4\times6+3\times6\times9+4\times8\times12+5\times10\times15}{1\times3\times5+2\times6\times10+3\times9\times15+4\times12\times20+5\times15\times25}$$
$$=\frac{(1^3+2^3+3^3+4^3+5^3)\times(1\times2\times3)}{(1^3+2^3+3^3+4^3+5^3)\times(1\times3\times5)}$$
$$=\frac{1\times2\times3}{1\times3\times5}$$
$$=\frac{2}{5}.$$

2. 答案:182.

解 三角形数的数列为3,6,10,15,…,两数差依次为3,4,5,6,…,可得差为11的两个三角形数为$(1+10)\times10\div2=55$,$(1+11)\times11\div2=66$.

正方形数的数列为4,9,16,25,…,两数差依次为5,7,9,11,…,那么差为11的两个正方形数为$5\times5=25$,$6\times6=36$.

因此所求为$55+66+25+36=182$.

3. 答案:4.5 cm^2.

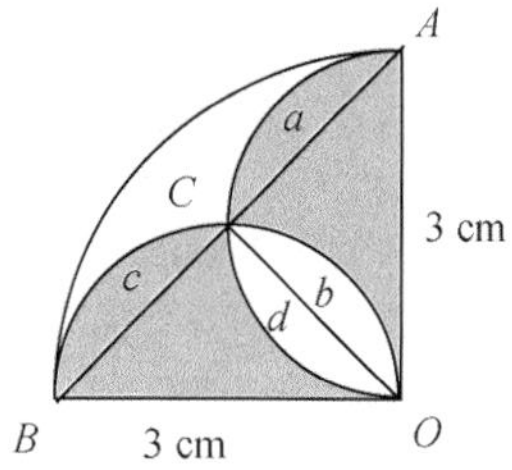

图2-5

解 因$AO=BO$,故连接AB可同时交两个小半圆于C,其中C同时为两个小半圆弧上的中点.因此连接CO后,由AB,CO两线段可分割出a,b,c,d四个全等的弓形区域(图2-5).可将弓形a移补到弓形b、弓形c移补到弓形d,此时可知阴影部分的面积恰为直角三角形ABO的面积,即$3\times3\div2=4.5(\text{cm}^2)$.

4. 答案:27°.

解　可知在该星球的时钟上只会有 1 到 10 这 10 个整点刻度，故时针每小时转 $36°$、分针每分钟转 $3.6°$. 与时针分针都同时指向 10 的时刻比较，在 6 点 75 分的时候时针应转动 $36°\times6.75=243°$、分针应转动 $3.6°\times75=270°$，故两针间所夹锐角为 $270°-243°=27°$.

5. 答案：7 个.

解　将这些排成一列的箱子从左边开始依次由 1 开始编号，分别设 1 号箱子、2 号箱子、3 号箱子、4 号箱子内有 a,b,c,d 个球. 因为任意四个连续的箱子球数的总和都是 30 个，故可知 $a+b+c+d=30$，5 号箱子内的球数为 $30-b-c-d=a$、6 号箱子内的球数为 $30-a-c-d=b$、7 号箱子内的球数为 $30-a-b-d=c$、8 号个箱子内的球数为 $30-a-b-c=d$……以此类推，可知箱子号码被 4 除后所得余数相同的箱子内的球数一样多. 已知左边数起第二个箱子内有 7 个球，故 $b=7$；又因 $1998=4\times499+2$，故最右边的箱子内的球数与左边数起第二个箱子相同，即有 7 个球.

6. 答案：6 个.

解　假设学生 A 看到的 5 个甲等成绩分别为学生 B、学生 C、学生 D、学生 E、学生 F. 因学生 B 没看到自己的成绩，故他必看见除了学生 C、学生 D、学生 E、学生 F 以外至少有一名学生也有甲等成绩，因此至少有 6 人获得甲等成绩.

7. 答案：15.

解　由于 O 是正方形 $ABCD$ 的中心，故经过 O 点的两条互相垂直的直线会将正方形 $ABCD$ 分割为四个面积相等的四边形；因 EOF 为以 O 点为直角的直角三角形，故两图形重叠区域占正方形面积的四分之一，故阴影部分的面积是 $\frac{1}{2}\times6\times8-\frac{1}{4}\times6\times6=15$.

8. 答案：47 本.

解　要叠成高度一样的三叠且要使高度最低，即找三种厚度的最小公倍数：$[30,24,18]=360$，因此最低的高度为 360 mm，即 30 mm 的书应有 $360\div30=12$(本)、24 mm 的书应有 $360\div24=15$(本)、18 mm 的书应有 $360\div18=20$(本)，共($12+15+20=$)47 本书.

9. 答案：2 个.

解　令三角形的三边长为 a,b,c 且 $a\geqslant b\geqslant c$，$a+b+c=10$.

若 $a\geqslant5$，则 $b+c\leqslant10-5=5\leqslant a$，与三角形两边和必大于第三边的性质矛盾；

若 $a\leqslant 3$，则 b,c 中至少有一数大于 3，与 $a\geqslant b\geqslant c$ 矛盾.

因此 $a=4$，此时 b,c 有两种可能的取值：$b=4,c=2$ 与 $b=3,c=3$，因此共有 2 个三角形符合题意.

10. 答案：28 个.

解 $960=2^6\times 3\times 5$，故 960 的正因子有 $(6+1)(1+1)(1+1)=28$（个）.

11. 答案：3.

解 可观察出 2^n 的个位数规律为 2，4，8，6 这四个数依次重复循环；而 3^n 的个位数规律为 3，9，7，1 这四个数依次重复循环. 因 $1998=4\times 299+2$，故 2^{1998} 的个位数为 4、3^{1998} 的个位数为 9，所以 $2^{1998}+3^{1998}$ 的个位数为 3.

12. 答案：6.

解 因顶端是“3”，故金字塔内有“3”的三个方格必不可经过，再由行走规则可知位于底部第一层与第二层最左边的“1”与“7”也不可能经过，故可先去除这 5 格，见图 2-6.

若从顶端的“3”往下走至“6”，则再下一步必走“2”，此时会发现在由上往下数第五层无路可走，故从顶端的“3”往下走必走至“1”，且再下一步必走“4”，此时可去除无法走到的部分与其他的“1”与“4”，见图 2-7.

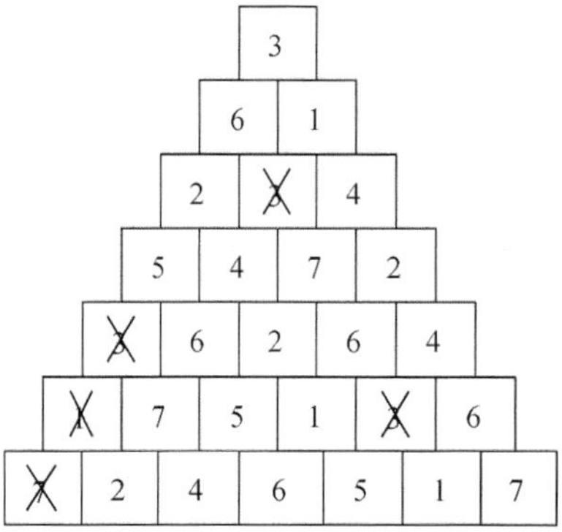

图 2-6

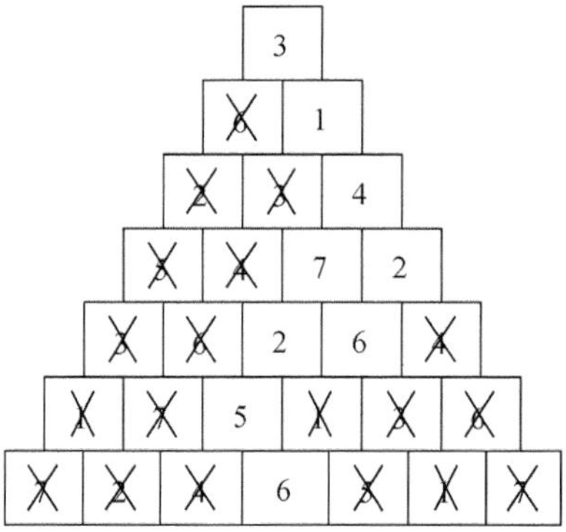

图 2-7

此时最下面一层只剩 6，故所求为 6，且以 3→1→4→7→2→5→6 这一路径完成.

13. 答案：2009 年.

解 若该年不是闰年，则 1 到 12 月每月的天数依次为 31、28、31、30、31、30、31、31、30、31、30、31，因一星期有 7 天，所以 1 到 12 月每月的天数除以 7 后所得余数依次为 3、0、3、2、3、2、3、3、2、3、2、3 天，因此若 1 月 13 日是星期 K（星期日视为星期0,K为0~6的正整数),则该年1月到12月的13日依次为星期K、$K+3$、$K+3$、$K+6$、$K+1$、$K+4$、$K+6$、$K+2$、$K+5$、K、$K+3$、$K+5$(以上之值若超过7,则化简为除以7后的余数),来年1月为$K+1$;因其中$K+3$发生在2月、3月和11月共三次最多,故非闰年中有三次的13日是星期五的情况发生在K值为2的时候.

若该年是闰年,则1到12月每月的天数依次为31、29、31、30、31、30、31、31、30、31、30、31,因一星期有7天,所以1到12月每月的天数除以7后所得余数依次为3、1、3、2、3、2、3、3、2、3、2、3天,因此若1月13日是星期K(星期日视为星期0,K为0~6的正整数),则该年1月到12月的13日依次为星期K、$K+3$、$K+4$、K、$K+2$、$K+5$、K、$K+3$、$K+6$、$K+1$、$K+4$、$K+6$(以上各值若超过7,则化简为除以7后的余数),来年1月为$K+2$;因其中K发生在1月、4月和7月共三次最多,故闰年中有三次的13日是星期五的情况发生在K值为5的时候.

可知1998年的K值为2,故1999年的K值为3、2000年(闰年)的K值为4、2001年的K值为6(因2000年为闰年)、2002年的K值为0、2003年的K值为1、2004年(闰年)的K值为2、2005年的K值为4(因2004年为闰年)、2006年的K值为5、2007年的K值为6、2008年(闰年)的K值为0、2009年的K值为2(因2008年为闰年),所以所求为2009年.

14. 答案:14个.

解 由于$1998\times1=1\times1998=1998$,因此由规则(1)知在$\frac{1998}{1}$和$\frac{1}{1998}$两数中间的分数,其分子与分母之积必为1998.

因$1998=2\times3^3\times37$,可知1998共有$(1+1)(3+1)(1+1)=16$个正因子;由于这16个正因子恰可分为8对数使得其积为1998,且均有两种排列方式,所以分子与分母之积为1998的分数共有16个,即在$\frac{1998}{1}$和$\frac{1}{1998}$两数间共排有14个分数.

15. 答案:826.

解 这9个正方形的总面积为$1\times1+4\times4+7\times7+8\times8+9\times9+10\times10+14\times14+15\times15+18\times18=1056$,即为所拼成之大正方形的面积. 因长与宽至少为18,故此长方形的长×宽可能的组合为22×48、24×44、32×33.

若长方形为22×48,则因$22-18=4$,故此时边长为18的正方形必在外侧,且与其组成长为22的正方形边长至多为4.

但因仅2个正方形边长符合,其边长分别为1与4,其和小于18,故不合题意.

若长方形为 24×44,则因 $24-18=6$,故此时边长为 18 的正方形必在外侧,且与其组成长为 24 的正方形边长至多为 6. 但因仅 2 个正方形边长符合,其边长分别为 1 与 4,其和小于 18,故不合题意.

故符合的长方形必为 32×33,则因 $32-18=14$、$33-18=15$,故此时边长为 18 的正方形可分别与边长为 14、15 的正方形组成长方形的长与宽,因此边长为 18、15、14 正方形必位于长方形的一个角;而可与 14 组成 33 的方法为 $9+10+14$、$1+8+10+14$、$4+7+8+14$,可与 15 组成 32 的方法为 $8+9+15$、$1+7+9+15$、$7+10+15$,经尝试后可发现仅图 2-8 为唯一的拼法,故所求为 $9\times9+14\times14+15\times15+18\times18=826$.

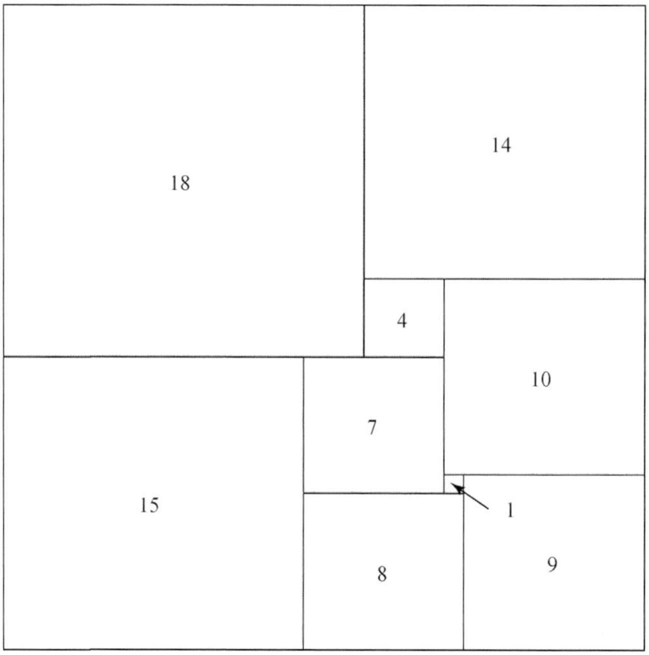

图 2-8

2.3 队际竞赛试题

1. 在下列数列中,请问第 1998 个数是多少?

1, −2, 2, −3, 3, −3, 4, −4, 4, −4, 5, −5, 5, −5, 5, −6, 6, −6, 6, −6, 6, ….

2. 有一项工程,小明先独自工作 30 天,接着小华继续独自工作 5 天,之后他们再合作 10 天,才完成此工程. 同样的工程,如果由小明和小华合作,只需 20 天便可完成. 假设小明和小华每人每天工作量固定,试问小明独自完成此项工程需多少天?

3. L 表示由所有被 3 除余 1 的正整数组成的集合. 如果 L 中的数(1 不算)除 1 及它本身以外,不能被 L 中的任何数整除,称此数为 L 质数,请问第 8 个 L 质数是多少?

4. 在平面上有若干个圆,每一个圆都被两条互相垂直的直径分成四部分,每一部分涂上红色、黄色或蓝色,任意两个圆,无论怎样在平面上旋转,都互不相同,请问这样三种颜色都有的圆最多有几个?

5. 满足下列条件的最大正整数是多少?

(1)这个数的各位数字都不同;

(2)从这个数中,任意两个相邻的数字所构成的两位数都可被 17 或 23 整除.

6. 三名学生参加运动比赛,比赛至少有两个项目,每名学生都需参加所有的项目. 每个项目,第二名的得分比第三名的得分多,但比第一名的得分少. 每个项目名次的得分都是同样的三个正整数,比赛结束时,三名学生的总分为 5 分、9 分及 16 分. 求每一项比赛第一名的得分.

7. 从一本不超过 500 页的书中撕下一页,剩下页数的总和为 19905,试问被撕下这一页的两面页数的总和是多少?

8. 有一个长方形的草地四周被 1 米宽的小路包围,形成一个更大的长方形,此草地的长与宽都是以米为单位的整数,而且外围小路的面积等于草地的面积,求外围小路最小的面积是多少平方米?

9. A、B、C、D、E 五人一起玩游戏,每人必须扮演狮子或山羊,狮子总是说谎,山羊总是说实话.

A 说:“B 不是山羊.”

B 说:“C 不是山羊.”

C 说:“D 是狮子.”

D 说:“E 与 A 是不同的动物.”

E 说:“A 不是狮子.”

请问谁扮演狮子?

		□	□	1
×			9	□
	□	9	□	□
□	8	□	□	
A	B	C	B	A

图 2-9

10. 在图 2-9 的乘法算式中，每一个英文字母代表一个数字，相同的英文字母表示相同的数字，且不同的英文字母表示不同的数字．任何一个空格内可填入一个适当的数字，请问五位数 $ABCBA$ 是多少？

2.4 队际竞赛试题解答

1. 答案：-63.

解 若不考虑数字前的正负符号，此数列即依次为 1 个 1、2 个 2、3 个 3、4 个 4……因此若排列至 n 个 n 为止，共有 $1+2+3+\cdots+n=\frac{n(n+1)}{2}$ 项．因 $1953=\frac{62\times 63}{2}<1998<\frac{63\times 64}{2}=2016$，故可知第 1998 项的数为 63 或 -63. 再观察此数列中每个奇数项为正、偶数项为负，所以第 1998 项的数为 -63.

2. 答案：100 天

解 可将两人合作 10 天视为小明独自工作 10 天后再由小华独自工作 10 天、两人合作 20 天视为小明独自工作 20 天后再由小华独自工作 20 天，故可知：

(1) 小明先独自工作 30 天，接着小华继续独自工作 5 天，之后再合作 10 天即可视为小明独自工作 40 天后再由小华独自工作 15 天；

(2) 小明和小华合作 20 天即可视为小明独自工作 20 天后再由小华独自工作 20 天．

由以上两点可知小明 20 天的工作量与小华 5 天的工作量一样，故小华 15 天的工作量即为小明 60 天的工作量，所以小明需 $40+60=100$ 天完成此工程．

3. 答案：31.

解 被 3 除余 1 的正整数依次为 1，4，7，10，13，16，19，22，25，28，31，…. L 质数依次为 4，7，10，13，19，22，25，31，…. 故第八个 L 质数是 31.

4. 答案：9 个．

解 因要求三种颜色都有，故第四个部分有三种选择．因三种颜色在本题中的被选中概率都相同，故可先选一种颜色来讨论．以第四个部分为红色来看，共有三种情况，见图 2-10.

因此共有 $3\times 3=9$(个).

图 2-10

5. 答案:923468517.

解　两位数中 17 的倍数依次为 17、34、51、68 及 85,而 23 的倍数依次为 23、46、69 及 92. 故可知满足条件的最大正整数至多为九位数,因此可考虑由 92 构成首两位数,接着依次为 23、34、46,再来若选择 69 则不合题意,故需选 68,再来依次为 85、51、17,故所求为 923468517.

6. 答案:7 分.

解　可令 A 得 16 分、B 得 9 分、C 得 5 分. 由三人的总得分为 $5+9+16=30$ 分且每个项目第一名、第二名、第三名的分数总和至少为 $3+2+1=6$ 分,30 不小于 6 的因子有 6, 10, 15,可知比赛项目可能为二项、三项或五项:

(1)若比赛项目为两项,则每一项的第一名、第二名、第三名的分数总和为 15 分. 但因 A 的总分为 16 分,故他必定有两项同名次,否则不可能超过 15 分,即他在各项比赛各得 8 分;再因 8 分已超过 15 分的一半,故 A 两项目都必得到第一名;此时 B、C 因分数都为奇数,故两项所得名次不相同,即各为一个第二名与一个第三名,即 B、C 两人分数必相同,矛盾.

(2)若比赛项目为三项,则每一项的第一名、第二名、第三名的分数总和为 10 分. 但因 A 的总分为 16 分,故第一名的分数必超过 5 分,因此只有两种情况:第一名、第二名、第三名的分数依次为 6 分、3 分、1 分或 7 分、2 分、1 分.

(i)若第一名、第二名、第三名的分数依次为 6 分、3 分、1 分,A 的总分为 16 分,若 A 得二项第一名一项第二名,则其得分为 15 分;但若 A 三项都得第一名,则其得分为 18 分. 都不符合.

(ii)故第一名、第二名、第三名的分数依次为 7 分、2 分、1 分,此时 A 拿两项第一名、一项第二名、B 拿一项第一名、两项第三名、C 拿两项第二名、一项第三名.

(3)若比赛项目为五项,则每一项的第一名、第二名、第三名的分数依次为 3 分、2 分、1 分. 此时一个学生最多得 15 分,矛盾.

因此每一项比赛第一名的得分是 7 分.

7. 答案:195.

解　若撕下的页码为 n、$n+1$,则此书的页码总和为 $19905+n+n+1=19906+2n$,页码总和为偶数;因为此本书不超过 500 页,可知 $n<500$,即 19906

$+2n<20906$. 令此书的总页数为 k,则页码总和为$\frac{k(k+1)}{2}$,故可得 $19907\leqslant\frac{k(k+1)}{2}\leqslant20906$,可知 k 的可能值为 200、201、202 或 203.

若 $k=200$,则 $n=\frac{1}{2}\left(\frac{200\times201}{2}-19906\right)=97$;

若 $k=201$ 或 $k=202$,则此书的页码总和为奇数,故不合题意;

若 $k=203$,则 $n=\frac{1}{2}\left(\frac{203\times204}{2}-19906\right)=400>203$,故不合题意.

所以此书为 200 页,撕下的两面页数总和为 $97+98=195$.

8. 答案:24 m^2.

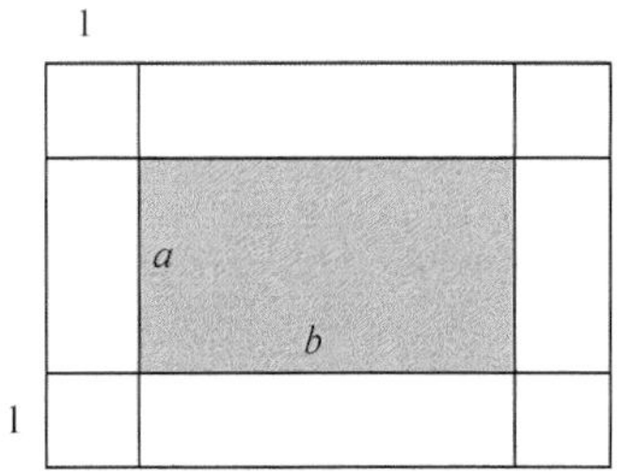

图 2-11

解 令图 2-11 阴影部分为题目所述的长方形草地,其中宽为 a、长为 b,且 b 大于 a. 故可知

$$2a+2b+4=ab,$$
$$ab-2a-2b=4,$$
$$ab-2a-2b+4=8,$$
$$(a-2)(b-2)=1\times8=2\times4,$$

则 $a=3$、$b=10$ 或 $a=4$、$b=6$.

故外围小路最小的面积为 $ab=4\times6=24(m^2)$.

9. 答案:B 与 D.

解 若 A 是狮子,则由 A 说的话可知 B 是山羊,再由 B 说的话可知 C 是狮子,再由 C 说的话可知 D 是山羊,再由 D 说的话可知 E 是山羊,再由 E 说的话可知 A 是山羊,矛盾.

若 A 是山羊,则由 A 说的话可知 B 是狮子,再由 B 说的话可知 C 是山羊,再由 C 说的话可知 D 是狮子,再由 D 说的话可知 E 是山羊,再由 E 说的话可知 A 是山羊.

故知狮子为 B 与 D.

10. 答案:85358.

解 令乘式为

$$\begin{array}{r} m\ n\ 1 \\ \times\quad 9\ v \\ \hline p\ 9\ q\ r \\ s\ 8\ t\ u\ \ \\ \hline A\ B\ C\ B\ A \end{array}$$

其中 $p,s\neq 0$ 且 $v\geqslant 2$. 因为被乘数的个位数为 1，故 $v=r=A$，$u=9$；因为乘数的十位数为 9，故知 $m=A$，$s=A-1$. 所以可将算式改写为

$$
\begin{array}{rccccc}
 & & & A & n & 1 \\
\times & & & & 9 & A \\
\hline
 & & p & 9 & q & A \\
 & s & 8 & t & 9 & \\
\hline
 & A & B & C & B & A
\end{array}
$$

可观察出$\overline{s8t}$为 9 的倍数，且 $A\neq 0,1,2$ 或 9：

(1)若 $A=3$，则$\overline{s8t}=\overline{28t}$，故 $t=8$，因此$\overline{An1}=2889\div 9=321$，但此时$\overline{p9qA}=321\times 3=963$ 为三位数，矛盾.

(2)若 $A=4$，则$\overline{s8t}=\overline{38t}$，故 $t=7$，因此$\overline{An1}=3879\div 9=431$，但此时$\overline{p9qA}=431\times 4=1724$，矛盾.

(3)若 $A=5$，则$\overline{s8t}=\overline{48t}$，故 $t=6$，因此$\overline{An1}=4869\div 9=541$，但此时$\overline{p9qA}=541\times 5=2705$，矛盾.

(4)若 $A=6$，则$\overline{s8t}=\overline{58t}$，故 $t=5$，因此$\overline{An1}=5859\div 9=651$，此时$\overline{p9qA}=651\times 6=3906$，但 $651\times 96=62496$，矛盾.

(5)若 $A=7$，则$\overline{s8t}=\overline{68t}$，故 $t=4$，因此$\overline{An1}=6849\div 9=761$，但此时$\overline{p9qA}=761\times 7=5327$，矛盾.

(6)若 $A=8$，则$\overline{s8t}=\overline{78t}$，故 $t=3$，因此$\overline{An1}=7839\div 9=871$，此时$\overline{p9qA}=871\times 8=6968$，$871\times 98=85358$ 均满足题意，故可得乘式如下：

$$
\begin{array}{rccccc}
 & & & 8 & 7 & 1 \\
\times & & & & 9 & 8 \\
\hline
 & & 6 & 9 & 6 & 8 \\
 & 7 & 8 & 3 & 9 & \\
\hline
 & 8 & 5 & 3 & 5 & 8
\end{array}
$$

第3章　第三届小学数学世界邀请赛

3.1　个人竞赛试题

1. 化简$\left(1-\frac{1}{3}\right)\left(1-\frac{1}{4}\right)\left(1-\frac{1}{5}\right)\cdots\left(1-\frac{1}{1999}\right)$.

2. 某校有20位教师,其中10位教数学,8位教语文,6位教自然．已知有2位教师同时教数学和语文两科,但没有教师同时教语文和自然两科．请问有多少位教师同时教数学和自然？又有多少位教师只教数学？

3. 如果$x^3=1999$,$y^2=1999$,其中$x, y>0$,请问介于x与y之间共有多少个整数？

4. 若九位数A1999311B能被72整除,请问A,B两数的差等于多少？

5. 若正整数N能被90,98,882所整除,但它不能被50,270,686,1764所整除．已知N也是9261000的因子,请问N的值是多少？

6. 如图3-1所示,在三角形ABC中,D为$\overline{AB}$的中点,E为$\overline{BC}$的中点,且F为BE的中点,已知三角形DCF的面积为63 cm^2,请问$\triangle ABC$的面积为多少cm^2？

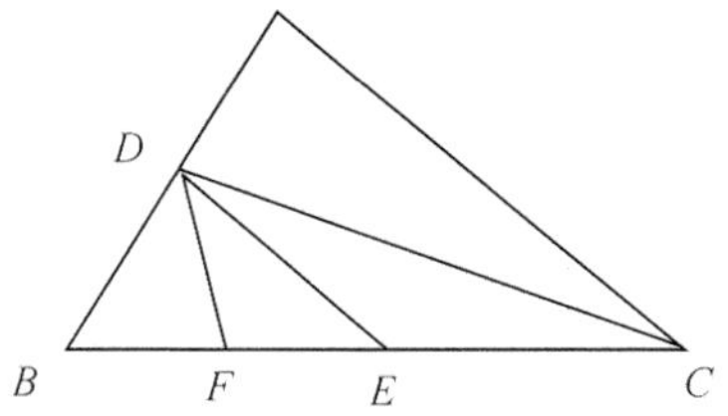

图3-1

7. 某数恰好有8个正因子,已知35和77为其中两个,请问这个数是多少？

8. 设$\overline{AXXX}$与$\overline{XXXB}$为两个四位数,其中A,B,X为不同数字．若$\frac{\overline{AXXX}}{\overline{XXXB}}=\frac{2}{5}$,

请问 A，B，X 的值分别是多少？

9. 计算 $1999^2-(1998^2-(1997^2-(1996^2-(\cdots-(2^2-1^2)\cdots))))=?$

10. 如图 3-2 所示，$PQRS$ 为长方形桌子，长是 5 个单位，宽是 3 个单位. 今有一球自 P 点沿着与 PQ 成 $45°$ 的方向滚动，当球碰到 SR 边反弹后，仍沿着与 SR 成 $45°$ 的方向滚动. 如果此球以此方式继续滚动，每次碰到边再反弹后均与此边保持 $45°$ 的方向前进，请问此球碰到 R 点之前共反弹多少次？

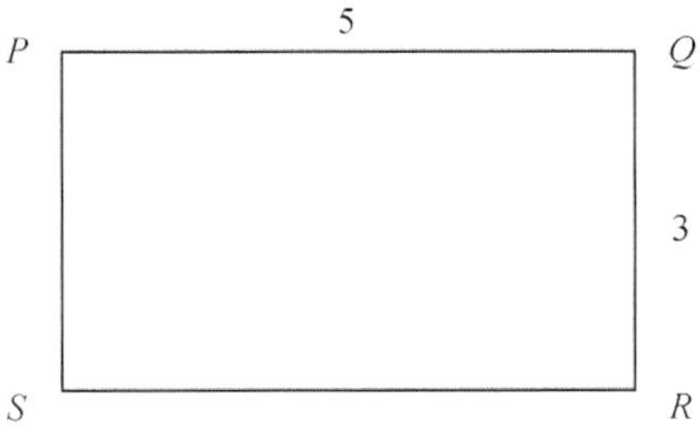

图 3-2

11. 甲乙二人玩一个游戏，他们轮流从 1999 个硬币中取硬币，规定每人每次只能取 1 个、2 个或 3 个，取到最后一个硬币者算输，今由甲先取硬币，请问甲在第一次必须取多少个硬币，才能保证他一定会赢？

12. 请问由 1，2，3，4，5 五个数字所构成的所有不同的五位数的总和（不允许数字重复）等于多少？

13. 从一数列{4，7，10，13，…，46}中任取三个不同的数，请问三个数的和可以表示为多少个不同的整数？

14. 五个圆（图 3-3）连接在一起，用三种不同颜色去涂每一个圆，但任两个相邻的圆（我们把有线相连的圆视为相邻）不可以涂同一种颜色，请问共有多少种不同的涂法？

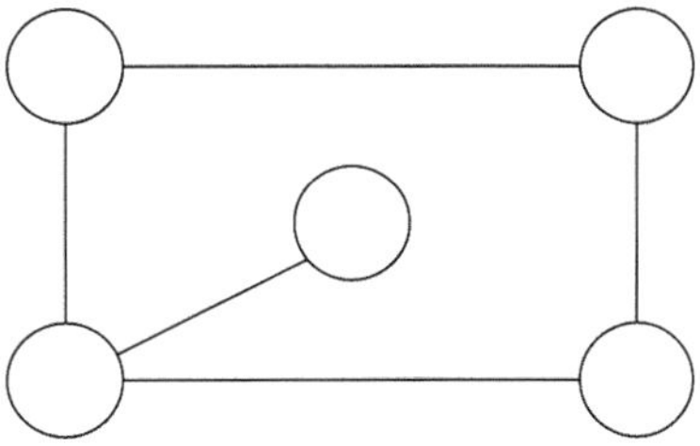

图 3-3

15. 有五位妇女围着一圆形桌子吃晚餐，A 太太坐在 B 小姐与 C 小姐的中间，u 坐在 x 和 D 小姐之间，B 小姐坐在 u 和 y 之间，E 太太坐在 z 的左边，C 小姐坐在 z 的右边（其中 A、B、C、D、E 为姓氏的缩写，x、y、z、u 是名字的简称）. 请问 x、y、z、u 分别是 A、B、C、D、E 中的哪一位？

3.2 个人竞赛试题解答

1. 答案：$\frac{2}{1999}$.

解 将该式化简成真分数的乘积：

$$\left(1-\frac{1}{3}\right)\left(1-\frac{1}{4}\right)\left(1-\frac{1}{5}\right)\cdots\left(1-\frac{1}{1999}\right)$$
$$=\frac{2}{3}\times\frac{3}{4}\times\frac{4}{5}\times\cdots\times\frac{1998}{1999}$$
$$=\frac{2}{1999}.$$

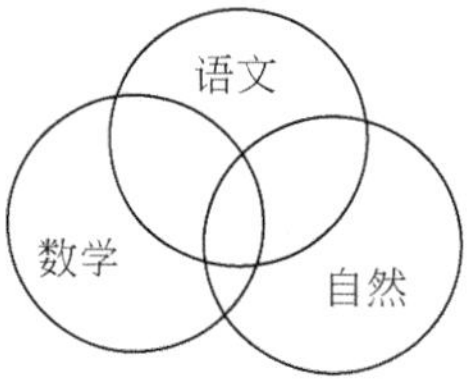

图 3-4

2. 答案：有 2 位老师同时教数学和自然，有 6 位老师只教数学.

解 如图 3-4 所示，可得知下列关系：

教师总人数

= 教某科人数 − 至少教两科人数 + 至少教三科人数

已知没有老师同时教语文与自然两科，故没有老师同时教三科，也因此可得出同时教数学、自然的老师有

$$[(10+8+6)-(2+0)+0]-20=2(\text{位}),$$

故只教数学的老师有 $8-2=6$(位).

3. 答案：32 个.

解 $12^3=1728<1999<2197=13^3$，$44^2=1936<1999<2025=45^2$，且 x，$y>0$，故 x，y 的整数部分分别为 12，44，即介于 x 与 y 之间的整数为 13 至 44，共有 $44-13+1=32$(个).

4. 答案：1.

解 因 $72=8\times9$，故九位数 $A1999311B$ 必满足被 8，9 整除的条件，即 $11B$ 必须是可被 8 整除的三位数且 $A1999311B$ 的数字和必须是 9 的倍数，故知 $B=2$ 且 $A+1+9+9+9+3+1+1+2=A+35$ 是 9 的倍数；因 $1\leqslant A\leqslant9$，故 $A=1$. 所以 A、B 两数的差为 1.

5. 答案：4410.

解 因 N 能被 90，98，882 所整除，故 N 是 $[90,\ 98,\ 882]=4410$ 的倍数；又已知 N 是 $9261000=2^3\times3^3\times5^3\times7^3$ 的因子及 N 不能被 50，270，686，1764 所整

除，其中 $50=2\times5^2$，$270=2\times3^3\times5$，$686=2\times7^3$，$1764=2^2\times3^2\times7^2$ 及 $4410=2\times3^2\times5\times7^2$，故从 2，3，5，7 的指数可判断出 N 仅等于 $2\times3^2\times5\times7^2$，即 4410.

6. 答案：168 cm^2.

解　由于 E 为 BC 的中点且 F 为 BE 的中点，故 $BF:FE:BC=1:1:4$，即 $BF:FC=1:3$. 因已知 $\triangle DCF$ 的面积为 63 cm^2，故由等高三角形面积比等于底之比可知 $\triangle BDF$ 的面积为 $63\div3\times1=21$ cm^2，即 $\triangle BDC$ 的面积为 $63+21=84$ (cm^2)；因 D 为 AB 的中点，故再由等高三角形面积比等于底之比可知 $\triangle ADC$ 的面积为 84 cm^2，因此 $\triangle ABC$ 的面积为 $84\times2=168$ (cm^2).

7. 答案：385.

解　因 $35=5\times7$，$77=7\times11$，故该数至少有 5，7，11 这三个质因子，即该数的正因子至少有 $(1+1)\times(1+1)\times(1+1)=8$ 个；现已知该数恰好有 8 个正因子，故该数为 $5\times7\times11=385$.

8. 答案：$A=2$，$B=5$，$X=6$.

解　由 $\dfrac{\overline{AXXX}}{\overline{XXXB}}=\dfrac{2}{5}$ 可推知 $A\leqslant3$；再由 $\overline{XXXB}=\overline{AXXX}\times5\div2$ 可知 X 为非 0 的偶数且 B 为 0 或 5.

再由 $\dfrac{\overline{AXXX}}{\overline{XXXB}}=\dfrac{2}{5}$ 可知 $2\times\overline{XXXB}=5\times\overline{AXXX}$，即

$$2220X+2B=5000A+555X,$$
$$1665X=5000A-2B,$$
$$3^2\times5\times37X=2(2500A-B),$$

所以 $2500A-B$ 必可被 $3^2\times5\times37$ 整除.

若 $B=0$，则知 $2500A$ 可被 $3^2\times5\times37$ 整除，即 A 是 $3^2\times37$ 的倍数，故不合题意；

若 $B=5$，则知 $500A-1$ 为 $3^2\times37=333$ 的倍数，又因 $A\leqslant3$，故 $A=2$，代回可得 $X=6$.

点评　令 $\overline{XXX}=m$，则 $\dfrac{\overline{AXXX}}{\overline{XXXB}}=\dfrac{1000A+m}{10m+B}=\dfrac{2}{5}$，故可推知

$$5000A+5m=20m+2B,$$
$$5000A-2B=15m,$$

即 $15\mid(5000A-2B)$，故 $B=0$ 或 5.

若 $B=0$,则知 $m=\dfrac{5000A}{15}=\dfrac{1000A}{3}$,即 $3\mid 1000A$,故 $A=3,6$ 或 9,但此时 $m\geq 1000$ 为四位数,故不合题意.

若 $B=5$,则知 $m=\dfrac{5000A-10}{15}=\dfrac{1000A-2}{3}$,即 $3\mid 1000A-2$,故 $A=2$、5 或 8,再由 $m<1000$ 知 $1000A<3002$,故只能是 $A=2$,也因此知 $m=666$.

9. 答案:1999000.

解 直接去括号可得

$$
\begin{aligned}
&1999^2-(1998^2-(1997^2-(1996^2-(\cdots-(2^2-1^2)\cdots))))\\
&=1999^2-1998^2+1997^2-1996^2+\cdots+3^2-2^2+1^2\\
&=(1999+1998)(1999-1998)+(1997+1996)(1997-1996)\\
&\quad+\cdots+(3+2)(3-2)+1\\
&=1999+1998+1997+1996+\cdots+3+2+1\\
&=1999\times(1+1999)\div 2\\
&=1999000.
\end{aligned}
$$

10. 答案:6 次.

解 因每次反弹后均与此边成 45°的方向前进,故可画出路径图如图 3-5 所示.

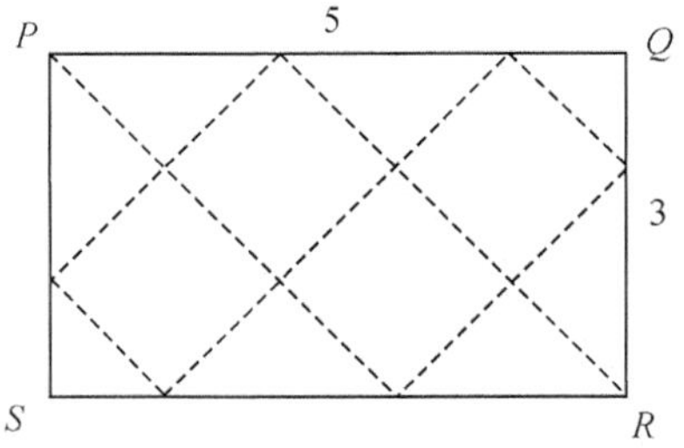

图 3-5

可知第一次反弹点在 SR 上距 S 点 3 单位、距 R 点 2 单位处,第二次反弹点在 QR 上距 R 点 2 单位、距 Q 点 1 单位处,第三次反弹点在 QP 上距 Q 点 1 单位、距 P 点 4 单位处,第四次反弹点在 SR 上距 R 点 4 单位、距 S 点 1 单位处,第五次反弹点在 PS 上距 S 点 1 单位、距 P 点 2 单位处,第六次反弹点在 QP 上距 P 点 2 单位、距 Q 点 3 单位处,最后碰到 R 点,因此共反弹 6 次.

点评 因球自 P 点沿着与 PQ 成45°的方向滚动,且5 单位与3 单位的最小公倍数为 15 单位,故可如图 3-6 所示将一个边长为 15 单位的正方形划分成 15 个与矩形 $PQRS$ 相同的矩形,此正方形的对角线即为球自 P 点沿着与 PQ 成 45° 的方向滚动并经过反弹后至 R 点的轨迹镜射图．因该对角线与网格线共有 6 个交点,故可知共反弹 6 次．

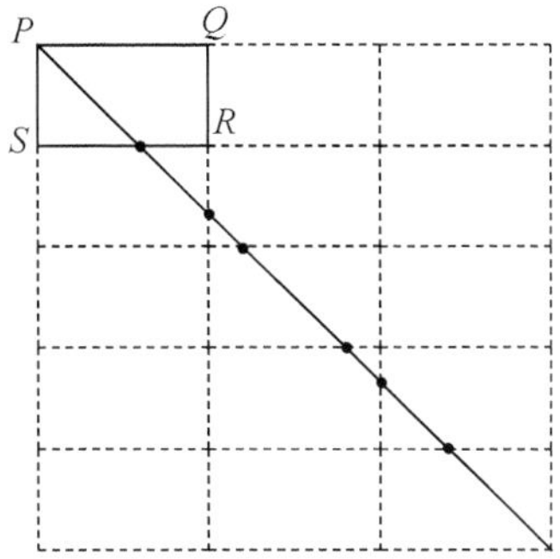

图 3-6

11. 答案:2 个．

解　因取到最后一个硬币者输,故可想成若有一人取完之后剩一个时,则另一人必输,故本题可想成自 $1999-1=1998$ 个硬币中两人依规定方式取硬币,取到最后一个硬币者获胜．在这里 $3+1=4$ 这个式子扮演着极重要的角色,因为每次某一人拿的硬币数 i, $1\leqslant i<4$,可见 $1\leqslant 4-i\leqslant 3$,另一人总是可以取 $4-i$ 个硬币,使这两次所取的硬币共 4 个,此时称 4 为安全残局．因 $1998=4\times 499+2$,故若甲第一次拿 2 个硬币使剩下的硬币数为 4 的倍数,则下一轮乙不论拿走 1 个、2 个或 3 个,剩下的硬币数都不能被 4 除尽,所以不能取完,再轮到甲时,总可以使得拿完硬币后,剩下的硬币数是 4 的倍数．这样下去,乙总取不完硬币,而硬币越来越少,所以最后一定由甲取完(因 0 是 4 的倍数),从而获胜．

12. 答案:3999960.

解　因不允许有数字重复的五位数,故有 $5\times4\times3\times2\times1=120$ 个满足题意的五位数．而数字 1 出现在万位、千位、百位、十位、个位的情形各有 $4\times3\times2\times1=24$ 种情形,且数字 2、数字 3、数字 4、数字 5 也是相同的状况,故可将这 120 个五位数里每个数字依其所在位置以结合律计算:

$$
\begin{aligned}
&1\times240000+1\times24000+1\times2400+1\times240+1\times24\\
&+2\times240000+2\times24000+2\times2400+2\times240+2\times24\\
&+3\times240000+3\times24000+3\times2400+3\times240+3\times24
\end{aligned}
$$

$+4\times240000+4\times24000+4\times2400+4\times240+4\times24$

$+5\times240000+5\times24000+5\times2400+5\times240+5\times24$

$=(1+2+3+4+5)\times(240000+24000+2400+240+24)$

$=3999960.$

13. 答案:37 个.

解 可观察数列{4, 7, 10, 13, …, 46}中所有的数均为被 3 除后余数都是 1 的数,因此从中任取三个不同的数其和必为 3 的倍数. 而任取三个不同的数之和最大值为 $40+43+46=129$、最小值为 $4+7+10=21$,故任取三个不同的数之和必为介于 21 至 129 中 3 的倍数;因 $129=3\times43$、$21=3\times7$,故可得 $43-7+1=37$ 个不同的整数.

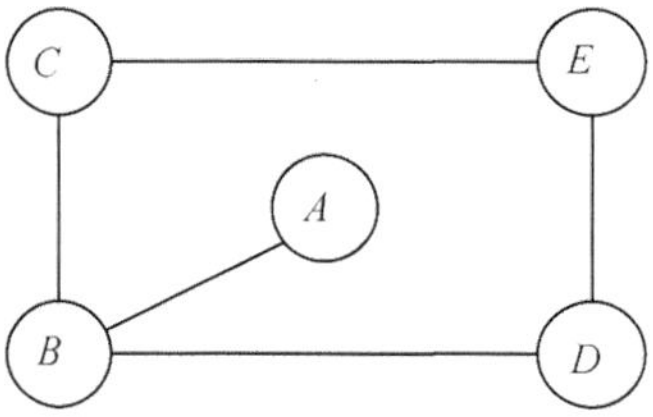

图 3-7

14. 答案:36 种.

解 如图 3-7 所示,先将圆编为 A,B,C,D,E.

从圆 A 开始看起,则知圆 A 有 3 种颜色选法、圆 B 有 2 种选法.

若将圆 C、圆 D 涂上相同颜色,则有 2 种选法,且圆 E 也有 2 种;若欲将圆 C、圆 D 涂上不同颜色,则也有 2 种选法,但圆 E 仅有 1 种.

因此共有 $3\times2\times2\times2+3\times2\times2\times1=36$(种)选法.

15. 答案:x、y、z、u 分别是 B 小姐、A 太太、D 小姐、E 太太.

解 已知 A 太太坐在 B 小姐与 C 小姐的中间,故得图 3-8 中的两种情况.

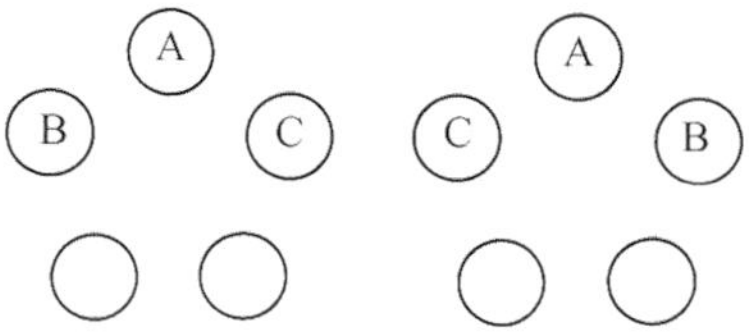

图 3-8

因 C 小姐坐在 z 的右边,可得图 3-9.

因 E 太太坐在 z 的左边,可得图 3-10.

因 B 小姐不为 E 太太,所以仅一种情况成立,并可得知 D 小姐为 z,见图 3-11.

因 B 小姐坐在 u 和 y 之间,可知 u 可能是 A 太太或 E 太太;再因 u 坐在 x

和 D 小姐之间可知 u 是 E 太太、B 小姐是 x；再由 B 小姐坐在 u 和 y 之间可知 y 是 A 太太．故 x、y、z、u 分别是 B 小姐、A 太太、D 小姐、E 太太．

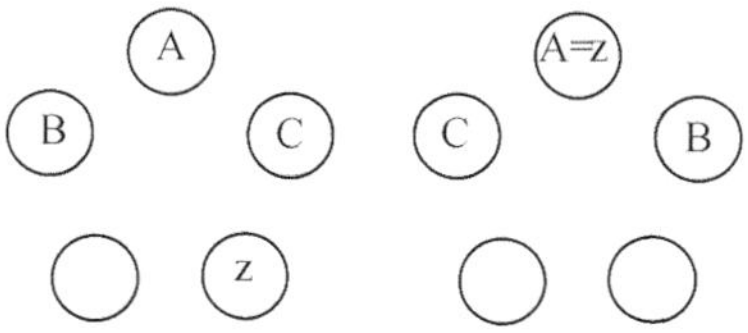

图 3-9

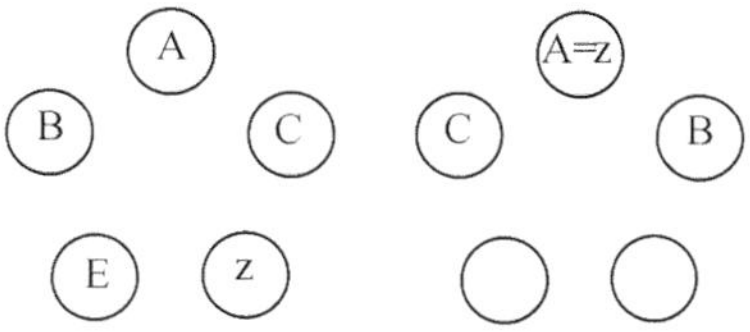

图 3-10

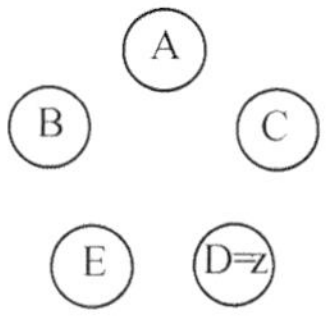

图 3-11

3.3　队际竞赛试题

1. 分数$\frac{44}{37}$可以写成$1+\cfrac{1}{x+\cfrac{1}{y+\cfrac{1}{z}}}$的形式，其中 x，y 与 z 都是不同的正整数，试求 $x+y+z$ 的值．

2. 有一个关于毕达哥拉斯的故事：他有一次处罚学生，要他由 A 开始，来回数黛安娜神庙的七根柱子（这七根柱子分别标上 A，B，C，…，G），一直数到第 1999 根柱子才能够停止，请问这根柱子的标号是哪个字母？

A	B	C	D	E	F	G
1	2	3	4	5	6	7
13	12	11	10	9	8	
	14	15	16	17	18	19
…	…	…	…	…	20	
	…	…	…	…	…	…
…	…	…	…	…	…	

3. 把 99 个苹果分给一群小朋友，每一位小朋友所分得的苹果数都不一样，且每位小朋友至少有一个苹果．试问这群小朋友最多有几位？

4. 某间家具店在 1998 年总共卖出 213 张床．起初若干个月，他们每个月卖出 25 张床；之后若干个月，他们每个月卖出 16 张床；最后若干个月，他们每个月卖出 20 张床．试问他们共有多少个月是每个月卖出 25 张床的情况？

5. 请把 1，2，…，9 九个数字填入图 3-12 五个圆的九个区域中（每一个区域只能填入一个数字），使得每一个圆中的数字的总和皆相等．

6. 在图3-13中,三个小三角形的面积分别为5、8和10. 试问四边形的面积X等于多少?

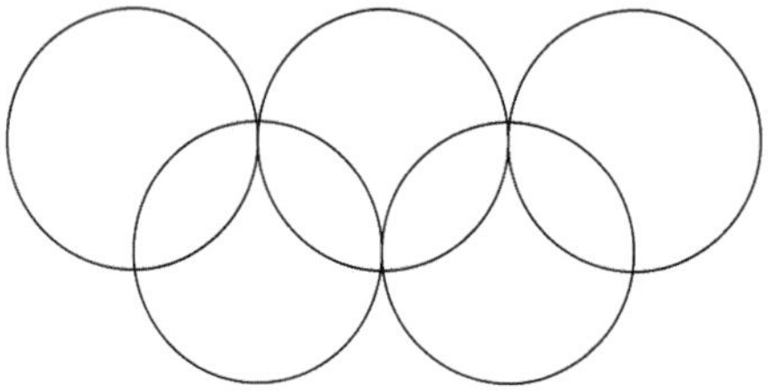

图3-12

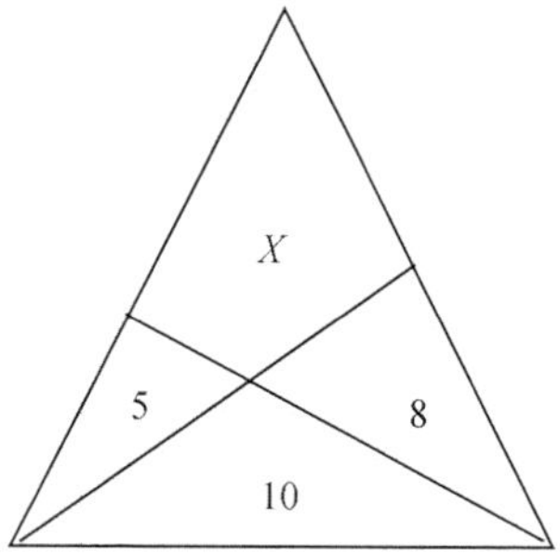

图3-13

7. 运动员A和运动员B在平地上的速度分别为每分钟140米与每分钟100米. 但是,当他们下坡时,其速度每分钟都增加20米;上坡时,其速度则每分钟都减少20米. 今他们同时从斜坡顶开始出发,跑到斜坡底后,再往回跑,如此继续下去. 若他们第三次面对面相遇时的位置,与运动员A第三次追上运动员B的位置之间的距离是200米. 试问这个斜坡的长度是多少米?

8. $1\times4\times7\times10\times\cdots\times1999$的积可以表示成$7^a\times10^b\times A$的形式,其中$a,b$与$A$都是正整数. 试求$a+b$的值,其中$a$与$b$都要最大.

9. 请找出符合下列性质的所有四位数:

(1)它是一个完全平方数;

(2)前两位数的数字要相同;

(3)末两位数的数字要相同.

10. 有一名老师同时告诉A、B、C、D、E五名学生一个三位数n,之后五名学生有以下的对话:

学生A:"这个数可以被27整除."

学生B:"这个数可以被11整除."

学生C:"这个三位数的所有数字和为15."

学生D:"这个数是一个完全平方数."

学生E:"这个数可以整除648000."

上述五句话中,只有三句是正确的,试求n.

3.4　队际竞赛试题解答

1. 答案:10.

解 $\frac{44}{37}=1+\frac{7}{37}=1+\frac{1}{\frac{37}{7}}=1+\frac{1}{5+\frac{2}{7}}=1+\frac{1}{5+\frac{1}{\frac{7}{2}}}=1+\frac{1}{5+\frac{1}{3+\frac{1}{2}}}$.

所以 $x+y+z=5+3+2=10$.

2. 答案:G.

解 可观察出除第一列数 1 到 7 外,其余每列都只有数 6 根柱子,且第奇数列(除第一次外)由 B 往 G 数而第偶数列由 F 往 A 数. 因 $1999=7+6\times332$,会在第 $332+1=333$ 列,数完时恰数到 1999,即所求为柱子 G.

点评 可观察出除了 1 之外,其余的数所在的柱子都以 12 为一循环,因 $1999=12\times166+7$,即所求与数 7 的柱子相同,为柱子 G.

3. 答案:13 位.

解 由于希望小朋友尽可能多,所以在每位小朋友拿的数量都不相等的情况下,每位小朋友拿的数量应尽可能的少. 因为 $1+2+3+\cdots+12+13=91$,所以有 13 位小朋友时至少可分走 91 个苹果,此时仍有 8 个未分. 因已有小朋友分别分走 1、2、3、4、5、6、7、8 个,故剩下的 8 个无法再单独分给这 13 位以外的小朋友,因此最多可有 13 位,以下为分配方法之一:1、2、3、4、5、6、7、8、9、10、11、12、21.

4. 答案:1 个月.

解 因 $25\times8=200<213<25\times9=225$,故卖出 25 张床的月数最多为 8 个月;因 213 为奇数而 25、16、20 中仅 25 为奇数,故卖出 25 张床的月数必为奇数个月,即可能为 1、3、5 或 7 个月:

(1)若为 7 个月,则其余月份共卖出了 $213-175=38$(张)床,这不可能发生,因为 16、20 均为 4 的倍数而 38 不是;

(2)若为 5 个月,则其余月份共卖出了 $213-125=88$(张)床,这不可能发生,因为 16、88 均为 8 的倍数而 20 不是;

(3)若为 3 个月,则其余月份共卖出了 $213-75=138$(张)床,这不可能发生,因为 16、20 均为 4 的倍数而 138 不是;

(4)故必为 1 个月,且其余月份共卖出了 $213-25=188$(张)床. 若 11 个月全卖出 20 张床，则应卖出 220 张床，多了 32 张床，此误差是因为有 $32 \div (20-16)=8$ 个月是只卖了 16 张床而产生的，故卖出 20 张床的为 $11-8=3$ 个月.

5.

解 若如图 3-14 所示，令 a,b,c,d,e,f,g,h,i 为各区域填入的数，且 K 为完成后每一个圆中的数的总和，则

$$5K=(a+b)+(b+c+d)+(d+e+f)+(f+g+h)+(h+i)$$
$$=45+b+d+f+g,$$

即 $K=9+\dfrac{b+d+f+h}{5}$.

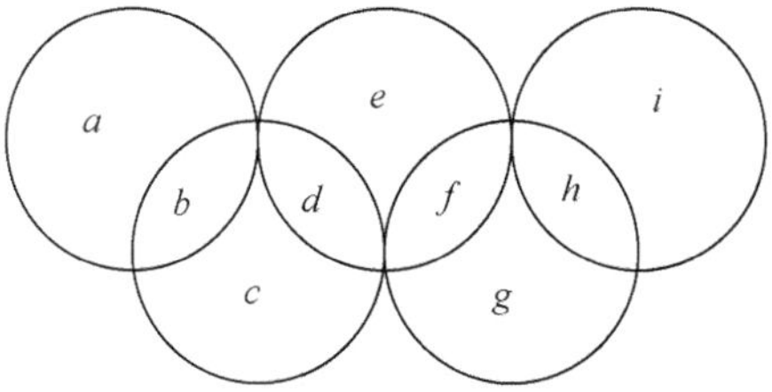

图 3-14

因 $10=1+2+3+4\leqslant b+d+f+h\leqslant 6+7+8+9=30$，所以可推得 $11\leqslant K\leqslant 15$；由于对称关系，不妨设 $b+d\leqslant f+h$.

(1) 若 $K=15$，即 $b+d+f+h=30$，故 $c+g=45-(a+b+d+e+f+h+i)=45-15\times 3=0$，矛盾；故 $K=15$ 不合题意.

(2) 若 $K=14$，即 $b+d+f+h=25$，故 $c+g=45-(a+b+d+e+f+h+i)=45-14\times 3=3$，因此知 c,g 为 1、2 且 $a+e+i=17$，所以只需考虑 $25=9+8+5+3=9+7+6+3=9+7+5+4=8+7+6+4$ 这四种情况：

(i) 若 b,d,f,h 为 9、8、5、3. 可判断出 9、3 必在同一圆内且 8、5 必在同一圆内，则由 $9+3=12$，$8+5=13$ 可知 $c=2$，$g=1$；此时因 b 不得为 9、h 不得为 5，否则 $a=5$，$i=9$，矛盾. 故知 $d=9$，$f=5$，此时 $e=0$，矛盾. 故不合题意.

(ii) 若 b,d,f,h 为 9、7、6、3. 可知 9、3 必在同一圆内而 7、6 在同一圆内，且 9 与 7、6 不可在同一圆内，否则该圆之和超过 15. 故知 $b=9$，$d=3$，由此知 $a=5$，$c=2$，$g=1$.

若 $f=6$，$h=7$，此时 $e=5$，矛盾；

若$f=7$，$h=6$，此时可得到如图3-15所示的一种填法．

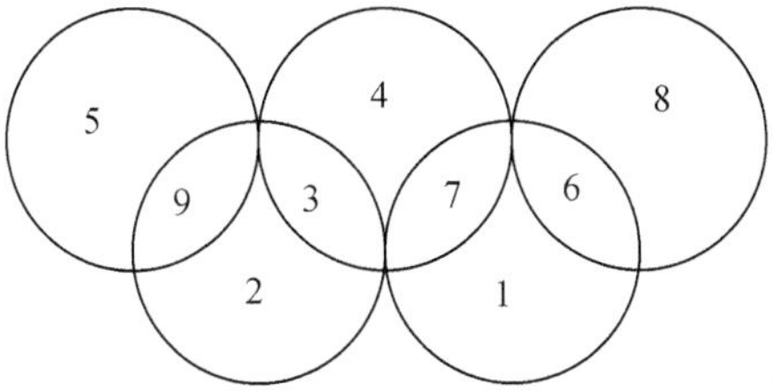

图3-15

(iii)若b，d，f，h为9、7、5、4．可判断出9、4在同一圆内且7、5在同一圆内，则由$9+4=13$，$7+5=12$可知$c=2$，$g=1$；此时因b不得为5、h不得为4、否则$a=5$，$i=9$，矛盾．故知$b=7$，此时$a=7$，矛盾．故不合题意．

(iv)若b，d，f，h为8、7、6、4．可判断出8、4在同一圆内且7、6在同一圆内，且8与7、6不可在同一圆内，故知$b=8$，$d=4$，此时可知$a=6$，矛盾．故不合题意．

(3)若$K=13$，即$b+d+f+h=20$，故$c+g=45-(a+b+d+e+f+h+i)=45-13\times3=6$，$a+e+i=39-20=19$．

因$6=5+1=4+2$，故$\{1,2\}$，$\{1,4\}$，$\{2,5\}$，$\{4,5\}$不可同时出现在$\{b,d,f,h\}$中，即仅需讨论以下六种情况：

$$\begin{aligned}20&=9+7+3+1=9+6+3+2=8+7+3+2=8+6+5+1\\&=8+6+4+2=7+6+4+3.\end{aligned}$$

(i)若b，d，f，h为9、7、3、1．

若9、3在同一圆内且7、1在同一圆内，则由$9+3=12$可知$g=1$，矛盾；

若9、1在同一圆内且7、3在同一圆内，由$9+1=7+3=10$知$c=g=3$，矛盾．故不合题意．

(ii)若b，d，f，h为9、6、3、2．

若9、2在同一圆内且6、3在同一圆内，则由$9+2=11$可知$g=2$，矛盾．故不合题意．

若9、3在同一圆内且6、2在同一圆内，若$b=2$、$d=6$则$a=11$，矛盾．故可知$b=6$，$d=2$，$f=3$，$h=9$，此时$a=7$、$c=5$、$e=8$、$g=1$、$i=4$，可得到如图3-16所示的一种填法．

(iii)若b，d，f，h为8、7、3、2．

若8、3在同一圆内且7、2在同一圆内，则由$8+3=11$可知$g=2$，矛盾；

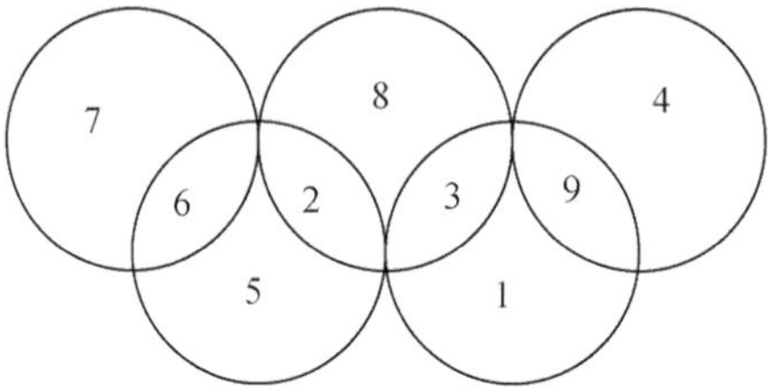

图 3-16

若 8、2 在同一圆内且 7、3 在同一圆内，由 $8+2=7+3=10$ 可知 $c=g=3$，矛盾. 故不合题意.

(iv)若 b,d,f,h 为 8, 6, 5, 1.

若 8、5 在同一圆内且 6、1 在同一圆内，则由 $8+5=12$ 可知 $g=1$，矛盾；

若 8、1 在同一圆内且 6、5 在同一圆内，则知 $b=8$、$d=1$，此时 $a=5$，矛盾. 故不合题意.

(v)若 b,d,f,h 为 8、6、4、2.

若 8、4 在同一圆内且 6、2 在同一圆内，则由 $6+2=8$，$8+4=12$ 可知 $c=5$，故可判断出 $b=6$，$d=2$，$f=8$，$h=4$，此时可得到如图 3-17 所示的一种填法.

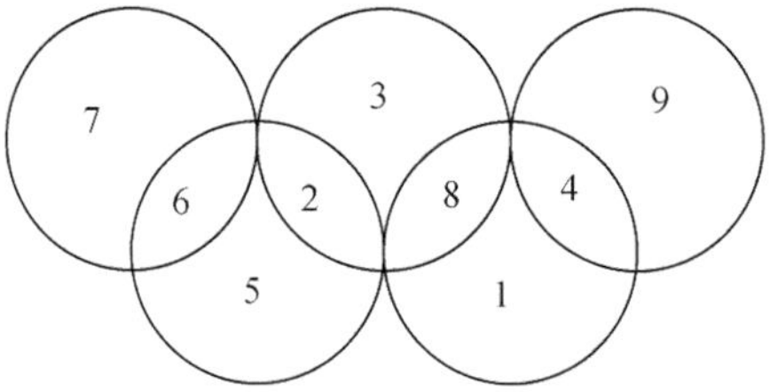

图 3-17

若 8、2 在同一圆内且 6、4 在同一圆内，由 $8+2=6+4=10$ 可知 $c=g=3$，矛盾. 故不合题意.

(vi)若 b,d,f,h 为 7、6、4、3.

若 7、6 在同一圆内且 4、3 在同一圆内，则由 $7+6=13$ 可知 $g=0$，矛盾；

若 7、4 在同一圆内且 6、3 在同一圆内，则由 $6+3=9$ 可知 $c=4$，矛盾；

若 7、3 在同一圆内且 6、4 在同一圆内，由 $7+3=6+4=10$ 可知 $c=g=3$，矛盾. 故不合题意.

(4)若 $K=12$,即 $b+d+f+h=15$,故 $c+g=45-(a+b+d+e+f+h+i)=45-12\times3=9$,$a+e+i=36-15=21$. 故仅需讨论 $21=9+8+4=9+7+5=8+7+6$ 这三种情况:

(i)若 a,e,i 为9、8、4.

若4不在中央的圆内,则由 b 或 h 为8,矛盾;

若4在中央的圆内,对称关系,可令 $a=9,i=8$,则 h 为4,矛盾. 故不合题意.

(ii)若 a,e,i 为9、7、5.

若5不在中央的圆内,则由 b 或 h 为7,矛盾;

若5在中央的圆内,对称关系,可令 $a=9,i=7$,则 h 为5,矛盾. 故不合题意.

(iii)若 a,e,i 为8、7、6.

若6不在中央的圆内,则由 b 或 h 为6,矛盾;

若6在中央的圆内,对称关系,可令 $a=8,i=7$,则 $b=4,h=5,e=6,d+f=6=5+1=4+2$,矛盾. 故不合题意. 故 $K=12$ 时无解.

(5)若 $K=11$,即 b,d,f,h 为1、2、3、4.

若1、2在同一圆内且3、4在同一圆内,则由 $3+4=7$ 可知 $g=4$,矛盾.

若1、3在同一圆内且2、4在同一圆内,则可知 $b=3,d=1$,因此 $a=8,c=7$,若 $f=2,h=4$ 则 $e=10$,矛盾. 故 $f=4,h=2$,此时 $e=6,i=9,g=5$,可得到如图3-18所示的一种填法.

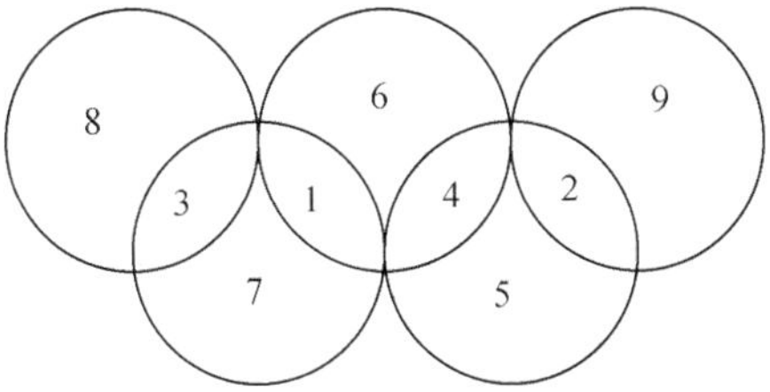

图3-18

若1、4在同一圆内且2、3在同一圆内,由 $1+4=2+3=5$ 可知 $c=g=6$,矛盾. 故不合题意.

故知共有四解,见图3-19.

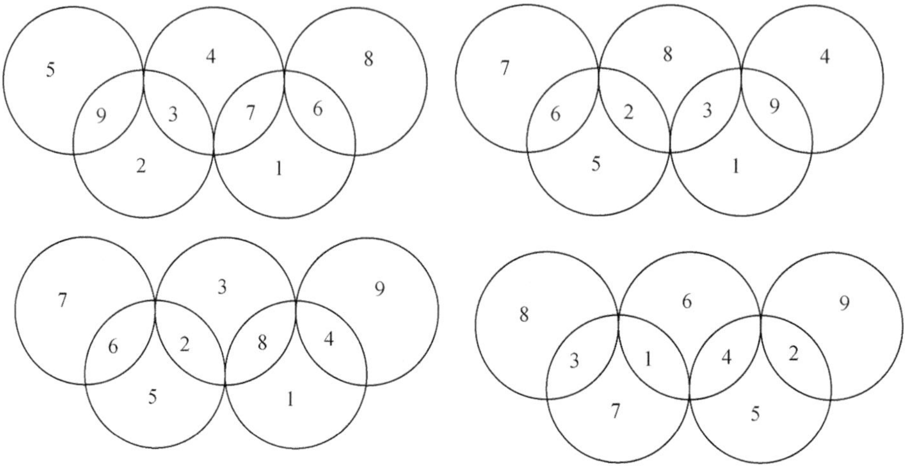

图 3-19

6. 答案:22.

解 如图 3-20 标记上各点,并连接 AF. 令三角形 ADF 的面积为 a,则由 $DF:FC=5:10=1:2$ 知三角形 AEF 的面积为 $2a-8$,再由 $EF:FB=8:10=4:5$ 知 $(2a-8):(a+5)=4:5$,故 $a=10$,因此 X 的值为 $10+2\times10-8=22$.

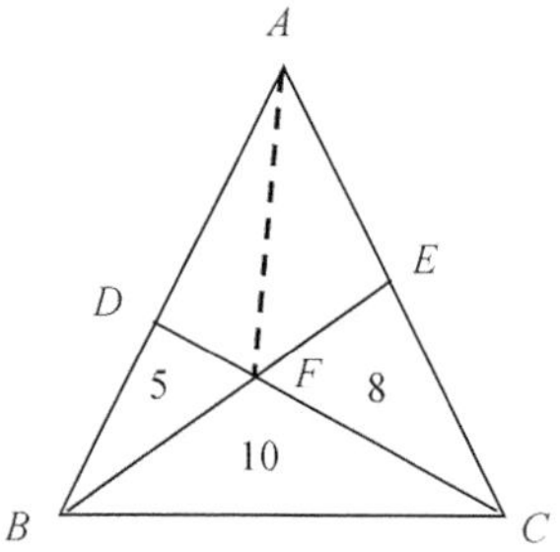

图 3-20

7. 答案:400 米.

解 可知 A 在上坡时速度为每分钟 120 米,B 在上坡时速度为每分钟 80 米,A 在下坡时速度为每分钟 140 米,B 在下坡时速度为每分钟 120 米,故可知

A,B 两人上坡时的速度比为 120:80=3:2;

A,B 两人下坡时的速度比为 160:120=4:3;

A 上坡且 B 下坡时的速度比为 120:120=1:1;

A 下坡且 B 上坡时的速度比为 160:80=2:1.

故令此斜坡长度为 12 单位,其中坡顶为(0)、坡底为(12),如图3-21所示.

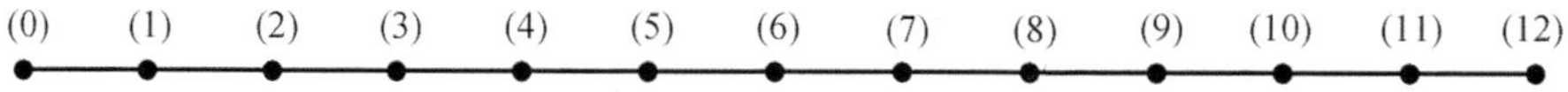

图 3-21

可知 A 与 B 相遇必发生在一人上坡另一人下坡时,而 A 追上 B 必发生在

两人同时上坡或同时下坡时：

(1)两人同时由(0)处出发，因同时下坡，故由此时A，B速度比为4∶3可知A抵达(12)时，B的位置为(9).

(2)接着A从(12)开始上坡，B从(9)继续下坡，故由此时A，B速度比为1∶1可知两人在(10.5)处第一次相遇，且B抵达(12)时，A位于(9)；再来两人均为上坡，故由此时A，B速度比为3∶2可知A抵达(0)时，B的位置为(6).

(3)接着A从(0)开始下坡，B从(6)继续上坡，故由此时A，B速度比为2∶1可知两人在(4)处第二次相遇，且B抵达(0)时，A抵达(12).

(4)接着A从(12)开始上坡，B从(0)开始下坡，故由此时A，B速度比为1∶1可知两人在(6)处第三次相遇，且B抵达(12)时，A抵达(0).

(5)接着A从(0)开始下坡，B从(12)开始上坡，故由此时A，B速度比为2∶1可知A抵达(12)时，B位于(6).

(6)接着A从(12)开始上坡，B从(6)继续上坡，故由此时A，B速度比为3∶2可知B抵达(0)时，A位于(3)；再来B开始下坡而A继续上坡，故由此时A、B速度比为1∶1可知A抵达(0)时，B的位置为(3).

(7)接着A从(0)开始下坡，B从(3)继续下坡，故由此时A，B速度比为4∶3可知在(12)处A第一次追上B.

因为A在山顶处第一次追上B，接下来等于二人重新由山顶出发，故A都会在山顶处第二、三次追上B.

(8)接着两人同时从(12)开始上坡，故由此时A，B速度比为3∶2可知A抵达(0)时，B位于(4).

(9)接着A从(0)开始下坡，B从(4)继续上坡，故由此时A、B速度比为2∶1可知B抵达(0)时，A位于(8)；再来B开始下坡而A继续下坡，故由此时A、B速度比为4∶3可知A抵达(12)时，B的位置为(3).

(10)接着A从(12)开始上坡，B从(3)继续下坡，故由此时A、B速度比为1∶1可知B抵达(12)时，A位于(3)；再来B开始上坡而A继续上坡，故由此时A、B速度比为3∶2可知A抵达(0)时，B的位置为(10).

(11)接着A从(0)开始下坡，B从(10)继续上坡，故由此时A，B速度比为2∶1可知A抵达(12)时，B位于(4).

(12)接着A从(12)开始上坡，B从(4)继续上坡，故由此时A，B速度比为3∶2可知B抵达(0)时，A位于(6)；再来B开始下坡而A继续上坡，故由此时A、B速度比为1∶1可知A抵达(0)时，B的位置为(6).

(13)接着A从(0)开始下坡，B从(6)继续下坡，故由此时A，B速度比为

4∶3可知 B 抵达(12)时,A 位于(8);再来 B 开始上坡而 A 继续下坡,故由此时 A、B 速度比为 2∶1 可知 A 抵达(12)时,B 的位置为(10).

(14)接着 A 从(12)开始上坡,B 从(10)继续上坡,故由此时 A,B 速度比为 3∶2 可知在(6)处 A 第二次追上 B;再来两人继续上坡,故 A 抵达(0)时,B 的位置为(2).

(15)接着 A 从(0)开始下坡,B 从(2)继续上坡,故由此时 A,B 速度比为 2∶1可知 B 抵达(0)时,A 位于(4);再来 B 开始下坡而 A 继续下坡,故由此时 A、B 速度比为 4∶3 可知 A 抵达(12)时,B 的位置为(6).

(16)接着 A 从(12)开始上坡,B 从(6)继续下坡,故由此时 A,B 速度比为 1∶1 可知 B 抵达(12)时,A 位于(6);再来 B 开始上坡而 A 继续上坡,故由此时 A、B 速度比为 3∶2 可知 A 抵达(0)时,B 的位置为(8).

(17)接着 A 从(0)开始下坡,B 从(8)继续上坡,故由此时 A,B 速度比为 2∶1可知 A 抵达(12)时,B 位于(2).

(18)接着 A 从(12)开始上坡,B 从(2)继续上坡,故由此时 A,B 速度比为 3∶2 可知 B 抵达(0)时,A 位于(9);再来 B 开始下坡而 A 继续上坡,故由此时 A、B 速度比为 1∶1 可知 A 抵达(0)时,B 的位置为(9).

(19)接着 A 从(0)开始下坡,B 从(9)继续下坡,故由此时 A,B 速度比为 4∶3可知 B 抵达(12)时,A 位于(4);再来 B 开始上坡而 A 继续下坡,故由此时 A、B 速度比为 2∶1 可知 A 抵达(12)时,B 的位置为(8).

(20)接着 A 从(12)开始上坡,B 从(8)继续上坡,故由此时 A,B 速度比为 3∶2 可知在(0)处 A 第三次追上 B.

故知(0)处与(6)处的距离为 200 米,故可知此斜坡全长为 $200\times2=400$(米).

8. 答案:277.

解 可知该乘式里的数均可写成形如 $3k+1$ 的数,其中 $0\leqslant k\leqslant 666$. 因 7 与 3 互质,故知 $k=2,9,16,\cdots,2+7m,\cdots,660$ 时均为 7 的倍数,共有 95 个;

因 5 与 3 互质,故知 $k=3,8,13,\cdots,3+5n,\cdots,663$ 时均为 5 的倍数,共有 133 个;

因 2 与 3 互质,故知 $k=1,3,5,\cdots,1+2p,\cdots,665$ 时均为 2 的倍数,共有 333 个;

因 $10=2\times5$ 且 5 的倍数数目少于 2 的倍数数目,故可知 b 之值由 5 的倍数数目决定.

因 $7^2=49$ 与 3 互质,故知 $k=16,65,114,\cdots,16+49q,\cdots,653$ 时均为 49 的

倍数,共有 14 个;

因 $7^3=343$ 与 3 互质,故知 $k=114,457$ 时均为 343 的倍数,共有 2 个;

因此 $a=95+14+2=111$.

因 $5^2=25$ 与 3 互质,故知 $k=8,33,58,\cdots,8+25r,\cdots,658$ 时均为 25 的倍数,共有 27 个;

因 $5^3=125$ 与 3 互质,故知 $k=83,208,333,458,583$ 时均为 125 的倍数,共有 5 个;

因 $5^4=625$ 与 3 互质,故知 $k=208$ 时为 625 的倍数,共有 1 个.

因此 $b=133+27+5+1=166$.

故 $a+b=277$.

9. 答案:7744.

解　由(2)与(3)可设满足题意的四位数为$\overline{aabb}$.

因$\overline{aabb}=11\times\overline{a0b}$且其为完全平方数,故$\overline{a0b}$为 11 的倍数,即 $a+b=11$;再因完全平方数的末位数只能是 0、1、4、5、6 或 9,且若末位数为奇数时其十位数必为偶数;又若末位数为 6 时其十位数必为奇数. 由$\overline{aabb}$为完全平方数知 $b=0$ 或 4. 但若 $b=0$,$a=11$,不合题意,故只能是 $b=4$,$a=7$,即$\overline{aabb}=7744=88^2$.

10. 答案:324.

解　因 $648000=2^6\times3^4\times5^3$ 不是 11 的倍数,故 B 与 E 中至少有一人错误;因 27 的倍数即为 9 的倍数,而数字和 15 不是 9 的倍数,故 A 与 C 中至少有一人错误. 由以上讨论可知 D 必正确,即此数为完全平方数. 再由数字和 15 为 3 的倍数但不是 9 的倍数,其必有因子 3 但没有因子 9,即不可能为完全平方数,故 C 必错误而 A 必正确:

(1)若 B 正确,则因三位数的完全平方数中为 11 的倍数只有 121 与 484,都不是 27 的倍数,故不合题意;

(2)若 E 正确,则由 $648000=2^6\times3^4\times5^3$ 知此三位数的完全平方数必可被 $3^4=81$ 整除且不可被 $3^5=243$ 整除,此时仅 $18^2=324$ 满足.

因此所求为 324.

第4章　第四届小学数学世界邀请赛

4.1　个人竞赛试题

1. y 是一个有 8 个因子(包括 1 及本身)的数. 请问 y 的最小值是多少?

2. 截至目前,已知最大的质数为 $2^{6972593}-1$,请问将这个数除以 5 的余数是多少?

3. 小于 1000 的正整数中,请问有多少个数至少含有一个数字 2,但不含数字 3?

4. 假若 $A^4=75600\times B$,其中 A,B 为正整数,请问 B 的最小值是什么?

5. 某语言学校中,有 72% 的学生会说中文,65% 的学生会说英文,而有 10% 的学生既不会说中文也不会说英文. 请问有百分之几的学生既会说中文又会说英文?

6. 用数字 1、2、3、4、5、6、7、8 组成两个四位数(不重复使用),P 是这两个四位数的乘积,请问 P 的最大值是多少? 答案请用□□□□ × □□□□的形式表示(不需将它乘开).

7. 两个数 a,b 只有质因子 3、5,其中 a 有 12 个因子(包括 1 及本身),b 有 10 个因子(包含 1 及本身),并且它们最大公约数为 75,请问 a、b 的最小公倍数是多少?

8. 如图 4-1 所示,将一个圆形及三角形记号置于方格线的交点上,圆形及三角形记号不准放置在同一条竖线或水平线上. 请问共有多少种不同的放置方法?

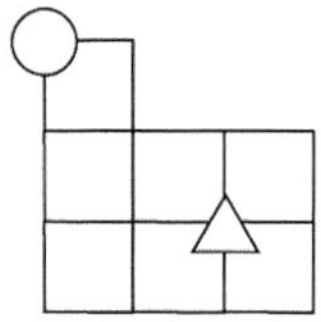

图 4-1

9. 利用奇数的数字来组成三位数,请问所有这些三位数的总和是多少?

10. 从 1 到 9 中取四个不同的数字 a,b,c,d,使得 $\frac{a}{b}+\frac{c}{d}$ 的值最接近 1 且小于 1,请问 $\frac{a}{b}+\frac{c}{d}$ 的最大值是多少?

11. 有一叠含 20 张红色、20 张黄色、20 张绿色及 10 张蓝色的纸牌. 请问至少要抽出多少张纸牌,才能保证其中有 12 张纸牌的颜色相同?

12. 下课时,五名学生(A,B,C,D,E)中有一人打破了一个杯子. 当老师质问他们时,他们回答:

A 说:"是 B 或 C 打破的."

B 说:"不是我也不是 E 做的."

C 说:"A 和 B 都说谎."

D 说:"A 和 B 中只有一个人说真话."

E 说:"D 没有说真话."

老师知道他们之中有三个人从不说谎,另外两个人则一直说谎,请问是谁打破杯子?

13. 图 4-2 中,正方形 $ABCD$ 及 $DCEG$ 的面积均为 64 cm^2,EFG 则为一个半圆,F 是弧 EFG 的中点. 请问阴影部分的面积为多少 cm^2(取 $\pi=3.14$)?

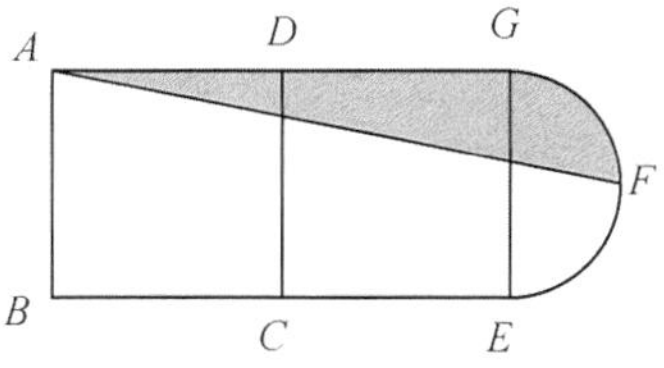

图 4-2

14. 一台复印机有下列放大/缩小的功能键:

250%	200%	128%	125%	100%	50%	10%

其中 50%、100% 及 250% 的按键已经失去效能不能使用. 小明想用余下的功能影印一份文件,影印本需与原件大小一样,而他每按一个放大或缩小的功能键需付费 1 元,请问小明完成此影印本最少需付款多少?

15. 有若干个正整数,和为 20,请问这些数之积的最大值是多少?

4.2　个人竞赛试题解答

1. 答案:24.

解　因 $8=7+1=(1+1)\times(1+3)=(1+1)\times(1+1)\times(1+1)$,故 y 的值可分为以下三种情况:

(1) 只有一个质因子,此情况最小为 $2^7=128$;

(2) 有两个质因子,此情况最小为 $2^3\times3=24$;

(3) 有三个质因子,此情况最小为 $2\times3\times5=30$.

因此 y 的最小值为 24.

2. 答案:1.

解 要判断一个数除以 5 的余数即为观察该数个位数除以 5 的情况,可先判断 $2^{6972593}-1$ 的个位数. 因 $2^1,2^2,2^3,2^4,2^5,2^6,2^7,2^8,\cdots$ 的个位数依次为 2,4,8,6,2,4,8,6,…,故可知形如 2^n 的数的个位数从 $n=1$ 开始依次为 2,4,8,6 这四个数的循环,而 $6972593=4\times1743148+1$,因此 $2^{6972593}$ 的个位数是 2,意即 $2^{6972593}-1$ 的个位数是 1. 1 除以 5 的余数即为 1,故所求为 1.

3. 答案:217.

解 先观察在小于 100 的正整数中,至少含有一个数字 2,但不含数字 3 的数有 $10+10-1-2=17$ 个,分别为 2、12、22、42、52、62、72、82、92、20、21、24、25、26、27、28、29;如果百位数不是 2 与 3 且末两位数是这 17 个数的三位数都满足题意,这些三位数共有 $7\times17=119$ 个;而百位数为 2 的三位数中,仅只有含数字 3 的数不合题意,因此有 $100-10-10+1=81$ 个数满足题意. 故在小于 1000 的正整数中,有 $17+119+81=217$ 个数至少含有一个数字 2,但不含数字 3.

4. 答案:25725.

解 因 $A^4=75600\times B$,故 $75600\times B$ 的质因子分解式中每一个质因子的次方都必须是 4 的倍数,又因 $75600=2^4\times3^3\times5^2\times7$,故 B 的最小值为 $2^{4-4}\times3^{4-3}\times5^{4-2}\times7^{4-1}=25725$,也由此可以得知 $A=2\times3\times5\times7=210$.

5. 答案:47%.

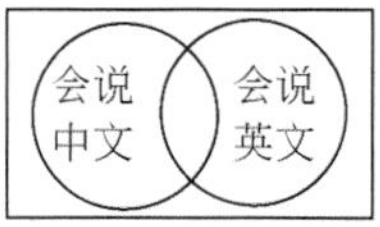

图 4-3

解 根据图 4-3 得到下列关系:

同时会说中文、英文 = 会说中文 + 会说英文 − (整体 − 中文、英文都不会说)

$=72\%+65\%-(100\%-10\%)$

$=47\%$.

6. 答案:8531×7642.

解 可判断出两数的千位数应各为 7、8,百位数应各为 5、6,十位数应各为 3、4 而个位数应各为 1、2.

(1) 因 $85\times76>86\times75$,故两个四位数应为 85□□、76□□;

(2) 因 $853\times764>854\times763$,故两个四位数应为 853□、764□;

(3) 因 $8531\times7642>8532\times7641$,故两个四位数应为 8531、7642.

所以 P 的最大值是 8531×7642.

7. 答案:16875.

解 因 $75=3\times5^2$,故可知 a,b 两数的质因子分解式中 3 的次数均至少为 1

且 5 的次数均至少为 2，意即 5 的次数恰为 2 的数的因子个数必为 $2+1=3$ 的倍数；因 a 有 12 个因子、b 有 10 个因子，所以 5 的次数恰为 2 的数为 a；由 $12=4\times3=(3+1)\times(2+1)$ 知 $a=3^3\times5^2$，因此 3 的次数恰为 1 的数为 b 且因 $10=2\times5=(1+1)\times(4+1)$ 知 $b=3\times5^4$，故 a,b 的最小公倍数为 $3^3\times5^4=16875$.

8. 答案：108.

解　如图 4-4 所示将各点依次标上 $A\sim N$. 由于两记号不能在同一条线上，因此可求出当决定圆形记号的位置后三角形记号可放置的位置数.

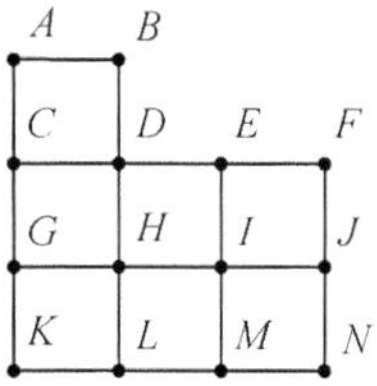

图 4-4

当圆形记号在 A,B 上时，三角形记号有 $3\times3=9$ 个可放置的位置；

当圆形记号在 C,D,G,H,K,L 上时，三角形记号有 $3\times2+1=7$ 个可放置的位置；

当圆形记号在 E,F,I,J,M,N 上时，三角形记号有 $3\times2+2=8$ 个可放置的位置.

因此共有 $9\times2+7\times6+8\times6=108$ 种放法.

9. 答案：69375.

解　由奇数字所构成的三位数共有 $5\times5\times5=125$ 个，其中数字 1 出现在百位、十位、个位的情形各有 $5\times5=25$ 种情形，且数字 3、数字 5、数字 7、数字 9 也是相同的状况，故可将这 125 个三位数里每个数字依其所在位置以结合律计算：

$$\begin{aligned}&1\times2500+1\times250+1\times25+3\times2500+3\times250+3\times25\\&\quad+5\times2500+5\times250+5\times25+7\times2500+7\times250+7\times25\\&\quad+9\times2500+9\times250+9\times25\\&\quad=(1+3+5+7+9)\times(2500+250+25)\\&\quad=69375.\end{aligned}$$

10. 答案：$\frac{71}{72}$.

解　因要求 $\frac{a}{b}+\frac{c}{d}=\frac{ad+bc}{bd}$ 的值最接近 1 且小于 1，而 bd 最大值为 $8\times9=72$，故若可使 $\frac{a}{b}+\frac{c}{d}=\frac{71}{72}$，则 $\frac{71}{72}$ 即为最大值.

可令 $b=8,d=9$，即 $9a+8c=71$，可得 $c=\frac{71-9a}{8}=8-a+\frac{7-a}{8}$，故 c 为整数

仅当 $a=7$ 时,此时 $c=1$,即 $\frac{7}{8}+\frac{1}{9}=\frac{71}{72}$.

11. 答案:44 张.

解 在抽到有 12 张相同颜色的纸牌前,最坏的状况为抽到 11 张红色、11 张黄色、11 张绿色及 10 张蓝色,之后再任意抽取一张必可有 12 张相同颜色的纸牌,故至少要抽取 $11+11+11+10+1=44$ 张才能保证其中有 12 张纸牌的颜色相同.

12. 答案:C.

解 从 C 与 D 的话中可知这两名学生中至多有一名说真话.

若 C 说真话,则 A 与 B 都说谎话,此时共有 A,B,D 三人说谎,矛盾,即 C 说谎话,故可知 A 与 B 这两名学生中至多有一位说谎话.

若 A 与 B 这两名学生中恰有一位说谎(即恰有一人说真话),则可知 D 说真话,此时由 E 说的话可知 E 说谎,故连同 C 在内共有三人说谎,矛盾,即 A 与 B 这两名学生都说真话且由此可知 C,D 都说谎话而 E 说真话,再由 A,B 所说的话可知打破杯子的是 C.

13. 答案:36.56 cm^2.

解 由正方形 $ABCD$ 及 $DCEG$ 的面积均为 64 cm^2 可知这两个正方形的边长都是 8 cm 且图形的总面积为 $64+64+\frac{1}{2}\times 3.14\times(8\div 2)^2=153.12(cm^2)$. 连接 BF(图 4-5). 因已知 F 是弧 EFG 的中点,故 $\triangle ABF$ 的面积为 $8\times(8+8+8\div 2)\div 2=80(cm^2)$,因此阴影部分的面积为 $\frac{1}{2}\times(153.12-80)=36.56(cm^2)$.

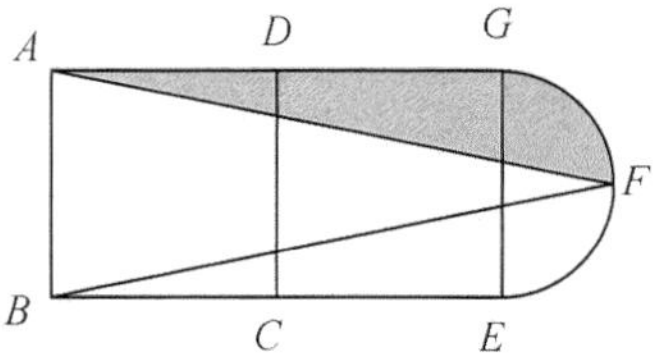

图 4-5

14. 答案:5 元.

解 仅 $200\%=2$ 倍、$128\%=\frac{32}{25}$倍、$125\%=\frac{5}{4}$倍、$10\%=\frac{1}{10}$倍这几个按键可以使用. 因只有$\frac{1}{10}$倍这个按键是缩小的按键且其他都是放大的按键,故$\frac{1}{10}$倍这个按键最少要被按一次,且每按一次$\frac{1}{10}$倍这个按键,必须要有放大 10 倍的按键组合要按.

因 10 有因子 5，故在 2、$\frac{32}{25}$、$\frac{5}{4}$ 这三个中必须要选取一个 $\frac{5}{4}$；因 $5=\frac{5}{4}\times2\times2$，故知放大 10 倍的按键组合最少要按一次 $\frac{5}{4}$ 倍及三次 2 倍的按键，因此合计最少要按 $1+1+3=5$ 次按键，即付 5 元.

15. 答案：1458.

解　可知必须要将 20 分解成若干个 2 与若干个 3 的和且使 3 的个数为最多的情况才能得到最大值.

因 $20=3\times6+2=3+3+3+3+3+3+2$，所以最大值为 $3\times3\times3\times3\times3\times3\times2=1458$.

4.3　队际竞赛试题

1. 一个盒子内盛有 4000 至 6000 粒糖果，如果将这些糖果分别平均分给 5、6、7、8 或 9 位小朋友，都会剩余 1 粒. 现在要将这些糖果重新包装(每袋不超过 4000 粒)，使得每个袋中的糖果数目都相同而且没有剩余. 请问每个袋中最多可装多少粒糖果？

2. 图 4-6 中的 $5\times5\times5$ 正方体是由若干个 $1\times1\times1$ 的小正方体所组合而成，当中有 15 列已被挖空. 挖的方式是由前至后，由上至下，以及由左至右，整行整列都被挖空(如图中黑色部分). 请问剩下的小立方体还有多少个？

3. 图 4-7 中 $ABCD$ 为正方形，P，Q，R 及 S 分别为 AB，BC，CD，DA 的中点. 请问图中阴影部分与正方形 $ABCD$ 的面积比为多少？

图 4-6

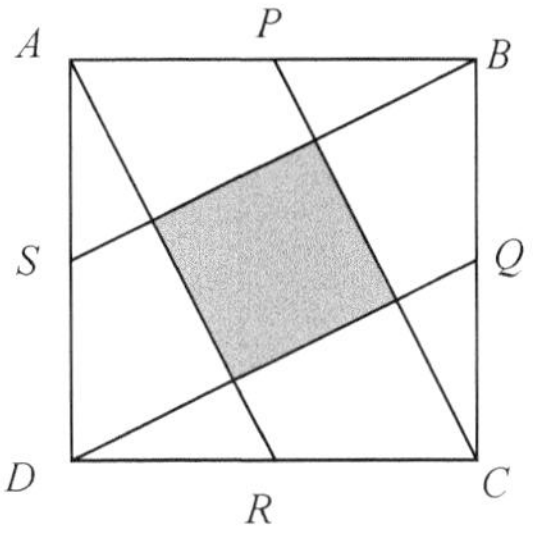

图 4-7

4. 使用红、黄、蓝、绿四种颜色涂满图 4-8 中各区域，但要求相邻区域不能涂上相同的颜色. 请问共有多少种不同的涂色方法？

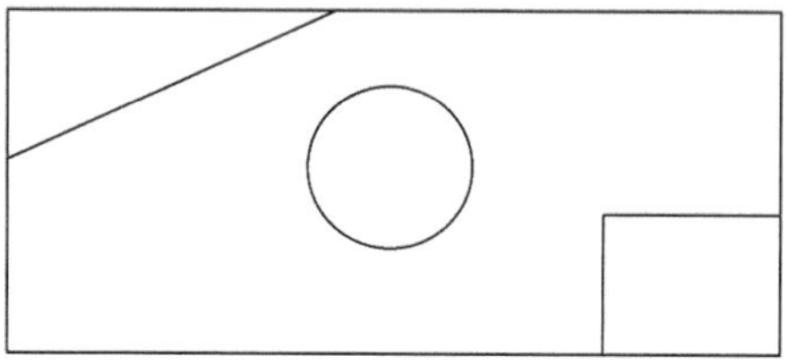

图 4-8

5. 有 20 位小朋友各自按自己的喜好将三种不同牌子的朱古力（A、B、C）排序，并没有任何一位小朋友弃权不排序. 现已知有 11 位小朋友的排序是 B 在 C 之前，14 位小朋友的排序是 C 在 A 之前，12 位小朋友的排序是 A 在 B 之前，而且已知 A、B 及 C 三者之间所有可能的排序方式都有人选择. 请问共有多少位小朋友将 A 牌子的朱古力排在第一位？

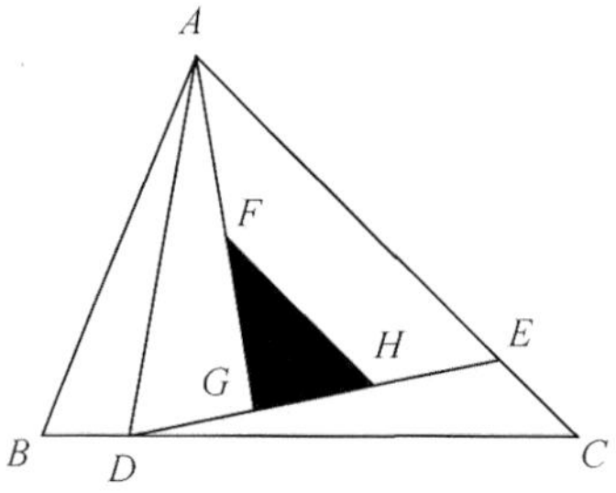

图 4-9

6. 在三角形 ABC 中，已知 $BC = 6BD$，$AC = 5EC$，$DG = GH = HE$，$AF = FG$. 请问三角形 FGH 与三角形 ABC 的面积比为多少（图 4-9）？

7. 利用 0 至 9 这十个数字组成两个五位数 M 及 N（每个数字只允许用一次），而且 $\frac{M}{N}$ 等于 $\frac{1}{2}$. 请问 $M+N$ 的最大值是多少？

8. 已知 k, m, n 为正整数，并且满足下列条件：

$$\frac{19}{20} < \frac{1}{k} + \frac{1}{m} + \frac{1}{n} < 1.$$

请问 $k+m+n$ 的最小值是多少？

9. 有四位运动员一起共进午餐，其中 A，B 为女士，P，Q 为男士. 四人中有一位是曲棍球选手、一位是足球选手、一位是网球选手、一位是保龄球选手. 他们都同坐在一张正方形桌边，已知网球选手坐在 A 的左边，足球选手与 P 相对而坐，B 与 Q 相邻而坐，坐在曲棍球选手左边的是位女士. 请问保龄球选手及网球选手分别是哪位？

10. 图 4-10 是某城市的街道图，从左下角的 P 点走到右上角的 Q 点的最短路径有很多种方法. 请问最短路径共有多少种不同的走法?

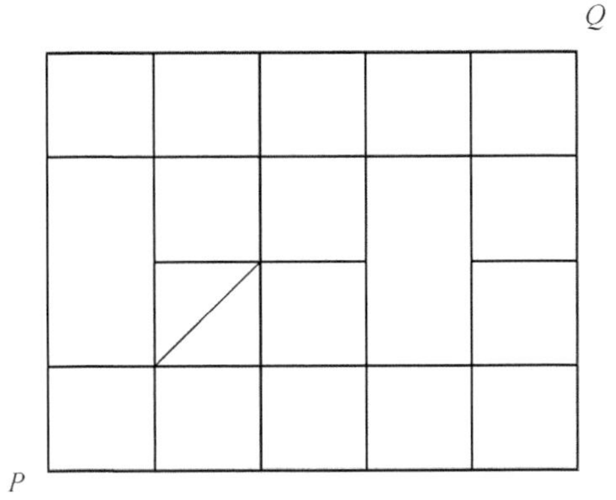

图 4-10

4.4　队际竞赛试题解答

1. 答案:71 颗.

解　可知糖果数为 5、6、7、8、9 的公倍数加 1. 因 5、6、7、8、9 的最小公倍数为 2520,故糖果数必可写成 $2520k+1$ 的形式;再因已知糖果数介于 4000 与 6000 之间,故可推得糖果数为 5041. 因 $5041=71^2$,故每袋中最多可装 71 颗.

2. 答案:68 个.

解　因每列均有 5 个小正方体,故可知挖去 15 列应有 $5\times15=75$ 个小正方体被挖去,但其中由图 4-6 所示可判断出内部有 9 个被重复计算 3 次,因此实际上仅挖去 $75-9\times2=57$ 个,因此剩余 $125-57=68$ 个.

3. 答案:1∶5.

解　如图 4-11 标记,则由 $ABCD$ 为正方形知三角形 CDQ、BCP、ABS 依次为三角形 DAR 逆时针旋转 90°、180°、270°,故三角形 CDG、BCH、ABE、DAF 均为全等直角三角形且三角形 RDF、QGC、PHB、SEA 也是全等的直角三角形. 因 P、Q、R 及 S 分别为 AB、BC、CD、DA 的中点,故 RF、SE、PH、QG 均为所在三角形的中位线,因此三角形 CDG 面积为三角形 RDF 面积的 4 倍、三角形 BCH 面积为三角形 QGC 面积的 4 倍、三角形 ABE 面积为三角形 PHB 面积的 4 倍、三角形 DAF 面积为三角形 SEA 面

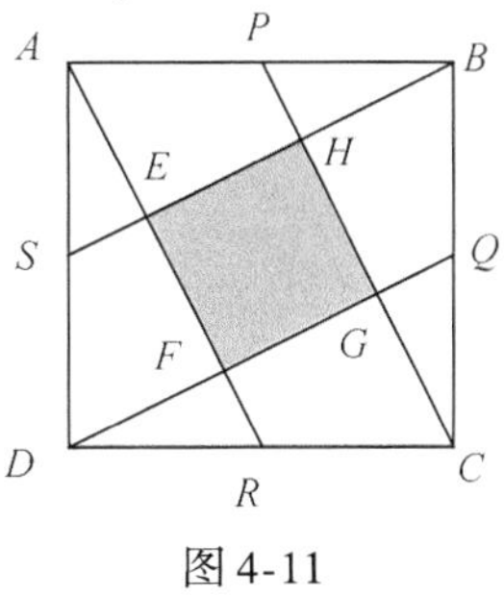

图 4-11

积的 4 倍,故若令三角形 QGC 面积为 a,则可知三角形 CDQ 面积为 $5a$ 且阴影部分以外的面积总和为 $16a$;又因 Q 为 BC 中点,故三角形 CDQ 面积为正方形 $ABCD$ 的 1/4,即正方形 $ABCD$ 的面积是 $20a$,故阴影部分的面积是 $20a-16a=4a$,故所求为 $4a:20a=1:5$.

4. 答案:108 种.

解 如图 4-12 标记. 则可知区域 A 有 4 种选择;当区域 A 确定后,区域 B 只有 3 种选择;而当区域 B 确定后,区域 C 只有 3 种选择、区域 D 只有 3 种选择. 故共有 $4\times3\times3\times3=108$ 种不同的方法.

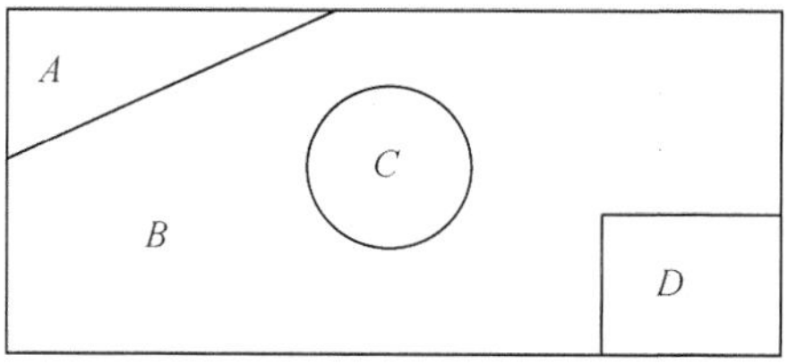

图 4-12

5. 答案:5 位.

解 由题意知有 9 位小朋友的排序是 C 在 B 之前,6 位小朋友的排序是 A 在 C 之前,8 位小朋友的排序是 B 在 A 之前. 设 p,q,r,s,t,u 分别为选择各种排序方法的人数、可造表如表 4-1 所示.

表 4-1

排序方法	A	A	B	B	C	C	合计
	B	C	A	C	B	A	
	C	B	C	A	A	B	
人数		q			t	u	9
	p	q	r				6
			r	s	t		8

故可知 $(q+t+u)+(p+q+r)+(r+s+t)=9+6+8$,即 $20+q+r+t=23$,所以 $q+r+t=3$. 再因没有任何一位小朋友弃权不排序,故可得 $q=r=t=1$,由此知 $p=6-q-r=4$,$s=8-r-t=6$,$u=9-q-t=7$,所求为 $p+q=4+1=5$.

6. 答案：1∶9.

解　如图 4-13 所示，可知 F、H 分别为 AG、GE 的中点，即 FH 为中位线，故若令三角形 FGH 的面积为 a，则三角形 AGE 的面积为 $4a$；因 $DG: GE=1:2$，故三角形 ADE 的面积为 $4a+2a=6a$；因 $CE: AE=1:4$，故三角形 ADC 的面积为 $6a+\frac{3}{2}a=\frac{15}{2}a$；因 $BD: DC=1:5$，故三角形 ABC 的面积为 $\frac{15}{2}a+\frac{3}{2}a=9a$. 故三角形 FGH 与三角形 ABC 的面积比为 $a: 9a=1:9$.

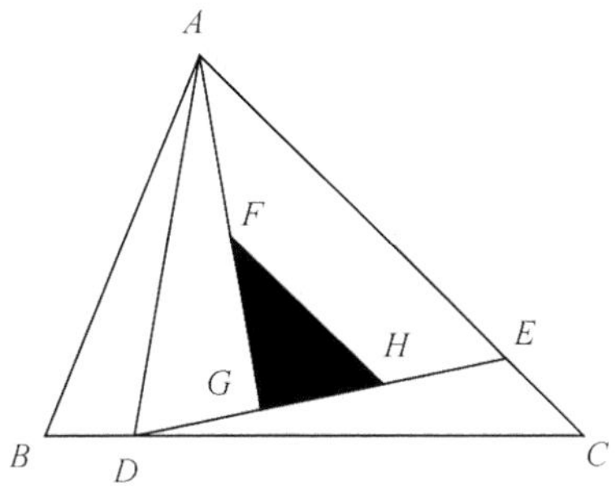

图 4-13

7. 答案：145953.

解　由 $\frac{M}{N}=\frac{1}{2}$ 可知 $2M=N$，即 $M+N=3M$. 故求 $M+N$ 的最大值即求 M 的最大值. 令 $M=abcde$，$N=mnopq$，则可得以下算式：

$$\begin{array}{r} a\quad b\quad c\quad d\quad e \\ \times\qquad\qquad\qquad 2 \\ \hline m\quad n\quad o\quad p\quad q \end{array}$$

因积仍为五位数，故 $a\leqslant 4$ 且可观察出 q 为偶数. 因求 M 的最大值，故从 M 的首两位数为 49 开始讨论，即 $a=4$，$b=9$，此时 N 的首两位数为 98 或 99，均矛盾. 故讨论 M 的首两位数为 48，即 $a=4$，$b=8$，此时 N 的首两位数为 97 或 96. 仍因需求 M 的最大值，故从 N 的首两位数为 97 开始讨论，即 $m=9$，$n=7$，且 $2c$ 必有进位，故 $c\geqslant 5$. 取 $c=6$，则算式为

$$\begin{array}{r} 4\quad 8\quad 6\quad d\quad e \\ \times\qquad\qquad\qquad 2 \\ \hline 9\quad 7\quad o\quad p\quad q \end{array}$$

可知 $o=2$ 或 3. 取 $o=3$，则 $2d$ 必有进位，故 $d\geqslant 5$，即 $d=5$，故由 q 为偶数知 $q=2$，所以 $e=1$，$p=0$.

因此可知 M 的最大值为 48651，此时 N 为 97302、$M+N$ 为 145953.

8. 答案：12.

解　不妨设 $k\leqslant m\leqslant n$.

若 $k\neq 2$，则知 $\frac{1}{k}+\frac{1}{m}+\frac{1}{n}\leqslant\frac{1}{3}+\frac{1}{3}+\frac{1}{4}=\frac{11}{12}<\frac{19}{20}$，矛盾，故 $k=2$，即 m，n 需

满足$\frac{9}{20}<\frac{1}{m}+\frac{1}{n}<\frac{1}{2}$且$3\leqslant m\leqslant n$.

若$m\neq3$,则$\frac{1}{m}+\frac{1}{n}$的最大可取为$\frac{1}{4}+\frac{1}{4}=\frac{1}{2}$,不合题意,故知$\frac{1}{m}+\frac{1}{n}\leqslant\frac{1}{4}+\frac{1}{5}=\frac{9}{20}$,矛盾,因此$m=3$,即$n$需满足$\frac{7}{60}<\frac{1}{n}<\frac{1}{6}$.

因求$k+m+n$的最小值,故取$n=7$,即$k+m+n$的最小值为$2+3+7=12$.

9. 答案:网球选手为P、保龄球选手为A.

解 因已知网球选手坐在A的左边,故再由足球选手与P相对而坐可知有两种情况:

(1)见图4-14.

(2)见图4-15.

但情况(2)无法满足B及Q相邻而坐的条件,故知必为情况(1),即网球选手为P;再因坐在曲棍球选手左边的是位女士,而A的左边为男士,故知A不是曲棍球选手,因此A是保龄球选手且由此知A的对面为曲棍球选手,再据此知足球选手为B、曲棍球选手为Q(图4-16).

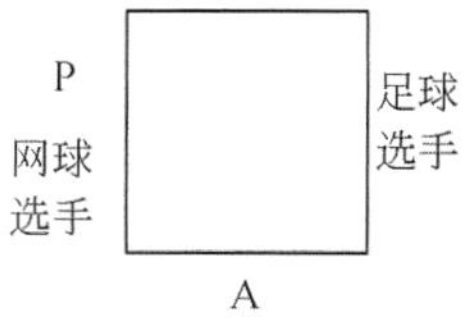

图4-14

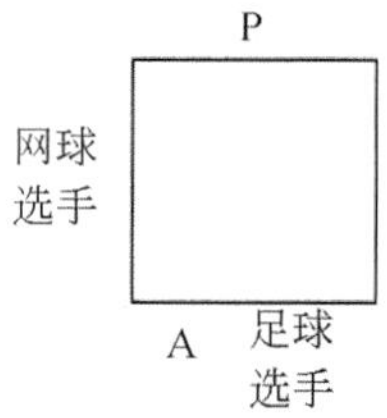

图4-15

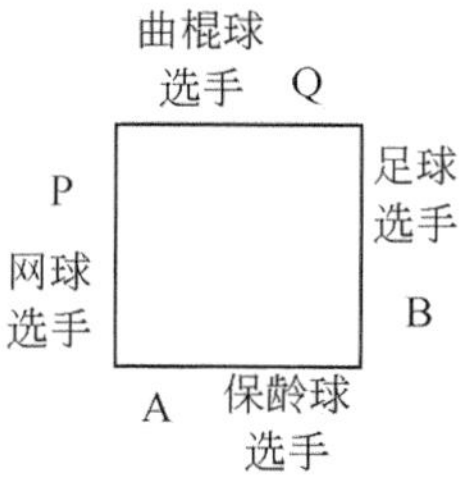

图4-16

10. 答案:14.

解 因要求走最短路径,故必须行经从点R到点S的线段,因此可得图4-17,其中每一个交点或顶点旁的数为从P点走到该点并经线段RS的走法数目,故点P到点Q的最短路径共有14种走法.

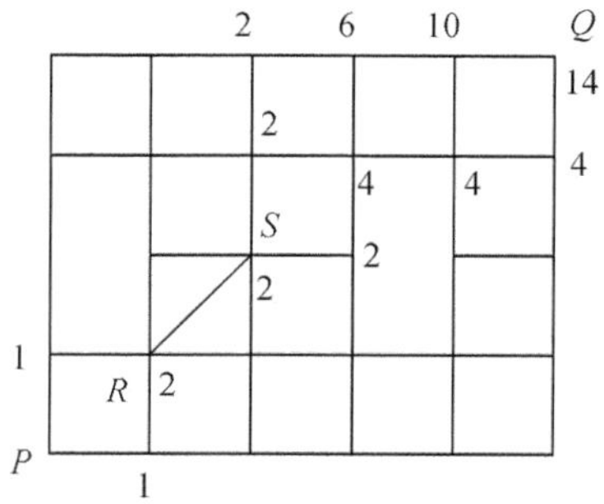

图4-17

第 5 章　第五届小学数学世界邀请赛

5.1　个人竞赛试题

1. 有一个正整数,将它分别加上 15 与减去 4 后都是完全平方数,请问这个数是多少?

2. 请问共有多少个四位数的正整数,其四个数字的乘积是质数?(注意:1 不是质数.)

3. 如图 5-1,$ABCD$ 和 $OEFG$ 为两个全等的正方形. O 是正方形 $ABCD$ 的中心点,若 $\angle EOB=22.5°$,$AB=1$ cm. 请问阴影部分的面积为多少 cm^2?

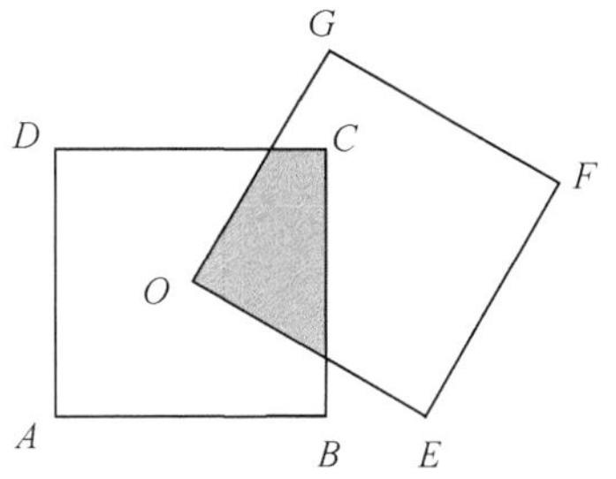

图 5-1

4. 甲、乙两列火车同时出发,分别由 A 地到 B 地及由 B 地到 A 地. 甲火车在它们相遇后 3 小时到达 B 地,乙火车在它们相遇后 12 小时到达 A 地. 请问甲火车与乙火车速度之比是多少?

5. 有一个两位数,若将它减去 5,则所得结果是 4 的倍数;若将它减去 6,则所得结果是 5 的倍数;若将它减去 7,则所得结果是 6 的倍数. 请问这个两位数是多少?

6. 有一个六边形,它的每一个内角都是 120°,其中四条相邻的边的长度分别为 5 单位、7 单位、4 单位、6 单位. 请问这个六边形的另外两边的长度之和等于多少单位?

7. 2001 名学生排成一行,从排头到排尾分别以 1、2、3;1、2、3;……报数. 然后从排尾到排头分别以 1、2、3、4;1、2、3、4;……报数. 请问有多少名学生在这两次报数中都报 1?

8. 有一个数字时钟,以 hh: mm: ss 显示时间(前两位数字 hh 显示"时",中间两位数字 mm 显示"分",末两位数字 ss 显示"秒"),它是以 24 小时方式计时. 下面为该时钟所显示的一个例子:

01∶20∶12

此时刻所显示的六个数字中,前三位的数值与后三位的数值相同,请问在24小时内,共发生多少次这种情况?

(注:在23∶59∶59之后钟面显示的数字为00∶00∶00;在11∶59∶59之后钟面显示的数字为12∶00∶00.)

9. 在平行四边形 $ABCD$ 中,P,Q,R,S 分别在边 AB,BC,CD,DA 上,且 $AP=DR$. 如果平行四边形 $ABCD$ 的面积是16 cm^2,请问四边形 $PQRS$ 的面积为多少 cm^2?

10. 把三个数24、56、104分别除以正整数 K 时,它们都有相同的余数,请问 K 的最大值是多少?

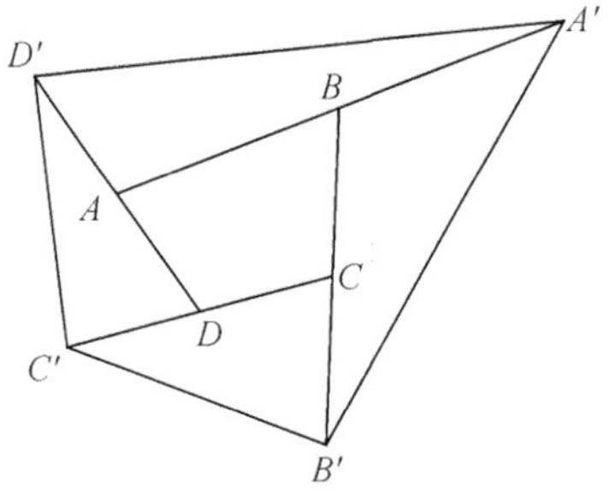

图 5-2

11. 分别延长四边形 $ABCD$ 的四个边,使得 $AB=BA'$,$BC=CB'$,$CD=DC'$,$DA=AD'$(图5-2). 如果四边形 $ABCD$ 的面积是1 cm^2,请问四边形 $A'B'C'D'$ 的面积为多少 cm^2?

12. 一位老师轻声告诉学生A一个正整数 p;告诉学生B一个正整数 q;告诉学生C一个正整数 r. 学生们彼此之间不知道别人的数是多少,但他们都知道 $p+q+r=14$. 以下是他们的陈述:

学生A说:"我能判断出B和C的数大小不同."

学生B说:"我早已能判断出我们的三个数都不同."

学生C说:"现在我能判断出我们三个人的数分别是多少了."

请问 p,q,r 三个数的乘积是多少?

13. 如图5-3所示,A和B为两个全等的圆锥容器,今将水分别倒入圆锥A和圆锥B中,使得这两个圆锥容器内的水位高度都正好是圆锥的高的一半,请问在圆锥A中水的容量和在圆锥B中水的容量的比是多少?

(圆锥的体积 $=\frac{1}{3}\pi r^2 h$,其中 r 为底圆的半径,h 为圆锥的高.)

14. 某饭店的房间钥匙是由12个圆圈排成三列所构成,每一个圆圈可能出现两种情形:打穿的标记为●,没有打穿的标记为○,图5-4是某房间钥匙的例子. 请问依此方法,共可构造出多少种不同的钥匙?(注意:每支钥匙中至少要打穿一个洞.)

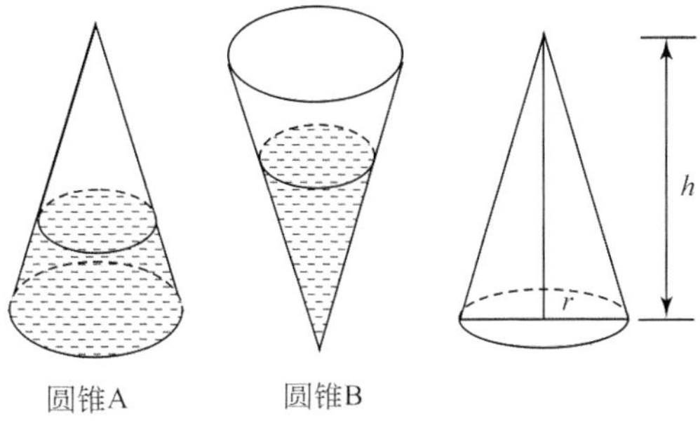

图 5-3

某饭店（此面向上）	○	○	●	○
	●	○	○	○
	○	●	●	●

图 5-4

15. 有一个六位数 1□□□□□，它的首位数字为 1，如果将首位数字 1 移动至最末一位后变成为□□□□□1，则发现

□□□□□1 = 3 × 1□□□□□.

请问原来的这个六位数 1□□□□□是多少？

5.2　个人竞赛试题解答

1. 答案：85.

解　设这个正整数分别加上 15 后为 a^2、减去 4 后为 b^2，故可知 $a^2 - b^2 = 19$，即 $(a+b)(a-b) = 19$. 因 19 为质数，故可得 $a+b=19$，$a-b=1$，所以 $a=10$，$b=9$，该正整数为 85.

2. 答案：16 个.

解　由质数的定义可以知道四个数字的乘积是质数 P 的情况仅可能为 $1\times1\times1\times P$；又因它为四位数的四个数字，故 P 的可能值为 2，3，5，7，而 P 可能为千位数、百位数、十位数或个位数，因此共有 $4\times4=16$ 个这样的四位数.

3. 答案：$\frac{1}{4}\text{cm}^2$.

解 由于 O 是正方形 $ABCD$ 的中心,故经过 O 点的两条互相垂直的直线会将正方形 $ABCD$ 分割为四个面积相等的四边形;如图 5-5 所示,因 $OEFG$ 为以 O 点为顶点的正方形,故两图形重叠区域占正方形 $ABCD$ 面积的四分之一,故阴影部分的面积是 $\frac{1}{4}\times1\times1=\frac{1}{4}(\text{cm}^2)$.

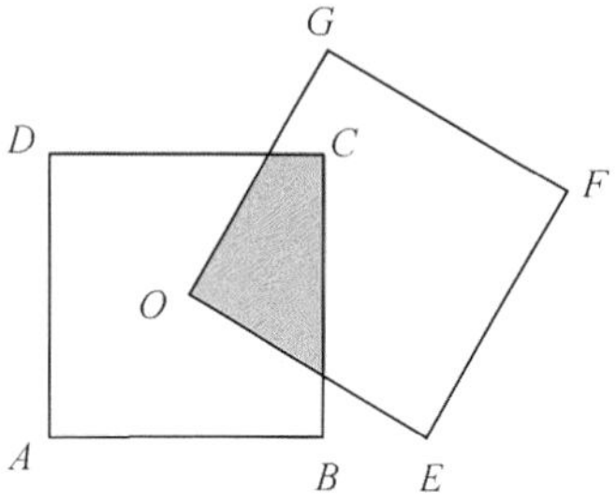

图 5-5

4. 答案:2∶1.

解 可知两列火车从出发到相遇所花的时间必相同,且在相同距离内,速度与时间成反比. 可令两列火车从出发到相遇处所花的时间为 x 小时. 因甲火车在两列火车相遇后 3 小时到达 B 地,即从相遇处至 B 地甲火车与乙火车的时间比为 $3:x$,故速度比为 $x:3$;因乙火车在两列火车相遇后 12 小时到达 A 地,即从相遇处至 A 地甲火车与乙火车的时间比为 $x:12$,故速度比为 $12:x$. 因此可得 $x:3=12:x$,即 $x^2=36$,故 $x=6$ 且速度比为 $12:6=2:1$.

5. 答案:61.

解 因为这个两位数减去 5 后是 4 的倍数,故可知这个两位数是 4 的倍数加 5,即 4 的倍数加 1;

因为这个两位数减去 6 后是 5 的倍数,故可知这个两位数是 5 的倍数加 6,即 5 的倍数加 1;

因为这个两位数减去 7 后是 6 的倍数,故可知这个两位数是 6 的倍数加 7,即 6 的倍数加 1.

综上所述,可知这个两位数是 4 的倍数加 1、5 的倍数加 1、6 的倍数加 1,即 4、5、6 的最小公倍数的倍数加 1. 因 4、5、6 的最小公倍数为 60,故满足题意的数为 $60+1=61$.

6. 答案:11.

解 此六边形为等角六边形(每一个内角都是 $120°$),且相邻四边的长度分别为 5 单位、7 单位、4 单位、6 单位,故可将其中不相邻的三边往两旁延伸而构成一个三角形,如图 5-6 所示,其中不相邻的三边包含边长为 4 及 5 的两条边. 因等角六边形的每一个外角都是 $60°$,故知此三角形的三个角

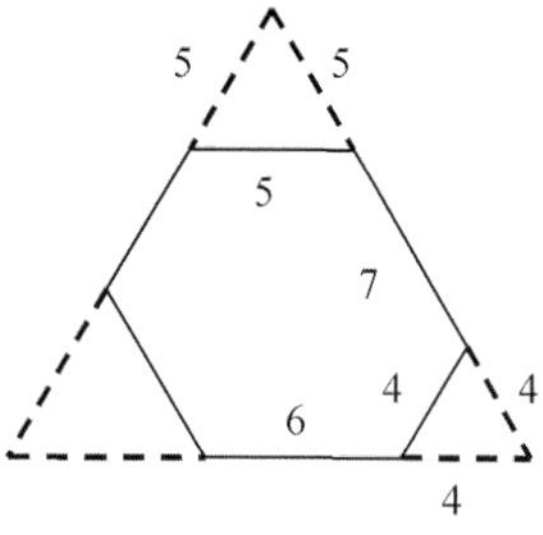

图 5-6

均为

$$180° - 60° - 60° = 60°,$$

即这个三角形是正三角形.

因正三角形的各边长相等,故可知该等角六边形的另两边和为(5 + 7 + 4) − 5 = 11.

点评　如图 5-7 所示,可选择不相邻的三边包含边长为 6 及 7 的两条边. 同样地,因等角六边形的每一个外角都是 60°,故知此三角形的三个角皆为

$$180° - 60° - 60° = 60°,$$

即这个三角形是正三角形.

因正三角形的各边长相等,故可知该等角六边形的另两边和为 (6 + 4 + 7) − 6 = 11 .

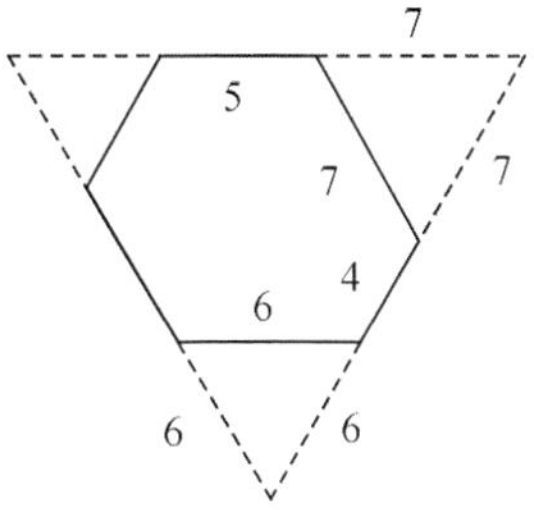

图 5-7

7. 答案:167 名.

解　将这 2001 名学生从排尾到排头依序从 1 开始编号.

因为 2001 = 3 × 667,故可观察出表 5-1.

表 5-1

编号	…	10	9	8	7	6	5	4	3	2	1
第一次	…	3	1	2	3	1	2	3	1	2	3
第二次	…	2	1	4	3	2	1	4	3	2	1

可发现第一个均报 1 的学生为 9 号. 因 3 与 4 的最小公倍数为 12,故可知在 9 号学生均报 1 后,每 12 个学生均报 1. 因 2001 − 9 = 1992 = 12 × 166,故共有 166 + 1 = 167(名).

8. 答案:96 次.

解　设符合题意的时刻为 $ab:ca:bc$,其中 a,b,c 皆为非负整数. 由计时方式可知 $0 \leqslant a \leqslant 2, 0 \leqslant b \leqslant 5, 0 \leqslant c \leqslant 5$.

因 $0 \leqslant a \leqslant 2, 0 \leqslant b \leqslant 5$,故可知满足题意的时间仅会发生在 6 × 2 + 4 = 16 个小时中(00,01,02,03,04,05,10,11,12,13,14,15,20,21,22,23). 因 $0 \leqslant c \leqslant 5$,故发生这种情形的一个小时中会有 6 个时间符合. 因此一天中会发生 16 × 6 = 96 次.

9. 答案:8 cm^2.

解 如图 5-8 所示,连接 PR,由 Q,S 分别作 AB 的并行线交 PR 于 M,N. 因 $AP=DR$,故知 $AD//PR//BC$,因此四边形 $APNS,SNRD,PBQM,MQCR$ 都是平行四边形,且四边形 $PQRS$ 的四边分别为前面四个平行四边形的对角线,因此四边形 $PQRS$ 的面积即为这四个平行四边形的面积和之一半. 再因平行四边形 $ABCD$ 是由这四个平行四边形构成,所以四边形 $PQRS$ 的面积为平行四边形 $ABCD$ 的一半,即 $16\div2=8\ (\text{cm}^2)$.

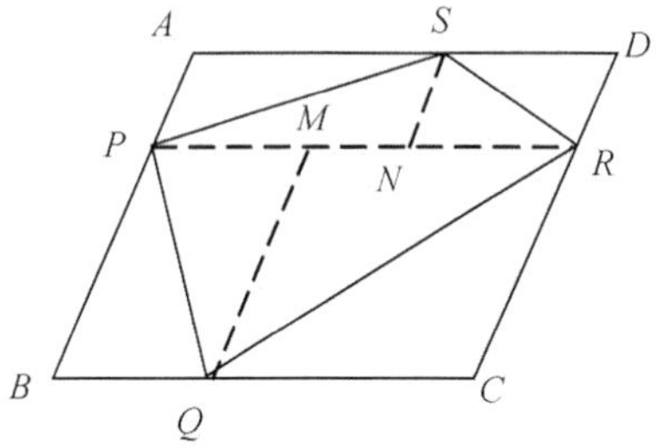

图 5-8

10. 答案:16.

解 令此余数为 a,则 $24-a,56-a,104-a$ 三数皆为 K 的倍数,即 K 为 $24-a,56-a,104-a$ 三数的公约数,换言之,K 为 $(56-a)-(24-a)=32,(104-a)-(24-a)=80,(104-a)-(56-a)=48$ 三数的公约数故 K 的最大值即为 32,80,48 的最大公约数,即 16.

11. 答案:5 cm^2.

解 连接 $AC,BD,A'C,B'D,C'A,D'B$(图 5-9). 因为 $AB=A'B$,所以 $S_{\triangle A'BC}=S_{\triangle ABC}$;再因 $BC=C'B$,故 $S_{\triangle A'BC}=S_{\triangle A'B'C}$,故可得

$$S_{\triangle A'B'B}=2S_{\triangle ABC}.$$

同样可得

$$S_{\triangle C'D'D}=2S_{\triangle ACD},\quad S_{\triangle A'D'A}=2S_{\triangle ABD},$$
$$S_{\triangle B'C'C}=2S_{\triangle BCD}.$$

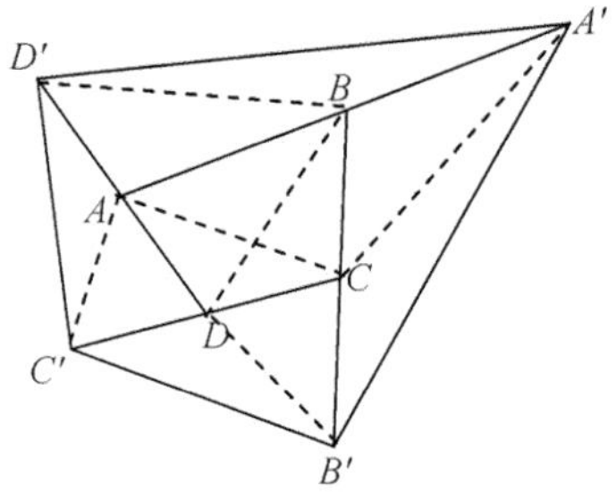

图 5-9

故

$$\begin{aligned}&\text{四边形 } A'B'C'D' \text{ 的面积}\\&=\text{四边形 } ABCD \text{ 的面积}+S_{\triangle A'B'B}+S_{\triangle C'D'D}+S_{\triangle A'D'A}+S_{\triangle B'C'C}\\&=\text{四边形 } ABCD \text{ 的面积}+2S_{\triangle ABC}+2S_{\triangle ACD}+2S_{\triangle ABD}+2S_{\triangle BCD}\\&=1+2+2=5(\text{cm}^2).\end{aligned}$$

12. 答案:42.

解 由 $p+q+r=14$,A 就可以判断出 B、C 的数不同,故可推知 A 已知 $q+r$ 必为奇数,而 A 能做出此判断必是因为 p 是奇数.

由于 B 说早已能判断出三个数都是不同的,可知 q 是不小于 7 的奇数,这是因为若 q 不是奇数,则无法判断 p 与 r 是否不同;若 q 小于 7 则无法判断 p 与 q 是否不同. 因此 p 的可能值为 1、3、5,而 q 的可能值为 7、9、11,此时可推知 r 的

可能值为2、4、6.

因C发言时已可确定以上信息,且C可据此来判断出三数,即C可由自己已知的r值来得到p与q的值.若$r=2$,则$(p,q)=(1,11),(3,9)$或$(5,7)$;若$r=4$,则$(p,q)=(1,9)$或$(3,7)$;若$r=6$,则$(p,q)=(1,7)$.只有当$r=6$时,才有唯一的解,C才能说:现在我能判断出我们三个人的数分别是多少了,因此可知$r=6$且$p=1,q=7$.故三数的乘积为$1\times6\times7=42$.

13. 答案:7∶1.

解　因这两个圆锥容器内的水位高度都正好是圆锥的高的一半,故在圆锥A中水的容量与在圆锥B中水的容量的比恰为圆锥A中水的容量和剩余容量的比.可将圆锥A中其余未装有水的部分视为一个小圆锥C.

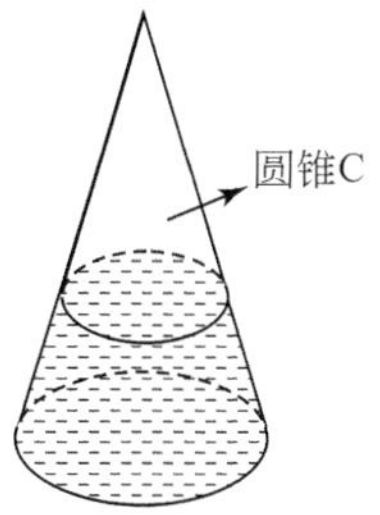

图5-10

因圆锥是由直角三角形以一条直角边为轴旋转一圈所得的立体图形,故底圆的半径为另一直角边的边长(图5-10).

而根据三角形的中位线定理,三角形的两边中点连线的长度为第三边长度的一半,故可知圆锥C的底圆半径长度为圆锥A的一半.因圆锥C的高为圆锥A的高之一半,且圆锥的体积$=\frac{1}{3}\pi r^2h$,故可知圆锥C的体积为圆锥A的体积的$\left(\frac{1}{2}\right)^2\times\frac{1}{2}=\frac{1}{8}$,因此装有水的部分为圆锥A的体积的$1-\frac{1}{8}=\frac{7}{8}$,故容量比为$\frac{7}{8}:\frac{1}{8}=7:1$.

14. 答案:4095种.

解　可观察出共有12个圆圈.因每一个圆圈都有是否打穿这两种选择,故共有$2^{12}=4096$种组合方式.但因要求每支钥匙至少打穿一个洞,故不允许全部没有打穿的情形,所以共可构造出$4096-1=4095$种不同的钥匙.

15. 答案:142857.

解　可令原六位数为$\overline{1abcde}$,则由题意可知

$$3\times\overline{1abcde}=\overline{abcde1}.$$

因右式的六位数的个位数为1,故$e=7$;因$e=7$,故可知$3d+2$的个位数为7,即$d=5$;因$d=5$,故可知$3c+1$的个位数为5,即$c=8$;因$c=8$,故可知$3b+2$的个位数为8,即$b=2$;因$b=2$,故可知$3a$的个位数为2,即$a=4$;因此原来的这个六位数为142857.

点评　可令原六位数的末五位数$\overline{abcde}$为X,则由题意可知

$$300000+3X=10X+1.$$

故可知 $7X=299999$，即 $X=42857$，因此原六位数为 142857.

5.3 队际竞赛试题

1. 有一个正偶数，它恰有 7 个正因子(包括 1 及本身). 试求此数.

2. 将一支铅笔、一支原子笔和一个橡皮擦分别放入 A、B、C 三位女孩的笔盒中，每个笔盒内都只能放一种文具，且三个笔盒内放的文具都不相同. 在下列三句叙述中只有一句为真，其余两句为假. 试问哪一句为真？

(1) A 的笔盒中放的是铅笔;

(2) B 的笔盒中没有铅笔;

(3) C 的笔盒中没有橡皮擦.

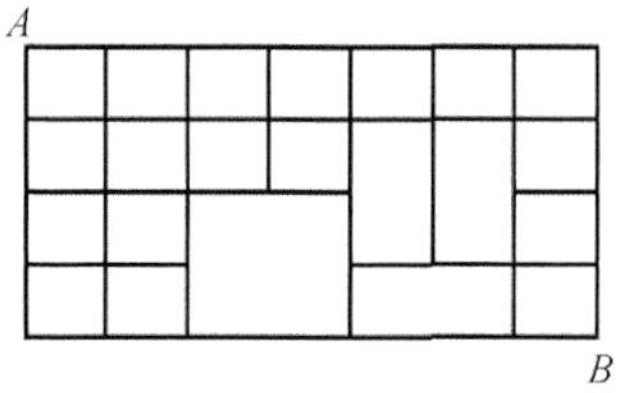

图 5-11

3. 有一只小虫沿着图 5-11 所示的路径由 A 点爬行到 B 点. 小虫只可以向右或向下爬行. 试问小虫由 A 点爬行到 B 点，共有多少种不同的方法？

4. 任给一个两位数，进行以下操作：将此数的个位数字乘以 2，再加上此数的十位数字，将所得到的结果记为下一个数. 然后将得到的这个新数再重复做以上的操作得到第三个数. 依此方式继续下去，得到一串数(如这串数可以是 59，23，8，16，13，…).

如果给定的第一个数是 14. 试问这串数列的第 2001 项是多少？

5. 将正整数 1，2，3，4，5，6，…排成一列，若一个数不能表示为两个合数的和，则将此数删除. 例如，1 必须删除，但因 12 = 4 + 8，所以 12 不能删除. 依据上述规定删除一部分数后，将剩下的数按由小到大的顺序排列. 请问第 2001 个数是多少？

6. 将数字 1，2，3，4，5，6，7，8，9 填入□□□□□ × □□□ × □中，每一个□只限填一个数且每个数只能使用一次. 试写出乘积最大的乘式.

7. 将五朵花排列在一圆周上，花的颜色有黄色(Y)、红色(R)和蓝色(B)三种. 试问共有多少种不同的排列方法使得任意相邻的两朵花都不能同色？

(注意：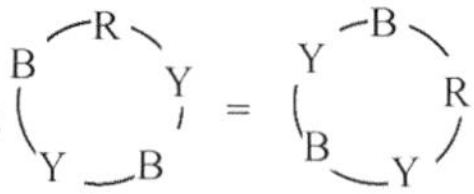

，即一种排法及其经过旋转的排法，都只能算一次排法.)

8. 一个 2×1 的长方形骨牌是将两个正方形以边对边的方式相连接. 我们打算用八片骨牌铺满 2×8 的棋盘,每片骨牌可以水平或竖直的方式放置,如图 5-12 所示.

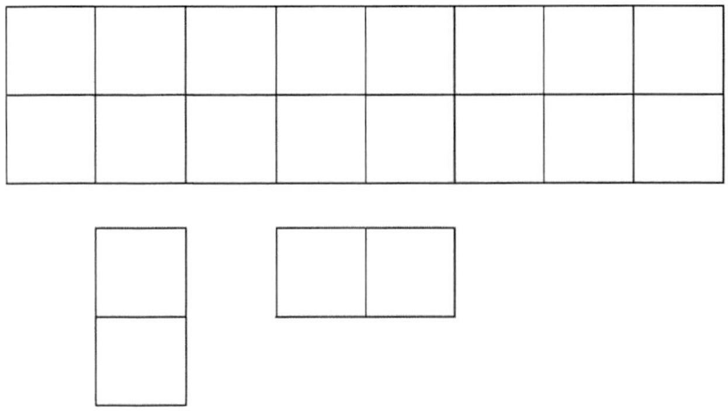

图 5-12

试问共有多少种不同的铺盖方式?

9. 依顺时针方向将数字 1,2,3,4,5,6,7 写在圆周上(图 5-13). 首先将数字 1 删除,然后每次跳过一个未删除的数,删除被跳到位置上的数,依此方法继续进行直到最后只剩下一个数为止. 例如,

删除数字 1,跳过数字 2;

删除数字 3,跳过数字 4;

删除数字 5,跳过数字 6;

删除数字 7,跳过数字 2;

删除数字 4,跳过数字 6;

删除数字 2,所以,剩下最后的一个数是 6.

如果依顺时针方向将 1,2,3,…,2001 写在圆周上,并依照上述规则操作,试问最后剩下的一个数是什么?

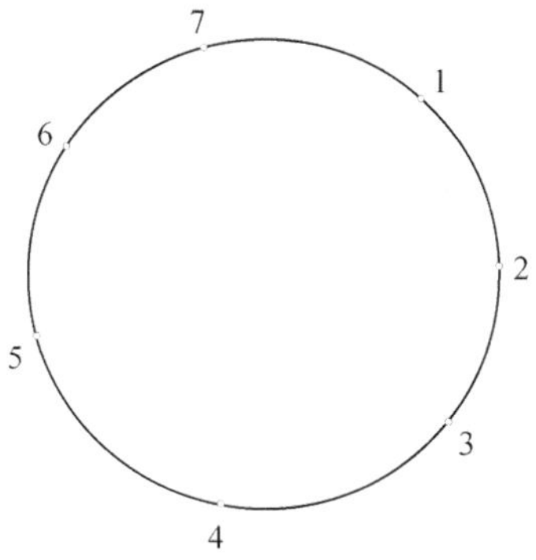

图 5-13

10. 三个人共有 200 多个金币,他们分别占有全部金币数的 $\frac{1}{2}$、$\frac{1}{3}$、$\frac{1}{6}$. 每人从这堆金币中各取一些金币,直到最后什么也没剩下. 然后第一个人归还他所取金币数的 $\frac{1}{2}$,第二个归还他所取金币数的 $\frac{1}{3}$,

第三个归还他所取金币数的$\frac{1}{6}$. 当把这些归还的金币数再平均分给三个人时，发现每个人手上所有的金币数正好是他们各自最初占有的金币数. 请问原来那堆金币数共有多少个？

5.4 队际竞赛试题解答

1. 答案：64.

解 因7为质数，故此数的质因子分解式形式必为p^6；再因已知此数为正偶数，故必有质因子2，所以此数为$2^6=64$.

2. 答案：(3).

解 若(1)为真，则(2)为假，此时A、B的笔盒均放铅笔，矛盾；

若(2)为真，则A、B的笔盒均没放铅笔，故铅笔在C的笔盒内，此时(3)也为真，矛盾；

若(3)为真，则由(2)为假知B的笔盒放铅笔，因此C的笔盒放原子笔、A的笔盒放橡皮擦.

3. 答案：101.

解 图5-14中每一个交点或顶点旁的数为从A点走到该点的走法数目，故点A到点B的最短路径共有101种走法.

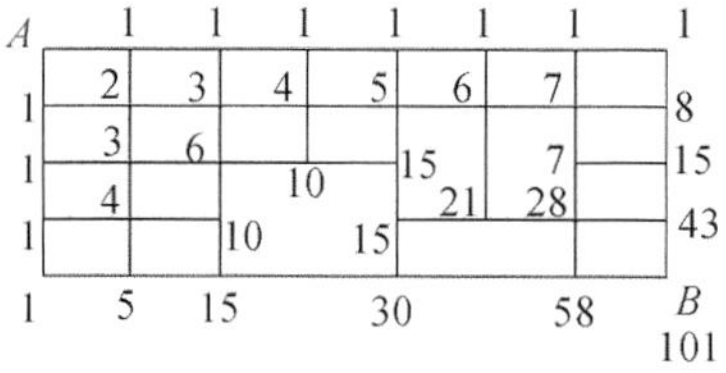

图5-14

4. 答案：18.

解 从14开始操作，可得数列依次如下：

14，9，18，17，15，11，3，6，12，5，10，1，2，4，8，16，13，7，14，….

可观察出在第19项开始重复出现14，因操作手法不变，故可判断出之后的数列为前18项不断循环重复出现. 因$2001=18\times111+3$，故第2001项与第3项相同，即为18.

5. 答案：2010.

解 因最小的合数为4，所以保留的第一个数为$4+4=8$；再因4之后的所有偶数均为合数，故8之后的所有偶数均可用4与一个偶合数之和所表示出来，因此8之后的所有偶数均可保留；因最小的奇合数为$3\times3=9$，故此操作手法所保留的第一个奇数为$9+4=13$，且13之后的奇数均可用13与一个偶合数之和所表示出来，因此13之后的所有奇数均可保留. 综上所述，保留的数依次为 8,10,12,13,14,15,…. 因此第 2001 项为 $12+(2001-1)-2=2010$.

6. 答案:$76421\times853\times9$.

解　令该式为 $\overline{abcde}\times\overline{fgh}\times k$. 可判断出要使乘积为最大必须 a,f,k 是 7,8,9,而 b,g 是 5,6,以及 c,h 是 3,4,此时知 $\overline{de}=21$. 当 k 固定,$\overline{abc}$ 与 $\overline{fgh}$ 二数之和相等时,这两个数越接近,其乘积越大,故取 $k=9$,$\overline{abc}=764$,$\overline{fgh}=853$ 时乘积最大,即乘积最大的乘式为 $76421\times853\times9$.

7. 答案:6 种.

解　令此圆周的五朵花的位置如图 5-15 所示.

图 5-15

可知 M 有 3 种选择、N 有 2 种选择:

(1)若 O 与 M 同色,则 P 有 2 种选择、Q 只有 1 种选择,共 $3\times2\times2\times1=12$ 种排列方式.

(2)若 O 与 M 不同色,则 O 有 1 种选择,此时:

(i)若 P 与 M 同色,则 Q 有 2 种选择,共 $3\times2\times2=12$ 种排列方式;

(ii)若 P 与 M 不同色,则 P 有 1 种选择、Q 只有 1 种选择,共 $3\times2=6$ 种排列方式.

因此共有 $12+12+6=30$ 种. 但因一种排法及其经过旋转的排法,都只能算一次排法,故实际上的排法数为 $30\div5=6$(种).

8. 答案:34 种.

解　可观察知水平放置的骨牌必须如图 5-16(a)所示的方式两两对齐放置,不可如图 5-16(b)所示的交错方式放置. 因此此题即为考虑 8 只用 1 与 2 之和表示出来的方法数. 因

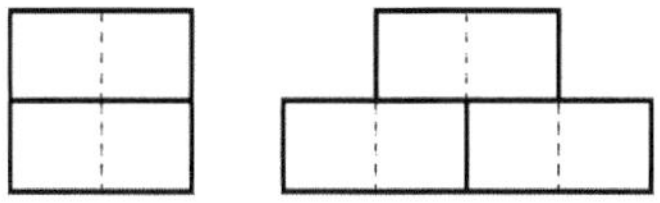

(a)　　(b)

图 5-16

$$
\begin{aligned}
8&=1+1+1+1+1+1+1+1\\
&=2+1+1+1+1+1+1\\
&=2+2+1+1+1+1\\
&=2+2+2+1+1\\
&=2+2+2+2.
\end{aligned}
$$

故共有 $1+7+15+10+1=34$ 种铺盖方式.

9. 答案:1954.

解　由规定的操作手法可知:

第一次操作完一整圈时,最后一个删除的数为 2001,此时保留的数为 2,4,6,…,2000,即 $2a$,其中 $1\leqslant a\leqslant1000$;

再来必保留 2 而删除 4,故知第二次操作完一整圈时,保留的数的形式为 $4b$

+2,且最后一个删除的数为 2000,保留的最后一个数为 1998;

再来必保留 2 而删除 6,故知第三次操作完一整圈时,保留的数的形式为 $8c+2$,且最后一个删除的数为 1998,保留的最后一个数为 1994;

再来必保留 2 而删除 10,故知第四次操作完一整圈时,保留的数的形式为 $16d+2$,且最后一个删除的数为 1994,保留的最后一个数为 1986;

再来必保留 2 而删除 18,故知第五次操作完一整圈时,保留的数的形式为 $32e+2$,且最后一个删除的数为 1970,保留的最后一个数为 1986;

再来必删除 2 而保留 34,故知第六次操作完一整圈时,保留的数的形式为 $64f+34$,且最后一个删除的数为 1986,保留的最后一个数为 1954;

再来必保留 34 而删除 98,故知第七次操作完一整圈时,保留的数的形式为 $128g+34$,且最后一个删除的数为 1890,保留的最后一个数为 1954;

再来必删除 34 而保留 162,故知第八次操作完一整圈时,保留的数的形式为 $256h+162$,且最后一个删除的数为 1826,保留的最后一个数为 1954;

再来必删除 162 而保留 418,故知第九次操作完一整圈时,保留的数的形式为 $512i+418$,且最后一个删除的数为 1698,保留的最后一个数为 1954;

再来必删除 418 而保留 930,故知第十次操作完一整圈时,保留的数的形式为 $1024j+930$,且最后一个删除的数为 1442,此时保留的数为 930,1954;

故再来必删除 930 而最后保留的数为 1954.

10. 答案:282 个.

解 可令金币共有 K 个,而三人归还金币数的平均数为 S,则由题意可知:

$$2\left(\frac{K}{2}-S\right)+\frac{3}{2}\left(\frac{K}{3}-S\right)+\frac{6}{5}\left(\frac{K}{6}-S\right)=K.$$

整理后可得 $7K=47S$,因 7 与 47 互质,故可知 K 为 47 的倍数;再因 K 必为 2,3,6 的倍数,故 K 的值为 282.

第6章　第六届小学数学世界邀请赛

6.1　个人竞赛试题

1. 有一个整数 p，除以 5 的余数为 3；除以 8 的余数为 5；除以 13 的余数为 11. 若 p 小于 1000，请问满足上述条件 p 的最大值是多少？

2. 某数的完全平方数是形如$\overline{4abc9}$的五位数，其中 a 是千位数，b 是百位数，c 是十位数. 若 $a>b>c$，请问 $a+b+c$ 等于多少？

3. 将$\frac{1}{14}$表示为小数的形式，请问小数点之后第 2002 位上的数字是多少？

4. 给定一个边长为 16 cm 的正方形，连接其各边的中点得到第二个正方形；连接第二个正方形各边的中点得到第三个正方形；继续依此方式作图直到得到第十个正方形为止. 请问这十个正方形全部的面积总和等于多少 cm^2？

5. 有两个自然数的差为 3，平方和为 117. 请问这两个数是多少？

6. 将一个两位数$\overline{ab}$连续抄写三遍得到一个六位数$\overline{ababab}$，如 525252. 若每一个这种形式的六位数都可以被一个正整数 p 整除. 请问 p 的最大值是多少？

7. 请问 $1\times2\times3\times\cdots\times99\times100$ 所得的乘积最末尾有几个连续的 0？

8. 像 531、543 这样的数，其数字具有严格的递减性，也就是说，这样的数其每位数都比左边的数小（注意：如 322 这个数其数字并不具有严格的递减性）. 请问从 100 到 599（含 100 与 599）共有多少个整数的数字具有严格的递减性？

9. 一个半径为 3 cm 的圆盘沿着 20 cm×25 cm 的矩形四个边的内缘移动，如图 6-1 所示. 请问在此矩形中不能被圆盘扫过的区域面积是多少 cm^2（设 $\pi=3.14$）？

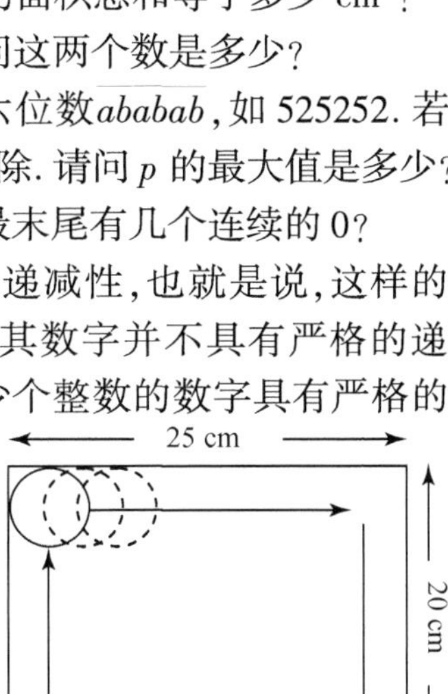

图 6-1

10. 一位水果商以 1.8 元/kg 的进价购入 4800 kg 的橘子. 假设这批橘子的运费为 3000 元，在运输途中损坏了 10% 的橘子，最后所有未损坏的橘子全部售出,并且这位水果商获得 8% 的盈利. 请问这位水果商将橘子以每千克多少元售出?

11. 请问 6^{2002} 的末两位数字是多少?(注:$6^{2002}=\underbrace{6\times6\times\cdots\times6}_{2002个6}$).

12. 两个正整数 a 和 b,它们的最大公约数为 5;它们的最小公倍数为 1155. 请问 $a+b$ 的最小值是什么?

13. 将正奇数排成图 6-2 的形式.

第一行	1				
第二行	3	5			
第三行	7	9	11		
第四行	13	15	17	19	
第五行	21	23	25	27	29
…	…	…	…	…	… …

图 6-2

从图 6-2 中取出的一组三角形数

A ---- B
\ /
C

中,A,B 为在第 i 行两个相邻的数,C 为在第 $i+1$ 列且在 A,B 中间正下方的数. 若有一组三角形数满足 $A+B+C=2093$,请问 C 是多少?

14. 有一个正方体的体积为 $n\ \text{cm}^3$,其表面积为 $n\ \text{cm}^2$. 请问 n 等于多少?

15. 在 1 到 100 之间恰有 12 个正因子(包括其本身与 1)的数中,请问最大的数是多少?

6.2 个人竞赛试题解答

1. 答案:973.

解 可知整数 p 必为 5 与 13 的公倍数减 2,又因 5 与 13 的最小公倍数为 65,故 p 必可表示为 $65k-2$,其中 k 为整数. 又因 p 被 8 除的余数为 5,故可知 $65k-2-5=65k-7$ 必须是 8 的倍数;因 $65k-7=8\times8k+k-7$,可知满足题意的最小 k 值为 7,即 $65\times7-2=453$;下一个满足的 k 值为 $7+8=15$,即 $65\times15-2=973$;因要求 p 必须小于 1000,故 p 的最大值即为 973.

2. 答案:18.

解 若令 $\overline{4abc9}$ 是 A 的完全平方数,则可观察出 A 为三位数,且 A 的百位数为 2、A 的个位数为 3 或 7;因 $225^2=50625$,故可知 A 的可能值为 203、207、213、217 或 223. 因 $203^2=41209$,$207^2=42849$,$213^2=45369$,$217^2=47089$,$223^2=49729$ 且要求 $a>b>c$,故 $A=223$,$a=9$,$b=7$,$c=2$,因此 $a+b+c=18$.

3. 答案:4.

解 可知 $\frac{1}{14}=0.0\dot{7}1428\dot{5}$,且 $2002-1=6\times333+3$,故小数点之后第 2002

位上的数字为循环部分的第三个数字,即 4.

4. 答案:$511\frac{1}{2}$ cm^2.

解　如图 6-3 所示,先观察前两个正方形. 连接第一个正方形的对边中点,因第二个正方形是连接第一个正方形四边的中点得到的,故可由图观察出第二个正方形面积为第一个正方形面积的一半;同理可推出每一个正方形面积为前一个正方形面积的一半,故十个正方形的面积和为

$$16^2\times\left(1+\frac{1}{2}+\frac{1}{4}+\frac{1}{8}+\cdots+\frac{1}{512}\right)$$

$$=2^8\times\frac{1023}{512}=\frac{1023}{2}=511\frac{1}{2}\ (cm^2).$$

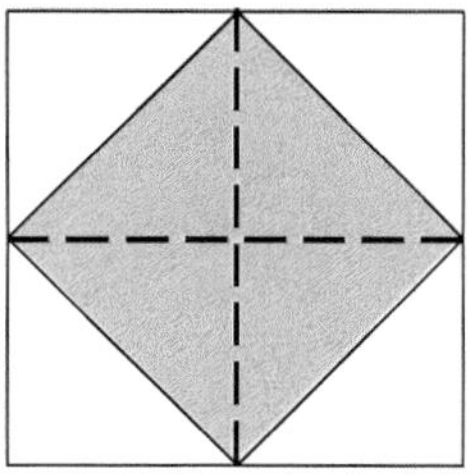

图 6-3

5. 答案:6 与 9.

解　设这两个自然数分别为 a,b, 由 $(a-b)^2=a^2+b^2-2ab$ 可知 $9=117-2ab$, 即 $ab=54=1\times54=2\times27=3\times18=6\times9$. 再由两数差为 3 可知这两个数为 6 与 9.

6. 答案:10101.

解　因 $\overline{ababab}=\overline{ab}\times10101$ 且 $\overline{ab}$ 为两位数,故可得 p 的最大值必为 $10101k$, 其中 k 为所有两位数 $\overline{ab}$ 的公因子,因此 $k=1$ 且此时 p 的最大值为 10101.

7. 答案:24 个.

解　由于 $10=2\times5$, 即需同时有一对因子 2、5 才能使乘积的末尾出现一个 0,若要末尾出现连续 n 个 0,则需 n 对因子 2、5. 因此来观察 $1\times2\times3\times\cdots\times99\times100$ 所得的乘积中因子 2 与因子 5 的个数. 而在 $1\times2\times3\times\cdots\times99\times100$ 所得的乘积中,因子 5 共有 $100\div5+100\div25=24$ 个且因子 2 的个数至少为 50 个,故至多有 24 对因子 2、5,因此最末尾有 24 个连续的 0.

8. 答案:20 个.

解　由条件可知十位数必须小于 5,故有 1、2、3、4 四种可能:

若十位数为 1,则百位数有 2、3、4、5 共四种可能而个位数只能为 0,故合计有 $4\times1=4$(个)数;

若十位数为 2,则百位数有 3、4、5 共三种可能而个位数有 0、1 二种可能,故合计有 $3\times2=6$(个)数;

若十位数为 3,则百位数有 4、5 共二种可能而个位数有 0、1、2 三种可能,故合计有 $2\times3=6$(个)数;

若十位数为 4，则百位数只能为 5 而个位数有 0、1、2、3 四种可能，故合计有 $1\times4=4$（个）数.

因此共有 $4+6+6+4=20$（个）整数其数字具有严格递减的特性.

9. 答案：111.74 cm^2.

解 可知圆盘的直径是 6 cm，因此若将圆盘沿着边缘移动，则在原矩形的中央将有一块较小的矩形区域不可能被圆盘扫过，以及圆盘移动到角落时，也会有区域无法被圆盘扫到，如图 6-4 中的阴影区域. 可得知中央无法扫过的矩形其长、宽分别为 $25-6\times2=13$（cm）、$20-6\times2=8$（cm），故该区域面积为 $13\times8=104$（cm^2）；而四个角落无法被圆盘扫到的区域面积总和恰为一个边长为圆盘直径的正方形从其内部挖掉一个完整圆盘之后的区域面积，其面积为 $6\times6-3.14\times3\times3=7.74$（$cm^2$），故所求为 $104+7.74=111.74$（cm^2）.

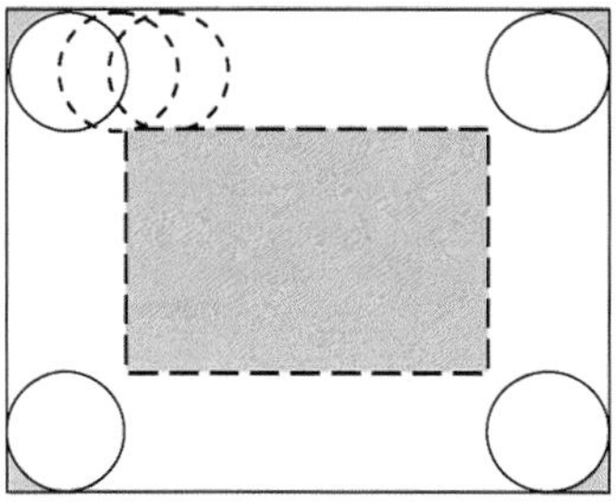

图 6-4

10. 答案：2.91 元.

解 可知水果商总成本为 $1.8\times4800+3000=11640$（元），而售完后共得到 $11640\times(1+8\%)=12571.2$（元）. 因橘子有 10% 的损坏，故共有 $4800\times(1-10\%)=4320$（kg）的橘子可供贩卖，因此每千克售价为 $12571.2\div4320=2.91$（元）.

11. 答案：36.

解 经观察可得知从 $n=2$ 开始，6^n 的末两位数规律依序为 36、16、96、76、56 这五个数循环. 因 $2002-1=5\times400+1$，故 6^{2002} 的末两位数为 36.

12. 答案：160.

解 因 a 和 b 的最大公约数为 5，故知必存在互质的两个数 x,y，使得 $a=5x,b=5y$，因此 a 和 b 最小公倍数为 $5xy$，即

$$xy=1155\div5=231.$$

而 $a+b=5(x+y)$，故即为求 $x+y$ 的最小值. 因 $231=1\times231=3\times77=7\times33=11\times21$，故 $x+y$ 的最小值为 $11+21=32$，因此 $a+b$ 的最小值为 160.

13. 答案：733.

解 观察可知若 A 是第 i 行由左往右数第 k 个数，则 C 是 A 之后第 $(i-k)+(k+1)=i+1$ 个奇数，再由 $A+B+C=2093$ 及三角形数的规律可知 $A<$

$B=A+2<C=A+2(i+1)$，故 $3A+2i=2089$ 且 A 值不可能超过 $2093\div3$、C 的值不可能低于 $2093\div3$，即 A 的最大值为 697、C 的最小值为 698.

因第 i 行最左边的数为 $2(1+2+\cdots+(i-1))+1=1+i(i-1)$，故知 $697>1+i(i-1)$. 因 $1+26\times25=651<697<1+27\times26=703$，故知 i 至多为 26；

因第 $i+1$ 行最右边的数为 $2(1+2+\cdots+(i+1))-1=(i+1)(i+2)-1$，故知 $698<(i+1)(i+2)-1$. 因 $25\times26-1=649<698<26\times27-1=701$，故知 i 至少为 25.

综上所述，可得 $i=25$ 或 26，但 $i=25$ 时，$A=(2089-50)\div3$ 不是整数，故不合，即 $i=26$，此时 $A=(2089-52)\div3=679$，$B=681$，$C=733$.

点评　可观察出奇数行正中间的数恰为完全平方数，即第 $2k+1$ 行正中间的数是 $(2k+1)^2$.

(1)若 C 为第 $2k+1$ 行正中间的数，则

$$A=(2k+1)^2-2(2k+1)=4k^2-1,$$
$$B=(2k+1)^2-2(2k+1)+2=4k^2+1,$$

即 $A+B+C=12k^2+4k+1$. 将此值与 2093 比较，$12k^2+4k$ 接近于 2092，即 $12k^2$ 略小于 2092，此时最接近的 k 为 13，且 $A+B+C=12\times13\times13+4\times13+1=2081$，与 2093 相差 12. 此三角形每向右移一位，$A+B+C$ 的值就会增加 6，故此三角形向右移两位，$C=27\times27+4=733$ 时，其和正好等于 $2081+12=2093$.

(2)若 C 为第 $2k$ 行正中间偏左一个的数，则

$$C=(2k+1)^2-2(2k+1)=4k^2-1,$$
$$B=(2k-1)^2,$$
$$A=(2k-1)^2-2=4k^2-4k-1,$$

即 $A+B+C=12k^2-8k-1$. 将此值与 2093 比较，$12k^2-8k$ 接近于 2094，即 $12k^2$ 略大于 2094，此时最接近的 k 为 14，且 $A+B+C=12\times14\times14-8\times14-1=2239$，此与 2093 相差 146，但第 $2k$ 行上的数最多相差 $2(2k-1)$，即此时最多相差 54，不合.

故仅 $A=679$，$B=681$，$C=733$ 满足题意.

14. 答案：216.

解　令正方体的边长为 a cm，则由体积为 n cm^3 可知该正方体一面的面积为 $\frac{n}{a}$；另一方面，由其表面积为 n cm^2 可知该正方体一面的面积为 $\frac{n}{6}$，故可知 a

$=6$,即 $n=6\times6\times6=216$.

15. 答案:96.

解 因为 n 的质因子分解式为 $p_1^{r_1}p_2^{r_2}\cdots p_k^{r_k}$,$n$ 的正因子个数为 $(r_1+1)(r_2+1)\cdots(r_k+1)=12=1\times12=2\times6=3\times4=3\times2\times2$,故可知 n 的质因子分解式有以下形态:

$n=p^{11}$:因对所有的质数而言,$p^{11}\geqslant2^{11}=2048>100$,不合题意;

$n=p_1p_2^5$:此时仅 $3\times2^5=96<100$ 符合;

$n=p_1^2p_2^3$:此时仅 $3^2\times2^3=72<100$ 符合;

$n=p_1^2p_2p_3$:此时有 $2^2\times3\times5=60<100$,$2^2\times3\times7=84<100$,$3^2\times2\times5=90<100$ 符合.

故在 1 到 100 之间恰有 12 个正因子(包括其本身及 1)的数中,最大的数是 96.

点评 因 $99=3^2\times11$,故 99 的正因子个数为 $(2+1)\times(1+1)=6$,不合题意;

因 $98=2\times7^2$,故 98 的正因子个数为 $(1+1)\times(2+1)=6$,不合题意;

因 97 为质数,不合题意;

因 $96=2^5\times3$,故 98 的正因子个数为 $(5+1)\times(1+1)=12$,即所求为 96.

6.3 队际竞赛试题

1. 一个正整数若满足下列全部的条件,则称它是一个保良数:

这个数是四位数;

这个数的每位数字都是 48 的因子;

这个数的每位数字可能重复出现;

这个数的数字和为 20;

这个数是 4 的倍数.

试求最小的保良数.

2. 将自然数 1,2,3,…,49,50 依次由左至右写下,组成一个较大的数 123456789101112131415…454647484950. 现从这个大数中删除 80 个数字,剩下的数字仍然保持原来的顺序得到另一个新数. 试求这个新数最大的可能值.

3. 图 6-5 中,$ABCD$ 与 $CEFG$ 都是正方形. 若 $EF=12$ cm,试求三角形 AEG 的面积.

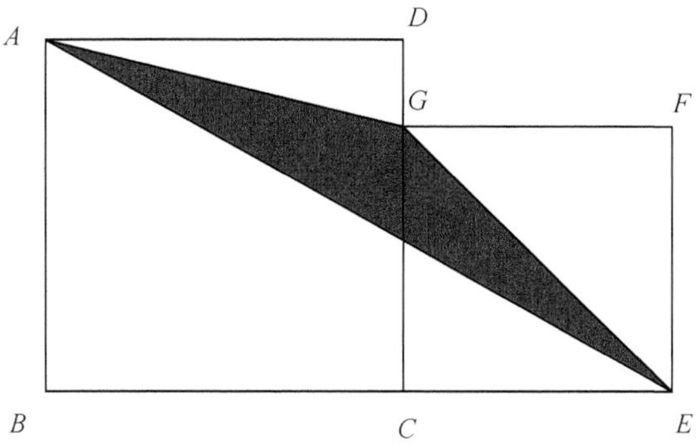

图 6-5

4. 苏珊想从地面爬上一个 10 阶高的楼梯顶. 每一次,她只能向上爬 1 阶、2 阶或 3 阶. 试问她有多少种不同的方式爬上楼梯顶?

5. 将所有的正整数先涂上白色,然后进行以下的操作:

将正整数 1 涂成红色;

若有一个数比已经涂上红色的数大 20 或 21,就将这个数涂上红色.

试问经过任意次以上的操作后仍为白色的数中,最大的数是多少?

6. 一个实心的长方体宽为 1 cm、长为 a cm、高为 b cm,其中 a,b 为整数且 $a,b>2$. 现将这个长方体的表面全都涂上红色,并且将它整个切割为若干个棱长为 1 cm 的小正方体. 若这些小正方体中,恰有两个面涂红色的小正方体的个数为 k;恰有三个面涂红色的小正方体的个数为 m;恰有四个面涂红色的小正方体的个数为 n;且 $k+m-n=213$. 试求 a 与 b 的值.

7. 图 6-6 中,$ABCDEF$ 是一个正六边形. 试问阴影部分的面积占正六边形 $ABCDEF$ 面积的几分之几?

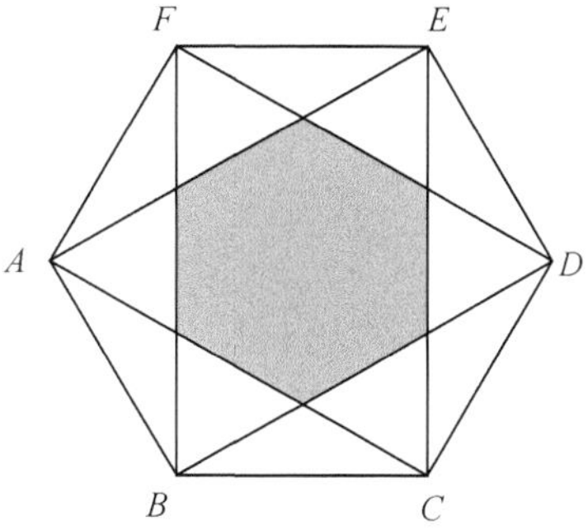

图 6-6

8. A,B,C 三个城市相互之间都有若干条道路相连接. 由 A 城市至 B 城市,可直接经由 A,B 之间的连接道路,也可以先由 A 城市经 A,C 之间的连接道路到 C 城市,再由 C 城市经 C,B 之间的连接道路抵达 B 城市. 假如从 A 到 B(包括经过 C)共有 33 种不同的途径;从 B 到 C(包括经过 A)共有 23 种不同的途径. 试问由 A 到 C(包括经过 B)共有多少种不同的途径?

9. A,B 两人以相同的速度削马铃薯,每人每分钟分别各削好一个. 刚开始时两人的篮子中马铃薯的数量相同. 每次当 A 削完一个马铃薯后,就同时从自己的篮子中拿一个未削好的马铃薯放进 B 的篮子中(这个动作所费的时间不计). 在某个时刻,A 未削好的马铃薯的数量与 B 未削好的马铃薯的数量之比为 1∶2. 再经过 10 分钟之后,这个比例变成 1∶4. 试问 A,B 两人从开始削马铃薯起一直到两人未削好的马铃薯的数量之比变成 1∶8 止,共用了多少分钟?

10. 图 6-7 是一些正六边形互相连接在一起所组成的图形. 现打算在此图形中的正六边形内涂上颜色,使得图形中的每一行(包括水平线和斜线)至多只能有一个被涂上颜色的正六边形. 请问图形内至多能有几个正六边形被涂上颜色?

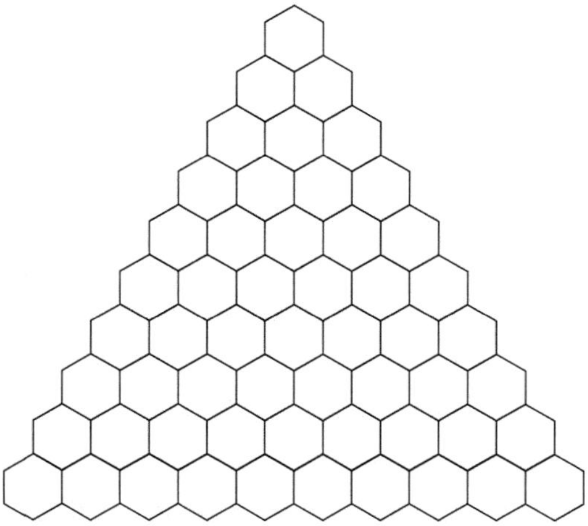

图 6-7

6.4 队际竞赛试题解答

1. 答案:1388.

解 因 48 的因子为一位数的有 1、2、3、4、6、8,故保良数必由此六个数字组成;要找最小的保良数,先考虑千位数为数字 1 的情形. 此时其余三个数字之和为 19,仅 8 + 8 + 3 满足;因必须为 4 的倍数,故末两位为 88,即最小的保良数为 1388.

2. 答案:99997484950.

解　因求最大值,故开始删除时,应尽量保留9,故前九个数字123456789删去前8个数字保留9、接下来20个数字101112…1819删去前19个而保留9、再接下来20个数字202122…2829删去前19个而保留9、再接下来20个数字303132…3839删去前19个而保留9,至此共删除65个数字,需从404142…484950这22个数字删去15个,也就是说,保留7个,故保留最后7个数时7484950即可得到最大值99997484950.

3. 答案:72 cm^2.

解　连接AC,AE与CD交于点H(图6-8),则三角形ACE的面积为$\frac{1}{2}\times CE\times AB$、三角形$ACG$的面积为$\frac{1}{2}\times CG\times AD$,故三角形$ACE$的面积与三角形$ACG$的面积相等,再因三角形ACH为两个三角形所共有的部分,故三角形AHG的面积与三角形CHE的面积相等,即三角形AEG的面积与三角形CGE的面积相等,所以三角形AEG的面积为正方形$CEFG$的$\frac{1}{2}$,即$12\times 12\times \frac{1}{2}=72$($cm^2$).

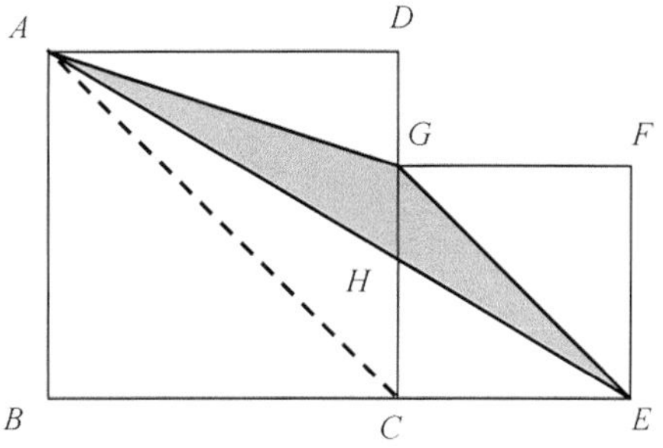

图6-8

4. 答案:274种.

解　可观察出到达第n阶的方式必先经过第$n-1$阶、第$n-2$阶或第$n-3$阶,因此若设到达第n阶的方式数为$f(n)$,则有$f(n)=f(n-1)+f(n-2)+f(n-3)$. 而$f(1)=1$, $f(2)=2$, $f(3)=4$,故$f(4)=7$, $f(5)=13$, $f(6)=24$, $f(7)=44$, $f(8)=81$, $f(9)=149$, $f(10)=274$.

5. 答案:380.

解　可观察出涂红色的数规律如下:第1次将1这1个数涂成红色、第2次将21、22这2个数涂成红色、第3次将41、42、43这3个数涂成红色、第4次将61、62、63、64这4个数涂成红色……操作第k次时(k不超过20时),数$20(k-1)+1$至$20(k-1)+k$被涂上红色,可知每一次操作时,红色的第一个数的形式均为$20n+1$,且操作多于20次时,每次都只涂20个. 故最大的白色数为操作第20次的涂红色第一个数之前一个数,即$20\times(19-1)+1-1=380$.

6. 答案:a为13,b为17.

解　由题可知 n 为 4，故现知 $k+m=217$. 可观察出恰有两个面涂为红色的小正立方体的个数为 $k=(a-2)(b-2)=ab-2a-2b+4$、恰有三个面涂为红色的小正立方体的个数为 $m=2(a-2)+2(b-2)=2a+2b-8$，故代入 $k+m=217$ 可知 $ab=221=13\times17$，即 a,b 为 13，17.

7. 答案：$\frac{1}{3}$.

解　因 $ABCDEF$ 是一个正六边形，故可将阴影外的区域视为 6 个 X 区域与 6 个 Y 区域所组成(图 6-9)，且可知 AE 被 FB 和 FD 三等分，故由此得 X 区域与 Y 区域的面积相等；因 $AE//BD$ 且 FB 被 AE 和 AC 三等分、FD 被 AE 和 BD 三等分，故 X 区域的面积占三角形 FBD 面积的 $\frac{1}{9}$，即阴影部分的面积为三角形 FBD 面积的 $1-\frac{1}{9}-\frac{1}{9}-\frac{1}{9}=\frac{2}{3}$，所以阴影部分面积为 6 倍区域 X 的面积，也就是说，阴影部分面积为正六边形 $ABCDEF$ 面积的 $\frac{6}{6+6+6}=\frac{1}{3}$.

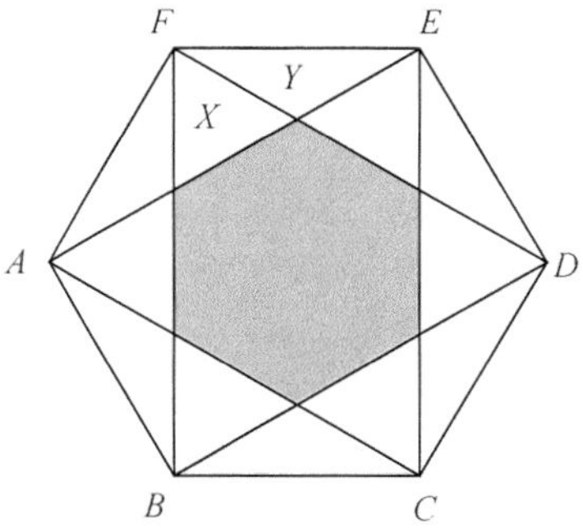

图 6-9

8. 答案：21 种.

解　令 A 与 B 间直接到达未经过 C 的路径有 x 条、A 与 C 间直接到达未经过 B 的路径有 y 条、B 与 C 间直接到达未经过 A 的路径有 z 条，则利用乘法原理与加法原理可知：

$$\begin{cases}x+yz=33,\\z+xy=23,\end{cases}$$

而 $y+xz$ 即为所求的值. 分别将以上两式相加及相减，可得

$$\begin{cases}(x+z)(y+1)=56,\\(z-x)(y-1)=10.\end{cases}$$

由以上两式可知：

(1) 因 $x+z\geqslant2$，故 $2\leqslant y+1\leqslant28$，即 $y+1=2$、4、7、8、14 或 28，从而 $y=1$、3、6、7、13 或 27.

(2) $1\leqslant y-1\leqslant10$，即 $y+1=1$、2、5 或 10，从而 $y=2$、3、6 或 11.

可发现仅 $y=3$ 与 $y=6$ 同时满足以上两点.

若 $y=3$，则 $y+1=4$，此时可得

$$\begin{cases} x+z=14, \\ z-x=5. \end{cases}$$

但由于两整数之和与差必同奇或同偶，因此 x,z 不为整数，故不合题意.

若 $y=6$，则 $y+1=7$，此时可得

$$\begin{cases} x+z=8, \\ z-x=2, \end{cases}$$

解得 $x=3, z=5$，故所求为 $6+3\times5=21$.

因此由 A 到 C(包括经过 B)共有 21 种不同的途径.

9. 答案：35 分钟.

解　因每一分钟 A 都从自己的篮子拿出一个未削好的马铃薯放到 B 的篮子中，故 B 未削好的马铃薯数量不会改变. 令 A 未削好的马铃薯的数量与 B 未削好的马铃薯的数量之比为 1∶2 时 B 未削好的马铃薯的数量为 a，则此时 A 未削好的马铃薯的数量为 $\frac{1}{2}a$，且由题意知 10 分钟后 A 未削好的马铃薯的数量为 $\frac{1}{4}a$，因此 A 削 $\frac{1}{2}a-\frac{1}{4}a=\frac{1}{4}a$ 个马铃薯需 10 分钟. 而 A，B 两人从开始削马铃薯起一直到两人未削好的马铃薯的数量之比变成 1∶8 止，A 共削了 $a-\frac{1}{8}a=\frac{7}{8}a$ 个马铃薯，因此共费时 $\left(\frac{7}{8}a\right)\div\left(\frac{1}{4}a\right)\times10=35$(分钟).

10. 答案：7.

解　将图形的三个方向定为 X 方向、Y 方向、Z 方向，并如图 6-10 所示方式编上其坐标，以 (x,y,z) 表示一个六边形的坐标.

易观察出，这样编出的坐标，每个正六边形的坐标 (x,y,z) 都具有 $x+y+z=9$ 的性质.

题目要求图形中每条水平线与斜线上至多只能有一个正六边形被涂色，即这些被涂色的格子，其 x 坐标均不相同、y 坐标均不相同、z 坐标也均不相同. 以下证明不可能有 8 个格子被涂色且符合上述条件.

因这些格子的 x、y、z 坐标都分别不相同，故它们的 x 坐标总和最小值只能是 $0+1+2+3+4+5+6+7=28$、y 坐标总和最小值只能是 $0+1+2+3+4+5+6+7=28$、z 坐标总和最小值只能是 $0+1+2+3+4+5+6+7=28$，即它们的 x、y、z 坐标所有值的总和最小为 $28\times3=84$. 但每个格子的坐标 (x,y,z) 都具有 $x+y+z=9$ 的性质，故它们的 x、y、z 坐标所有值的总和必恰为 $9\times8=72$，矛盾.

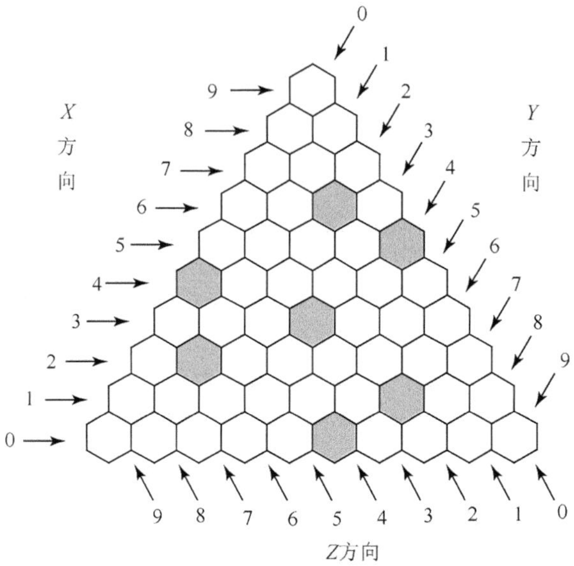

图 6-10

故不可能有 8 个格子满足题意.

同理,也不可能有 8 个以上的格子被涂色且符合所述条件. 而 7 个格子是可行的,如图所示之方式为其中一种涂法,即将(3,3,3)、(6,2,1)、(2,1,6)、(1,6,2)、(5,4,0)、(4,0,5)、(0,5,4)这些格子涂色.

第 7 章　第七届小学数学世界邀请赛

7.1　个人竞赛试题

1. 有 1 元、5 元、10 元、50 元四种不同面值的钞票共 9 张. 若每一种不同面值的纸钞至少有 1 张，且这些钞票的总金额为 177 元，请问面值 10 元的钞票有几张？

2. 图 7-1 中，MN 是一条直线. $\angle a$，$\angle b$，$\angle c$ 的值满足以下关系：

$$\angle b : \angle a = 2 : 1 \text{ 且 } \angle c : \angle b = 3 : 1,$$

请问角 b 是多少度？

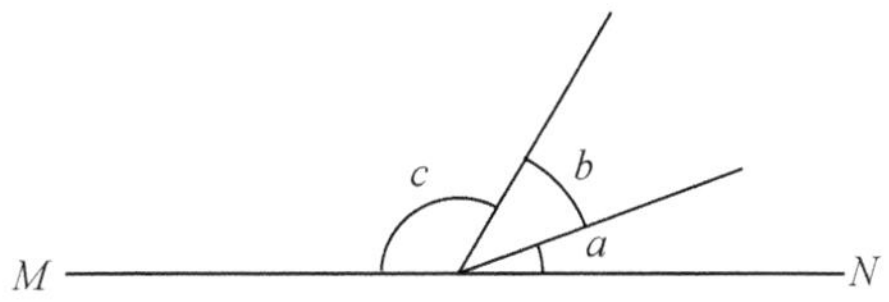

图 7-1

3. 一块正方形的地板是由一些全等的小正方形瓷砖拼铺成的. 这块地板的两条对角线上铺的瓷砖都是黑色的，而其他的地方所铺的瓷砖则是白色的. 假设此块地板上共铺有 101 片黑色的瓷砖，请问有多少片瓷砖是白色的(图 7-2)？

4. 请问 $\frac{1}{2}+\left(\frac{1}{3}+\frac{2}{3}\right)+\left(\frac{1}{4}+\frac{2}{4}+\frac{3}{4}\right)+\left(\frac{1}{5}+\frac{2}{5}+\frac{3}{5}+\frac{4}{5}\right)+\cdots+\left(\frac{1}{100}+\frac{2}{100}+\cdots+\frac{99}{100}\right)$ 等于多少？

5. 两个电灯泡分别以每 30 秒和每 36 秒的固定间隔闪亮一次. 若它们上午 10:45 第 1 次同时闪亮，请问这两个电灯泡在什么时候第 13 次同时闪亮？

6. 在梯形 $ABCD$ 中，AB 边和 CD 边都垂直于 BC 边. 对角线 AC 和 BD 相交于点 E. 若 $AB=9$，$BC=12$，$CD=16$，请问三角形 BEC 的面积为多少(图 7-3)？

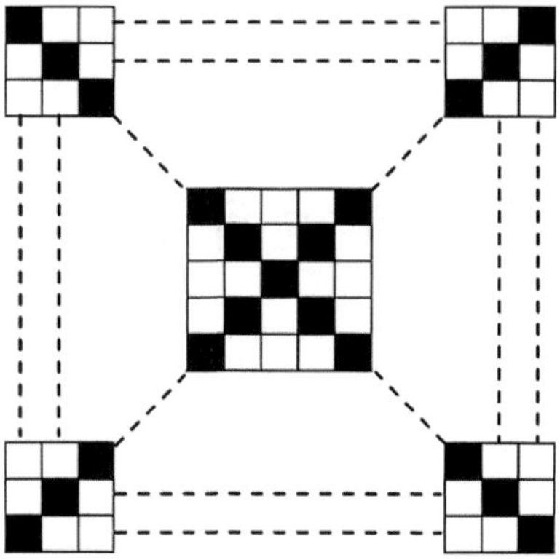

图 7-2

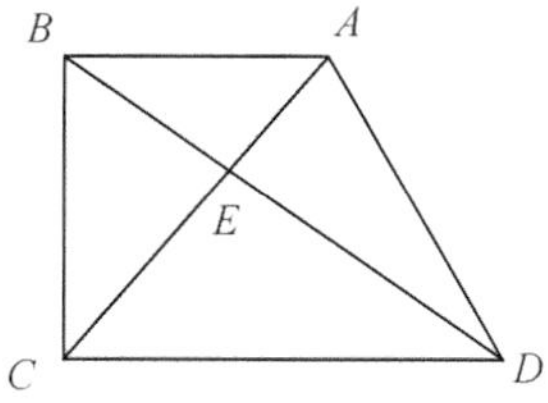

图 7-3

7. 彼得从 100 开始以每次加 7 往上数(100,107,…),而玛丽从 1000 开始以每次减 8 往下数(1000,992,…). 若两人数的速度相同,他们两人同时数出同一个数时,请问这个数是多少?

8. 某次宴会共有 n 个人参加,每个人都与其他人恰好互相握手一次. 若在此宴会中总共握手 231 次,请问 n 的值为多少?

9. 汽车甲由 A 市开往 B 市,汽车乙由 B 市开往 A 市,两辆汽车都各自以匀速行驶,它们到达目的地后都立刻驶回原出发地. 若这两辆汽车第一次相遇于距离 A 市 700 km 处,在回程时第二次相遇于距离 B 市 400 km 处,请问 A、B 两市相距多少 km?

10. 如图 7-4 所示,在矩形 $ABCD$ 中,点 F 是 AB 边的中点,且 $BC=3BE$, $AD=4HD$. 若矩形 $ABCD$ 的面积为 300 cm^2,请问图中阴影部分的面积是多少 cm^2?

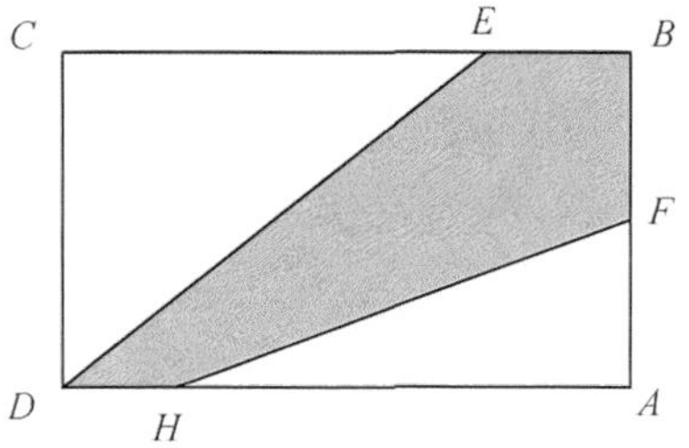

图 7-4

11. 两位工人用砖砌墙,甲工人独自完成需 9 小时,乙工人独自完成需 10 小时. 当两人合作时,其每小时工作量为两人每小时原砌砖块数的总和减 10 块砖,假设他们共用 5 小时才完工,请问要完成此道墙共需砌多少块砖?

12. 时钟 A 每小时走得比标准的时钟快 10 秒;时钟 B 每小时走得比标准的时钟慢 20 秒,我们同时将这两个时钟调整为标准时间. 24 小时之内,若时钟 A

的指针显示 7∶00，在此同时，时钟 B 的指针显示 6∶50，请求出此时标准的时钟显示的时间.

13. 介于$\frac{97}{36}$和$\frac{96}{35}$之间的所有分数中，请问哪一个分数具有最小的分母？

14. Ⅰ、Ⅱ、和Ⅲ为三个大小不同的半圆（图 7-5）. 若Ⅰ、Ⅱ和Ⅲ之直径比为 3∶4∶5，且Ⅲ的面积为 24 cm^2，请问Ⅰ和Ⅱ面积之总和是多少 cm^2？

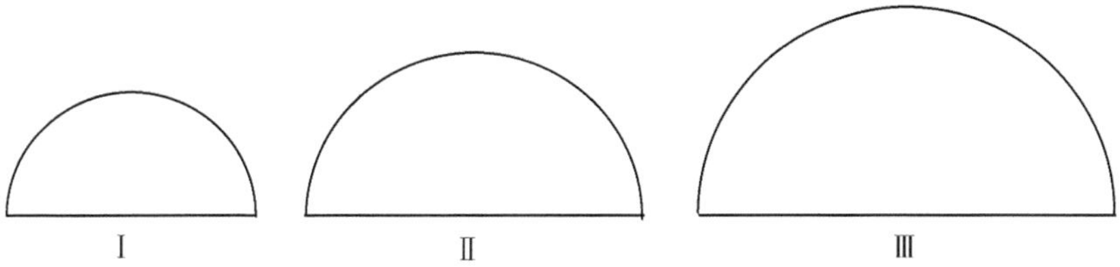

图 7-5

15. 请问各边长都是整数且周长为 25 的等腰三角形总共有多少种？

7.2　个人竞赛试题解答

1. 答案：1 张.

解　可知 50 元钞票至多有 3 张. 若 50 元钞票不是 3 张，则至多有 $50\times2+10\times5+5\times1+1\times1=156$ 元，故知 50 元钞票有 3 张，此时其余 6 张共 $177-150=27$ 元. 因 1 元、5 元、10 元至少各有 1 张，故知其余 3 张共 $27-10-5-1=11$ 元，此时仅有一种可能：2 张 5 元、1 张 1 元. 因此可知共有 2 张 1 元、3 张 5 元、1 张 10 元、3 张 50 元.

2. 答案：40°.

解　因 MN 是一条直线，故 $\angle a+\angle b+\angle c=180°$；又因 $b:a=2:1$、$c:b=3:1$，故知 $c:b:a=6:2:1$，因此 $\angle b$ 是 $180°\div(1+2+6)\times2=40°$.

3. 答案：2500 片.

解　由铺设方式可知两条主对角线都铺上了黑色瓷砖，观察后可知主对角线的格子数与边上的格子数相等，又已知两条主对角线共 101 格，且两条主对角线在中央重复 1 格，故此正方形地板边上的格子数为 $(101+1)\div2=51$，因此共有 $51\times51=2601$ 片瓷砖，其中黑色瓷砖 101 片，所以白色瓷砖为 $2601-101=2500$ 片.

4. 答案:2475.

解

$$\frac{1}{2}+\left(\frac{1}{3}+\frac{2}{3}\right)+\left(\frac{1}{4}+\frac{2}{4}+\frac{3}{4}\right)+\left(\frac{1}{5}+\frac{2}{5}+\frac{3}{5}+\frac{4}{5}\right)+\cdots$$

$$+\left(\frac{1}{100}+\frac{2}{100}+\cdots+\frac{99}{100}\right)=\frac{1}{2}+\frac{1+2}{3}+\frac{1+2+3}{4}$$

$$+\frac{1+2+3+4}{5}+\cdots+\frac{1+2+3+\cdots+99}{100}$$

$$=\frac{1}{2}+\frac{1}{3}\times\frac{2\times3}{2}+\frac{1}{4}\times\frac{3\times4}{2}+\frac{1}{5}\times\frac{4\times5}{2}+\cdots+\frac{1}{100}\times\frac{99\times100}{2}$$

$$=\frac{1}{2}+\frac{2}{2}+\frac{3}{2}+\frac{4}{2}+\cdots+\frac{99}{2}$$

$$=\frac{1}{2}\times\frac{99\times100}{2}=2475.$$

5. 答案:上午 11:21.

解 因 30 与 36 的最小公倍数为 180,故这两个灯泡在第一次同时闪一次后每 180 秒同时闪一次. 因 180 秒即为 3 分钟,故第 13 次同时闪亮为第一次的 $3\times(13-1)=36$ 分钟后,即 11:21.

6. 答案:$34\frac{14}{25}$.

解 利用勾股定理可知$\triangle ABC$与$\triangle BCD$都是三边长比为 3:4:5 的直角三角形,因此$\angle BAC=\angle CBD$(图 7-6).

因$\angle BAC+\angle BCA=90°$,故可知$\angle CBD+\angle BCA=90°$,即$\angle BEC=90°$,因此△BCE 也是三边长比为 3:4:5 的直角三角形,故 $BE=12\times\frac{3}{5}=\frac{36}{5}$,$CE=12\times\frac{4}{5}=\frac{48}{5}$. 因此$\triangle BCE$的面积为

$$\frac{1}{2}\times\frac{36}{5}\times\frac{48}{5}=\frac{864}{25}=34\frac{14}{25}.$$

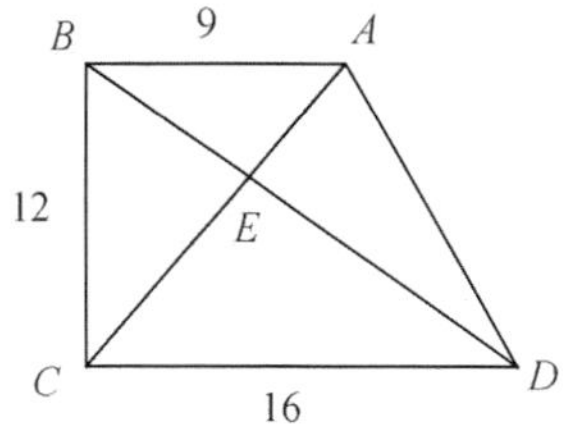

图 7-6

点评 由题可得$\triangle ABE$与$\triangle CDE$互为相似三角形,故$\frac{CE}{AE}=\frac{CD}{AB}=\frac{16}{9}$. 因$\triangle ABC$的面积为 $12\times9\div2=54$,故$\triangle BCE$的面积为

$$54\times\frac{16}{16+9}=54\times\frac{16}{25}=34\frac{14}{25}.$$

7. 答案:520.

解　因彼得每次加 7 而玛丽每次减 8,故每一次两人同时报数后,报出的数之差都会减少 $7+8=15$. 已知两人开始时,数的差为 $1000-100=900$,故在报 $900\div15=60$ 次后,两人同时数出一样的数,这个数为 $100+60\times7=520$.

8. 答案:22.

解　因共有 n 个人参加,每个人都与其他人互相恰好握手一次,所以每一个人共握手 $n-1$ 次. 因为每一次握手都是两个人参与,故 n 个人总共握手 $n(n-1)\div2$ 次,即 $n(n-1)=462=22\times21$,所以 $n=22$.

9. 答案:1700 km.

解　如图 7-7 所示. 由图示可观察出第一次相遇时,两车共行驶了 A,B 两市之间的距离,且第二次相遇时,两车共行驶了 A,B 两市间距离的三倍. 因这两辆汽车第一次相遇于距离 A 市 700 km 处,即此时甲车行驶了 700 km,因此第二次相遇时甲车共行驶了 $700\times3=2100$(km);因这两辆汽车第二次相遇于距离 B 市 400 km 处,故请问 A,B 两市相距 $2100-400=1700$(km).

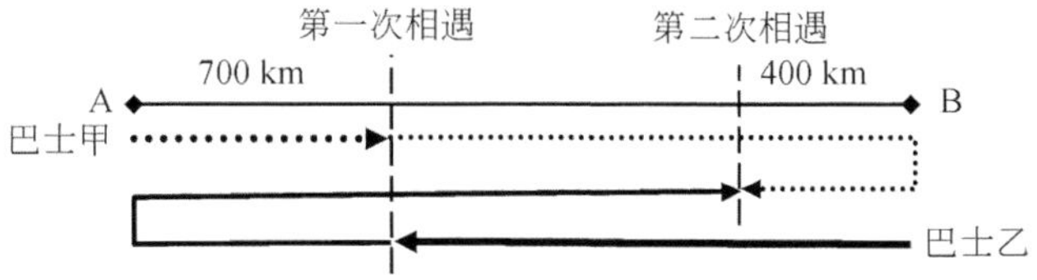

图 7-7

10. 答案:$143\frac{3}{4}\text{cm}^2$.

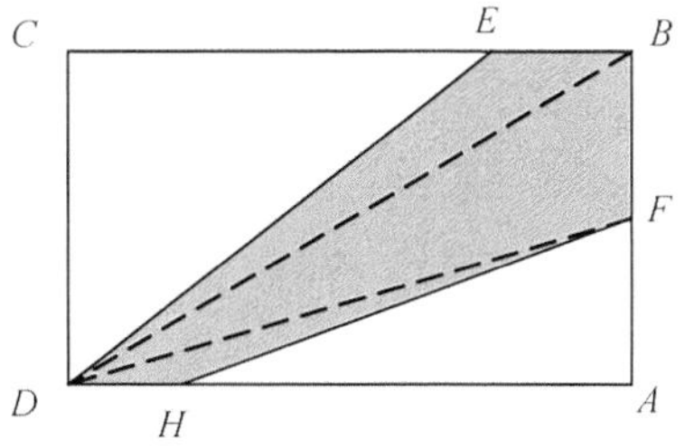

图 7-8

解　连接 BD,FD. 因 BD 为对角线,故 $\triangle BCD$ 与 $\triangle ABD$ 的面积都是 150 cm^2(图 7-8).

因 $BC=3BE$,且等高三角形面积之比等于底之比,故 $\triangle BED$ 的面积为 $150\times\frac{1}{3}=50$ (cm^2).

因点 F 是 AB 边的中点,故 $\triangle BFD$ 与 $\triangle FDA$ 的面积都等于 $150\times\frac{1}{2}=75(\text{cm}^2)$.

因 $AD=4HD$,故 $\triangle FDH$ 的面积为 $75\times\frac{1}{4}=18\frac{3}{4}(\text{cm}^2)$.

因此图中阴影部分的面积是 $50+75+18\frac{3}{4}=143\frac{3}{4}(\text{cm}^2)$.

点评 令 $AB=x, BC=y$,则由矩形 $ABCD$ 的面积为 300 cm^2 知 $xy=300$ cm^2. 而因 $\triangle CDE$ 的面积为 $x\times\frac{2}{3}y\div 2=\frac{1}{3}xy$, $\triangle AFH$ 的面积为 $\frac{1}{2}x\times\frac{3}{4}y\div 2=\frac{3}{16}xy$,故阴影部分的面积是

$$xy-\frac{1}{3}xy-\frac{3}{16}xy=\frac{23}{48}xy,$$

即阴影部分的面积为 $\frac{23}{48}\times 300=143\frac{3}{4}(\text{cm}^2)$.

11. 答案:900 块.

解 设全部的工作量为 90 份,则甲工人独自完成时,每小时作 $90\div 9=10$(份)、乙工人独自完成时,每小时作 $90\div 10=9$(份),由此可知两人每小时原砌砖块数的总和等于 19 份. 而当二人合作时,每小时作 $90\div 5=18$(份). 因此知 19 份 − 18 份 = 10 块砖,故一份为 10 块砖,所以此道墙需砌 $90\times 10=900$ 块砖.

12. 答案:6∶56∶40.

解 可知时钟 A 与时钟 B 每小时的时间差为 $10+20=30$(秒),即 $\frac{1}{2}$ 分钟. 因 24 小时之内,时钟 A 的指针显示 7∶00 而时钟 B 的指针显示 6∶50,两钟的时间差为 10 分钟,故时间经过了 $10\div\frac{1}{2}=20$ 小时,此时时钟 A 快了 $20\times 10=200$ 秒,故标准的时钟显示的时间为 6∶56∶40.

13. 答案:7.

解 令 $\frac{97}{36}=2+\frac{25}{36}<2+\frac{b}{a}<\frac{96}{35}=2+\frac{26}{35}$,其中 a, b 为互质的两个正整数,则可得 $\frac{25}{36}<\frac{b}{a}<\frac{26}{35}$,即 $25\times 35a<35\times 36b<26\times 36a$,即 $875a<1260b<936a$,针对 a, b 的值,可列表如表 7-1 所示.

表 7-1

a	不等式	b
1	$875<1260b<936$	$\frac{875}{1260}<b<\frac{936}{1260}$

续表

a	不等式	b
2	$1750<1260b<1872$	$\frac{1750}{1260}=1\frac{490}{1260}<b<\frac{1872}{1260}=1\frac{612}{1260}$
3	$2625<1260b<2808$	$\frac{2625}{1260}=2\frac{105}{1260}<b<\frac{2808}{1260}=2\frac{288}{1260}$
4	$3500<1260b<3744$	$\frac{3500}{1260}=2\frac{980}{1260}<b<\frac{3744}{1260}=2\frac{1224}{1260}$
5	$4375<1260b<4680$	$\frac{4375}{1260}=3\frac{595}{1260}<b<\frac{4680}{1260}=3\frac{900}{1260}$
6	$5250<1260b<5616$	$\frac{5250}{1260}=4\frac{210}{1260}<b<\frac{5616}{1260}=4\frac{576}{1260}$
7	$6125<1260b<6552$	$\frac{6125}{1260}=4\frac{1085}{1260}<b<\frac{6552}{1260}=5\frac{252}{1260}$

可知 b 有正整数值的最小 a 值为 7，此时 b 为 5.

14. 答案：24 cm^2.

解　因Ⅰ、Ⅱ与Ⅲ的直径之比为3∶4∶5，故Ⅰ、Ⅱ与Ⅲ的半径之比为 3∶4∶5，因此面积比为 $3^2:4^2:5^2=9:16:25$，可发现Ⅰ与Ⅱ面积的总和恰为Ⅲ的面积，因此Ⅰ与Ⅱ面积的总和为 24 cm^2.

15. 答案：6 种.

解　令等腰三角形的三边长为 a,a,b，则可得 $2a+b=25$. 因三角形两边长度和必大于第三边的长度，故可知$2a$ 恒大于 b，因此$2a$ 的值必介于13 与25 之间，即 a 的值可为 7、8、9、10、11、12，其对应的 b 值分别为 11、9、7、5、3、1，因此共有 6 种.

7.3　队际竞赛试题

1. 蜡烛 A 比蜡烛 B 长 1cm. 在下午 5 时 30 分将蜡烛 A 点燃，下午 7 时将蜡烛 B 点燃，这两根蜡烛分别各自以匀速燃烧. 晚上 9 时 30 分的时候，两根蜡烛剩下的长度相同. 晚上 11 时 30 分蜡烛 A 完全烧尽，而晚上 11 时蜡烛 B 已经完全烧尽，请问蜡烛 A 在未点燃之前长度为多少 cm?

2. 在 4 点至 5 点之间，请问在什么时刻时钟的分针与时针重合在一起?

3. 有一组连续正整数的总和恰好为 1000，请问这组数最多有多少个数?

```
        S
       SHS
      SHTHS
     SHTATHS
    SHTAMATHS
     SHTATHS
      SHTHS
       SHS
        S
```

图 7-9

4. 图 7-9 中，考虑由“M”开始至“S”结束且构成“MATHS”

这个字的路径，请问这样不同的路径共有多少条？

5. 在 1 ~9 中选取三个不同的数字 x,y,z 组成一个三位数$\overline{xyz}$，请问$\frac{\overline{xyz}}{x+y+z}$的最小值为多少？

6. 由勾股定理可知：若一个直角三角形的三边长分别为 a，b 及 c，其中 c 为斜边长，则 $a^2+b^2=c^2$. 图 7-10 为一个长方体，其长、宽、高分别为 24 cm、4 cm、6 cm. 一只蚂蚁想沿着长方体的表面由 A 点走到 B 点（A 点的对角），若该蚂蚁每分钟行走 2 cm，请问这只蚂蚁完成该旅程最少需要多少分钟？

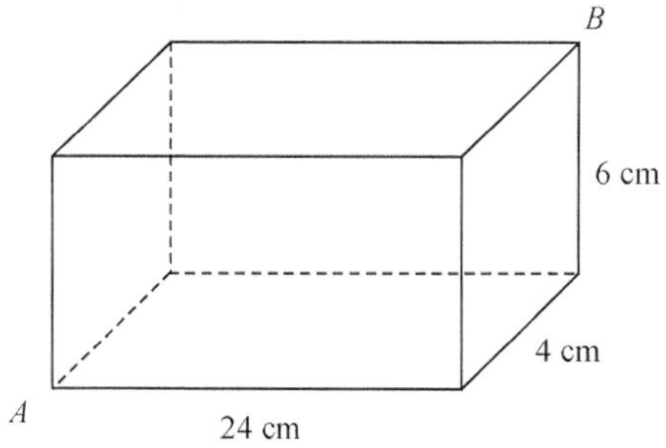

图 7-10

7. 某次数学竞赛共有 100 名学生参赛，试题共有四道. 结果恰有 90 名学生答对第一题；恰有 80 名学生答对第二题；恰有 70 名学生答对第三题；恰有 60 名学生答对第四题，但没有任何一名学生答对所有的试题. 请问共有多少名学生同时答对第三题和第四题？

8. 将 1 ~9 不重复地填入图 7-11 圆圈内的 9 个区域中，使得每一个圆内所填入的数字总和均相等. 请问这个总和的最大值为多少？

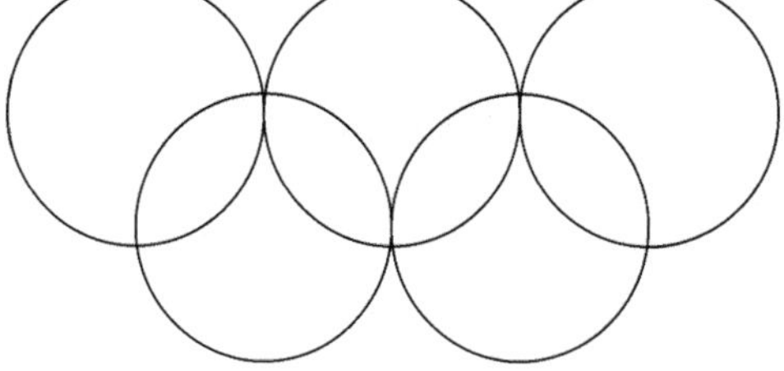

图 7-11

9. 在 0 至 2004（含 2004）的整数中，请问有多少个数使得这个数中至少有一位数字是 2 但没有任何一位数字是 7？

10. 有无限多个全等的正三角形瓷砖，将这些瓷砖以边对齐边的方式相连接而拼出不同的图形. 因此我们可以得出：

恰以两块瓷砖连接在一起而拼出的图形有一种，如图 7-12 所示.

恰以三块瓷砖连接在一起而拼出的图形有一种，如图 7-13 所示.

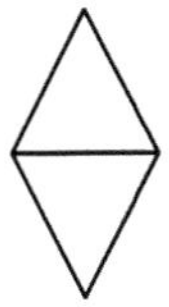

图 7-12

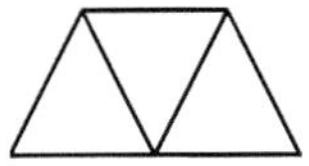

图 7-13

恰以四块瓷砖连接在一起而拼出的图形有三种，如图 7-14 所示.

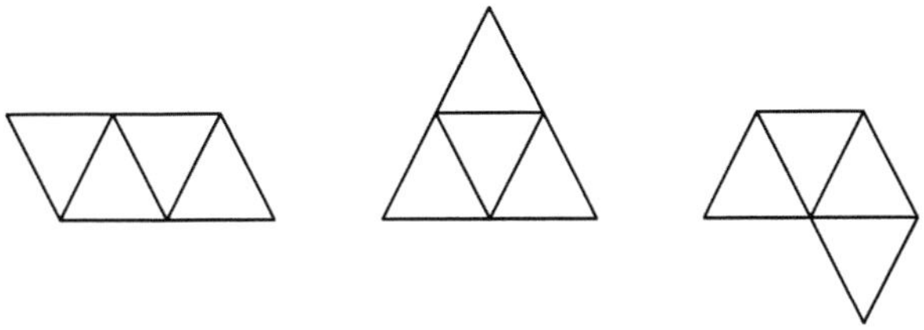

图 7-14

若能将一个图形经过一连串的平移、旋转或翻转而变成另一个图形，则将这两个图形视为同一种图形，如图 7-15 中的情况.

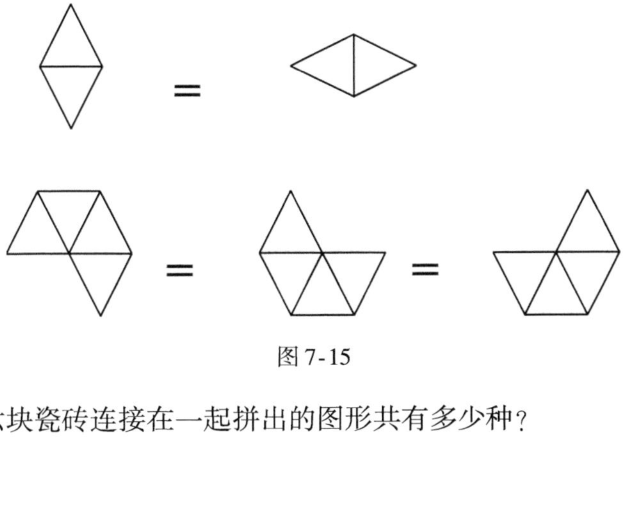

图 7-15

请问将六块瓷砖连接在一起拼出的图形共有多少种？

7.4 队际竞赛试题解答

1. 答案:9cm.

解 在晚上9时30分的时候,两根蜡烛未燃烧的长度相同可知从此时至燃烧完毕的时间反比即为燃烧的速度比,即蜡烛A与蜡烛B的燃烧速度比为 $90:120=3:4$,因此设蜡烛A的燃烧速度为 $3a$、蜡烛B的燃烧速度为 $4a$. 而蜡烛A与蜡烛B的总燃烧时间比为 $6:4$,且蜡烛A比蜡烛B长1cm,故可知 $6\times3a-4\times4a=1$,即 $a=\frac{1}{2}$,由此可知蜡烛A在尚未点燃之前长度为 $6\times3\times\frac{1}{2}=9(\text{cm})$.

2. 答案:4时 $21\frac{9}{11}$分.

解 在4点整时,时针与分针的夹角为120°,分针每分钟转6°、时针每分钟转 $\frac{1}{2}$°,即分针每分钟比时针多转 $\frac{11}{2}$°. 假设4点整过 x 分后分针与时针重合在一起,则其夹角为0°,故可知 $x=120\div\frac{11}{2}=\frac{240}{11}=21\frac{9}{11}$.

3. 答案:25项.

解 因为

$$1000=2\times500=4\times250=5\times200=8\times125=10\times100=20\times50=25\times40.$$

若为连续奇数项的整数相加,则1000必恰为此连续奇数项的中间项与项数的积;而由以上算式可知项数不可能为125项,否则中间项为8,那么首项为负数,与题中所要求的每项均为正整数矛盾,故此时项数最多为25,其中间项为40.

若为连续偶数项的整数相加,则1000必恰为此连续偶数项的位于中间两项之和与项数一半的积;可知连续两整数之和必为奇数,而由以上算式可知中间两项之和不可能为5与25,否则项数依次为 $200\times2=400$、$40\times2=80$ 项,明显可判断出首项为负数,与题中所要求的每项均为正整数矛盾,故此时中间两项之和为125,其项数为16. 故最多有25项.

4. 答案:60条.

解 由图7-9可知只需判断ATHS有多少条不同的路径,其4倍即为所求. 现以M正下方的A为例:

(1)若T在A右方、H在T右方,此时S有2种选择;

(2)若 T 在 A 右方、H 在 T 下方,此时 S 有 2 种选择;
(3)若 T 在 A 下方、H 在 T 右方,此时 S 有 2 种选择;
(4)若 T 在 A 下方、H 在 T 下方,此时 S 有 3 种选择;
(5)若 T 在 A 下方、H 在 T 左方,此时 S 有 2 种选择;
(6)若 T 在 A 左方、H 在 T 下方,此时 S 有 2 种选择;
(7)若 T 在 A 左方、H 在 T 左方,此时 S 有 2 种选择.

故共有 $2+2+2+3+2+2+2=15$ 条不同的路径,故所求共有 $15\times4=60$ 条不同的路径.

5. 答案:$\frac{21}{2}$或 $10\frac{1}{2}$.

解　可知

$$\frac{\overline{xyz}}{x+y+z}=\frac{100x+10y+z}{x+y+z}=1+\frac{99x+9y}{x+y+z}=1+9\times\frac{11x+y}{x+y+z}.$$

因 x,y,z 是从 1 ~ 9 中选取三个不同的数字,故知 $10x>z$,即 $\frac{11x+y}{x+y+z}=\frac{x+y+10x}{x+y+z}>1$. 要求最小值,故可考虑何时 $10x$ 与 z 之差为最小,故取 $x=1,z=9$,此时可判断出 $y=8$ 时有最小值,其值为 $1+9\times\frac{11+8}{1+8+9}=\frac{21}{2}=10\frac{1}{2}$.

6. 答案:13 分钟.

解　在长方体表面上,从 A 点到 B 点的路线有无数条,但总不外乎以下三类:

(1)从侧面 $ACDE$ 穿过侧棱 CD,由侧面 $CDBH$ 爬到 B 点(图 7-16).

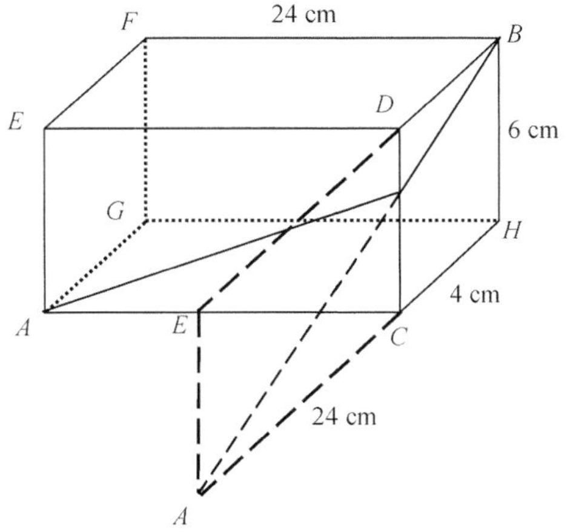

图 7-16

把侧面 $ACDE$ 以 CD 为轴旋转 90°，从而使侧面 $ACDE$ 与侧面 $CDBH$ 在同一平面内，在这个平面内，根据“两点之间，线段最短”这条性质，从 A 到 B 以线段 AB 为最短．由勾股定理可得

$$AB^2=(AC+CH)^2+BH^2=820.$$

(2)从侧面 $AGFE$ 穿过棱 EF，由顶上平面 $EFBD$ 爬向 B 点(图 7-17)．

同理，经过旋转、摊平，运用勾股定理可得

$$AB^2=(GF+BF)^2+AG^2=916.$$

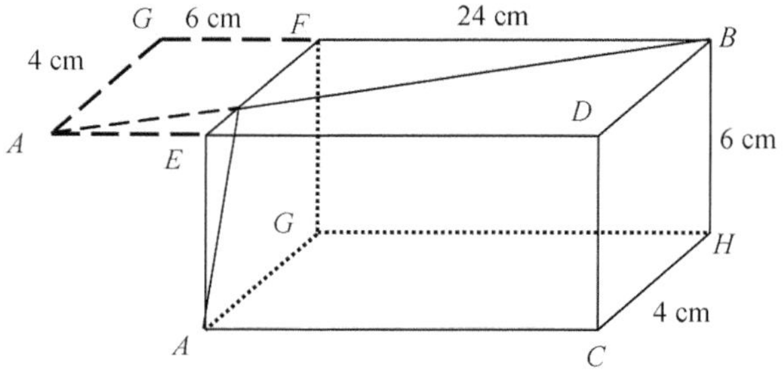

图 7-17

(3)从侧面 $ACDE$ 穿过棱 DE，由顶上的平面 $BDEF$ 爬向 B 点(图 7-18)．

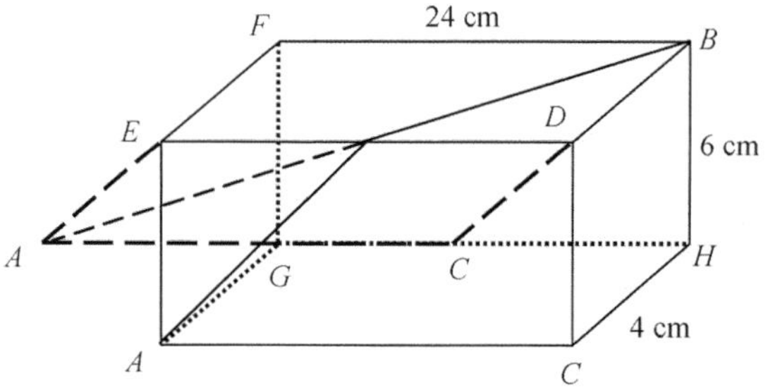

图 7-18

同理，经过旋转、摊平，应用勾股定理可得

$$AB^2=(BD+CD)^2+AC^2=676=26^2,\quad AB=26\text{cm}$$

总之，从 A 到 B 的路线可以有无穷多条．以上所列三类，均属极小值，而其中以(3)最短．故至少需花费 $26\div2=13$(分钟)．

7. 答案:30 位．

解　由题可知至少有 $(90+80)-100=70$(位)同时答对第一题和第二题、

至少有(70 + 60) − 100 = 30(位)同时答对第三题和第四题．因无人答对所有试题,故同时答对第一题和第二题的学生与同时答对第三题和第四题的学生必没有交集;但因同时答对第一题和第二题的学生与同时答对第三题和第四题的学生至少有 70 + 30 = 100 位且已知学生共计 100 位,故知同时答对第一题和第二题的学生恰为 70 位、同时答对第三题和第四题的学生恰为 30 位．

8. 答案:14.

解　如图 7-19 所示,令 a,b,c,d,e,f,g,h,i 为各区域填入的数,且 K 是每一个圆中数的总和,则

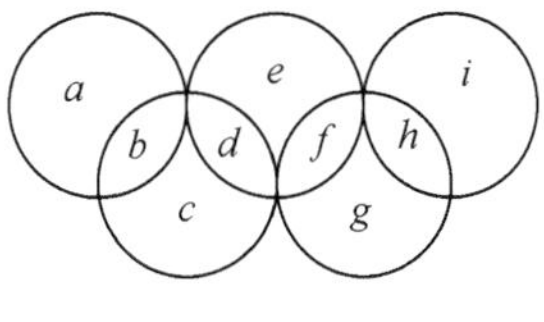

图 7-19

$$5K=(a+b)+(b+c+d)+(d+e+f)+(f+g+h)+(h+i)=45+b+d+f+g,$$

即 $K=9+\frac{b+d+f+h}{5}$.

因 $10=1+2+3+4\leqslant b+d+f+h\leqslant 6+7+8+9=30$,所以可推得 $11\leqslant K\leqslant 15$;由于对称关系,不妨设 $b+d\leqslant f+h$.

(1)若 $K=15$,即 $b+d+f+h=30$,故 $c+g=45-(a+b+d+e+f+h+i)=45-15\times3=0$,矛盾;故 $K=15$ 不合题意．

(2)若 $K=14$,即 $b+d+f+h=25$,故 $c+g=45-(a+b+d+e+f+h+i)=45-14\times3=3$,因此知 c,g 为 1、2 且 $a+e+i=17$,所以只需考虑 $25=9+8+5+3=9+7+6+3=9+7+5+4=8+7+6+4$ 这四种情况:

(i)若 b,d,f,h 为 9、8、5、3.

可判断出 9、3 必在同一圆内且 8、5 必在同一圆内,则由 $9+3=12$、$8+5=13$ 可知 $c=2,g=1$;此时因 b 不可能为 9、h 不可能为 5,否则 $a=5,i=9$,矛盾．故知 $d=9,f=5$,此时 $e=0$,矛盾．故不合题意．

(ii)若 b,d,f,h 为 9、7、6、3.

可知 9、3 必在同一圆内而 7、6 在同一圆内,且 9 与 7、6 不可在同一圆内,否则该圆之和超过 15. 故知 $b=9,d=3$,由此知 $a=5,c=2,g=1$.

若 $f=6,h=7$,此时 $e=5$,矛盾;

若 $f=7,h=6$,此时可得到如图 7-20 所示的一种填法．

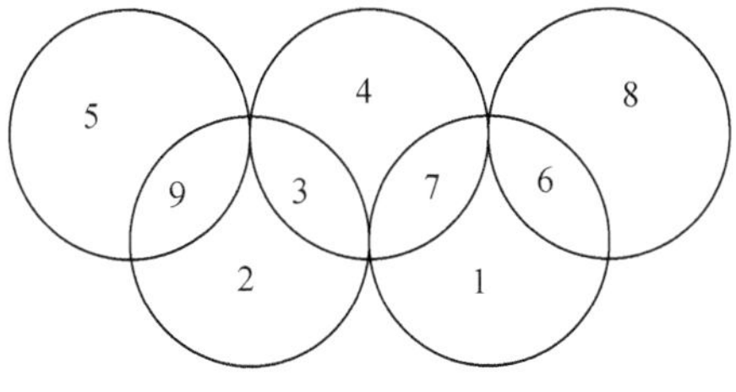

图 7-20

(iii)若 b,d,f,h 为 9、7、5、4.

可判断出 9、4 在同一圆内且 7、5

在同一圆内，则由 $9+4=13$，$7+5=12$ 可知 $c=2$，$g=1$；此时因 b 不可能为 5、h 不可能为 4、否则 $a=5$，$i=9$，矛盾．故知 $b=7$，此时 $a=7$，矛盾．故不合题意．

(iv) 若 b,d,f,h 为 8、7、6、4.

可判断出 8、4 在同一圆内且 7、6 在同一圆内，且 8 与 7、6 不可在同一圆内，故知 $b=8$，$d=4$，此时可知 $a=6$，矛盾．故不合题意．

故最大值为 14.

9. 答案：439 个．

解　可将 1 至 9 视为 001 至 009、10 至 99 视为 010 至 099，则从 000 至 999 间满足题意的数可视为在如下的三个方格内至少填入一个 2 但未填入 7 的情形：

□　□　□

因未填入 7 共有 $9^3=729$ 种可能，其中未填入 2 有 $8^3=512$ 种，因此共有 $729-512=217$ 种可能满足题意．同理，1000 至 1999 间也有 217 个，而 2000、2001、2002、2003、2004 均满足题意，故共有 $217+217+5=439$（个）．

10. 答案：12.

解　由四块瓷砖的情况可推知五块瓷砖有以下 4 种图形（图 7-21）．

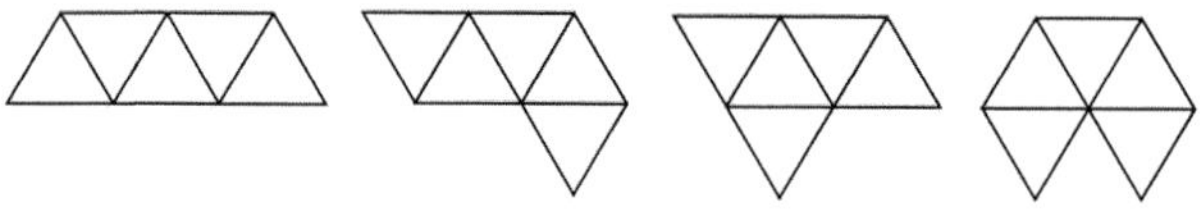

图 7-21

再由五块瓷砖的情况推知六块瓷砖有以下共 12 种图形（图 7-22）．

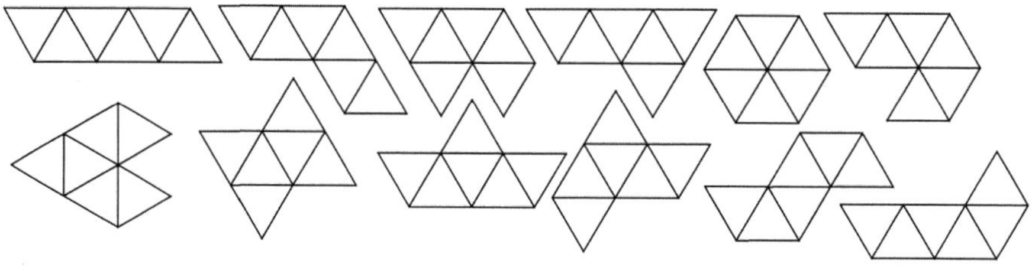

图 7-22

第 8 章　第八届小学数学世界邀请赛

8.1　个人竞赛试题

注　您可能需要用到勾股定理,其叙述为:在一个直角三角形中,若 a 是斜边,b,c 为两条直角边,则$a^2=b^2+c^2$.

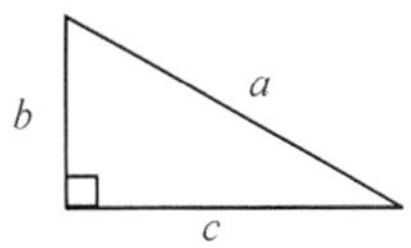

1. 设 $y=1\times 2\times 3\times\cdots\times 20$,请问 y 的最末五位数的数字之和是多少?

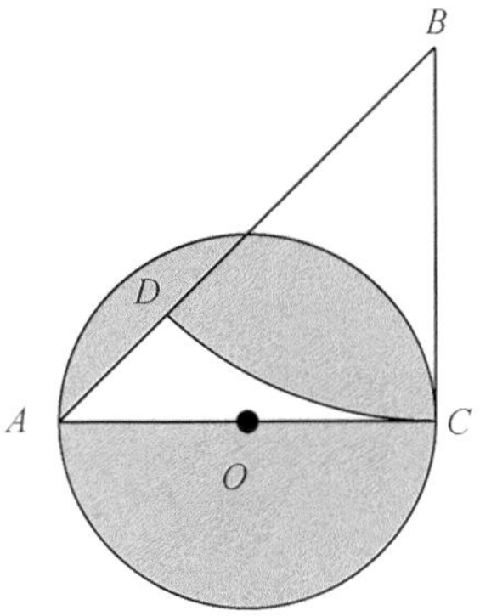

图 8-1

2. 在图 8-1 中,AC 为圆 O 的直径,三角形 ABC 为等腰直角三角形,其中 $\angle C=90°$. 以 B 为圆心,BC 为半径作弧 CD 交线段 AB 于 D 点. 若 $AC=10\text{cm}$,请问下图中阴影部分面积之和等于多少 cm^2(令 $\pi=3$)?

3. 用 4 个数字构造一些四位数,若这些四位数中最大的数与最小的数之和为 11359,请问最小的四位数是多少?

4. 将数 1,2,3,4,5,6,7,8,9 不重复地填入图 8-2 的圆圈中构成一个九位数,使得

1 与 2 之间所有数之和为 6;

2 与 3 之间所有数之和为 14;

3 与 4 之间所有数之和为 38;

4 与 5 之间所有数之和为 9.

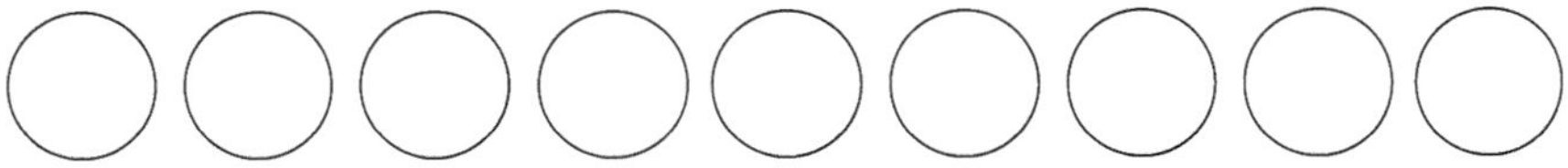

图 8-2

请问满足上述条件最小的九位数是多少？

5. 一列火车由 A 市驶向 B 市，若此火车的速度增加 15km/h，则它将会提早 48 分钟抵达 B 市；若它的速度降低 10km/h，则它抵达 B 市的时间将会迟到 48 分钟．请问 A 市与 B 市之间的距离为多少 km？

6. 有五个质量都互不相同的箱子，每个的质量都小于 100kg，将这些箱子两两组合一起称重，得到的结果分别为 113kg，116kg，110kg，117kg，112kg，118kg，114kg，121kg，120kg 与 115kg. 请问最重的箱子的质量为多少 kg？

7. 一个正整数除以 6，7 和 8，所得余数都是 1，且它可以被 5 整除．请问满足上述条件最小的整数是多少？

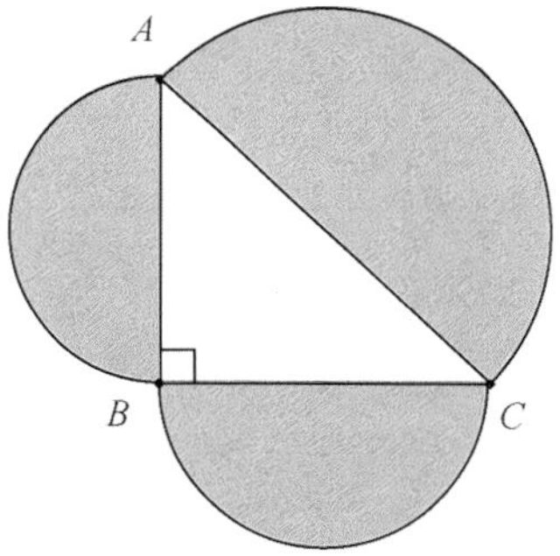

图 8-3

8. 在图 8-3 中，三角形 ABC 为直角三角形，分别以三角形的各边为直径画半圆．若 $AC=13$cm，请问三个半圆面积之总和等于多少 cm^2（图中阴影部分）（令 $\pi=3$）？

9. 将 2004 除以一个两位数，所得的余数为 9. 请问满足上述条件的两位数共有多少个？

10. 一个正方体的棱长为 8cm，将它所有的表面涂上颜色，然后切成棱长为 1cm 的小正方体. 请问这些小正方体中有多少个是恰好两面涂有颜色的？

11. 若今天是 2004 年 7 月 18 日星期日，请问 1999 年 1 月 1 日是星期几？

12. $\overline{AB}$是一个两位数，将它加上两位数$\overline{BA}$，所得的和为一个完全平方数. 请问满足上述条件的所有两位数之和等于多少？

13. 不重复地选用 1，2，3，4，5，6，7 组成一些数，请问所组成的偶数中有多少个小于 6000 的偶数？

14. 已知公式 $1^2+2^2+\cdots+n^2=\dfrac{n(n+1)(2n+1)}{6}$.

请问 $1^2+3^2+5^2+7^2+9^2+11^2+13^2+\cdots+99^2$ 等于多少？

15. 一个棱长为 10 m 的正方体水箱内部已注入一些水，若将水箱沿着某条边旋转，使得正方体的两个面与地面的夹角都是 45°，此时水面标记在 A 点，图 8-4 所示为此水箱由正前方往后看的切面图．若还需添加 125 m^3 才能将此水箱

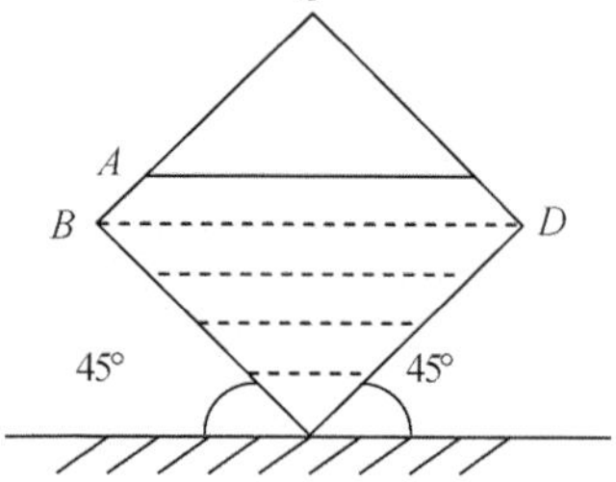

图 8-4

注满水,请问 AB 的长为多少 m?

8.2　个人竞赛试题解答

1. 答案:4.

解

$$\begin{aligned}y &= 1\times2\times3\times(2^2)\times5\times(2\times3)\times7\times(2^3)\times(3^2)\times(2\times5)\\&\quad\times11\times(2^2\times3)\times13\times(2\times7)\times(3\times5)\times(2^4)\times17\times(2\times3^2)\\&\quad\times19\times(2^2\times5)\\&=2^{18}\times3^8\times5^4\times7^2\times11\times13\times17\times19.\end{aligned}$$

因 5 的次数为 4,故最末四位数为 0,因此最末五位数的数之和为 $2^{14}\times3^8\times7^2\times11\times13\times17\times19$ 的个位数.

因 2^n 的个位数从 $n=1$ 开始依次为 2、4、8、6 的循环,3^n 的个位数从 $n=1$ 开始依次为 3、9、7、1 的循环,7^n 的个位数从 $n=1$ 开始依次为 7、9、3、1 的循环,故 $2^{14}\times3^8\times7^2\times11\times13\times17\times19$ 的个位数为 $4\times1\times9\times11\times13\times17\times19$ 的个位数,即为 4.

2. 答案:62.5cm^2.

解　可观察出阴影部分面积即为圆 O 的面积与扇形 BCD 的面积和再减去三角形 ABC 的面积.

因三角形 ABC 为等腰直角三角形且 $AC=10\text{cm}$,故 $BC=10\text{cm}$,$\angle B=45°$ 且因此扇形 BCD 的面积为 $3\times10^2\times\frac{45}{360}=37\frac{1}{2}(\text{cm}^2)$.

故阴影部分面积为

$$3\times\left(\frac{1}{2}\times10\right)^2+37\frac{1}{2}-\frac{1}{2}\times10^2=62.5(\text{cm}^2).$$

3. 答案:2039.

解　令这 4 个数字为 a,b,c,d,其中 $a\geqslant b\geqslant c\geqslant d$,则最大的四位数为$\overline{abcd}$,而最小的四位数可分为以下四种状况讨论:

(1)若 $a\geqslant b\geqslant c\geqslant d>0$,则最小的四位数为$\overline{dcba}$,此时可得

$$\begin{array}{ccccc} & a & b & c & d\\ + & d & c & b & a\\\hline 1 & 1 & 3 & 5 & 9\end{array}$$

观察个位数、百位数与千位数,知 $b+c$ 至多为 13,因此 $a+d+1=11$ 或 $a+$

$d=11$，都与 $a+d$ 的个位数为 9 矛盾，故不合．

（2）若 $b=c=d=0$，则最小的四位数即为最大的四位数，故得算式 $2\times\overline{a000}=11359$，矛盾，故不合．

（3）若 $c=d=0$，则最小的四位数为 $\overline{b00a}$，此时可得

$$\begin{array}{rrrrr} & a & b & 0 & 0 \\ + & b & 0 & 0 & a \\ \hline 1 & 1 & 3 & 5 & 9 \end{array}$$

此时观察十位数即得矛盾，故不合．

（4）若仅 $d=0$，则最小的四位数为 $\overline{c0ba}$，此时可得

$$\begin{array}{rrrrr} & a & b & c & 0 \\ + & c & 0 & b & a \\ \hline 1 & 1 & 3 & 5 & 9 \end{array}$$

此时可知 $a=9$．观察百位数，知 $b=2$ 或 3 且因此 $a+c=11$，故 $c=2$，经过观察十位数可知 $b=3$，因此此时最小的四位数为 2039．

4．答案：371628594．

解 因 $(1+2+3+4+5+6+7+8+9)-3-4=45-7=38$，且 3 与 4 之间所有数之和为 38，故知 3 为首位数、4 为末位数；因 1 与 2 之间所有数之和为 6，故 6 在 1、2 之间，因此可得两种 1、2、6 的排列方式：

（1）$2-6-1$：此时因 2 与 3 之间所有数之和为 14，故知 2、3 中间为 5、9，即 2、6、1、7、8 必在 4 与 5 之间，与 4 与 5 之间所有数之和为 9 矛盾，故不合；

（2）$1-6-2$：此时因 2 与 3 之间所有数之和为 14，故知 3 与 1 间的数为 7，即知前五位数为 37162、末位数为 4，且尚未确定位置的数为 5、8、9．由 4 与 5 之间所有数之和为 9，可知末三位为 594．

最后，8 只能填入 2 与 5 之间，因此所求数为 371628594．

5．答案：240km．

解 可知 48 分钟为 0.8 小时．若令原速所花费时间为 t 小时，则：

（1）火车的速度增加 15km/h，t 小时多跑了 $15t$ km，又因提早 0.8 小时到达，故实际上以原速行驶 0.8 小时的距离为 $15t-15\times0.8=15t-12$；

（2）火车的速度降低 10km/h，t 小时少跑了 $10t$ km 又因晚 0.8 小时到达，故实际上以原速行驶 0.8 小时的距离为 $10t+10\times0.8=10t+8$．

故可知 $15t-12=10t+8$，即 $t=4$，由此可得原速为 $(15\times4-12)\div0.8=60$，所以 A 市与 B 市之间的距离为 $60\times4=240$(km)．

6. 答案:62kg.

解　令这五个箱子的质量为 A、B、C、D、E 且 $A>B>C>D>E$. 可知五个箱子的质量总和为 $(113+116+110+117+112+118+114+121+120+115)\div 4=289(\text{kg})$,且 $A+B=121$、$A+C=120$、$D+E=110$,故 $C=289-121-110=58$,即最重的箱子的质量 A 为 $120-58=62(\text{kg})$.

7. 答案:505.

解　因 6、7、8 的最小公倍数为 168,故满足一个正整数除以 6, 7 和 8,所得的余数都是 1 的正整数由小至大依次为 $168+1=169$,$168\times 2+1=337$,$168\times 3+1=505$,…. 这些数中可被 5 整除的最小正整数为 505.

8. 答案:126.75cm^2.

解　三个半圆的面积和为

$$\frac{1}{2}\times\left(\frac{1}{2}\times AB\right)^2\times 3+\frac{1}{2}\times\left(\frac{1}{2}\times BC\right)^2\times 3+\frac{1}{2}\times\left(\frac{1}{2}\times AC\right)^2\times 3$$

$$=\frac{3}{8}\times\left(AB^2+BC^2+AC^2\right)$$

$$=\frac{3}{8}\times\left(AC^2+AC^2\right)$$

$$=\frac{507}{4}=126.75(\text{cm}^2).$$

9. 答案:6 个.

解　因 2004 除以一个两位数,所得的余数为 9,故 $2004-9=1995$ 可被这个两位数整除. 因 $1995=3\times 5\times 7\times 19$,所以 1995 的两位数因子为 15、19、21、35、57、95,共 6 个,即满足条件的两位数共有 6 个.

10. 答案:72 块.

解　恰好两面涂有颜色的小正方体必位在大正立方体的棱上且不是顶点所在的小正方体,因此共有 $(8-1-1)\times 12=72$ 块.

11. 答案:星期五.

解　因 2004 年与 2000 年都是闰年,且 $365=7\times 52+1$、$366=7\times 52+2$,故可知 2003 年 7 月 18 日为星期五、2002 年 7 月 18 日为星期四、2001 年 7 月 18 日为星期三、2000 年 7 月 18 日为星期二、1999 年 7 月 18 日为星期日. 因 1999 年 7 月 18 日与 1999 年 1 月 1 日之间一共间隔了 $18+30+31+30+31+28+30=198$ 天,而 $199=7\times 28+2$,故 1999 年 1 月 1 日为星期五.

12. 答案:484.

解 因$\overline{AB}+\overline{BA}=11(A+B)$，故完全平方数$\overline{AB}+\overline{BA}$是 11 的倍数；再因$\overline{AB}+\overline{BA}$的最大值为 $99+99=198$，故完全平方数$\overline{AB}+\overline{BA}$的值必为 121，即 $A+B=11$，故$\overline{AB}$可能的值有 29、38、47、56、65、74、83、92，其和为 484.

13. 答案：371 个.

解 一位数的偶数：有 2、4、6 共 3 个.

两位数的偶数：个位数有 3 种可能，故十位数仅有 $7-1=6$ 种可能，因此共有 $3\times6=18$ 个两位数的偶数.

三位数的偶数：个位数有 3 种可能，十位数仅有 $7-1=6$ 种可能，百位数仅有 $6-1=5$ 种可能，因此共有 $3\times6\times5=90$ 个三位数的偶数.

四位数的偶数：个位数有 3 种可能，十位数仅有 $7-1=6$ 种可能，百位数仅有 $6-1=5$ 种可能，千位数仅有 $5-1=4$ 种可能，因此共有 $3\times6\times5\times4=360$ 个四位数的偶数；但因要求小于 6000，故必须扣除千位数为 6、7 的情况.

千位数为 6 的四位数偶数：此时个位数有 2 种可能、十位数有 $7-2=5$ 种可能、百位数有 $5-1=4$ 种可能，因此共有 $5\times4\times2=40$ 个.

千位数为 7 的四位数偶数：此时个位数有 3 种可能、十位数有 $7-2=5$ 种可能、百位数有 $5-1=4$ 种可能，因此共有 $5\times4\times3=60$ 个.

因此共有 $3+18+90+360-40-60=371$（个）.

14. 答案：166650.

解
$$
\begin{aligned}
&1^2+3^2+5^2+7^2+9^2+11^2+13^2+\cdots+99^2\\
&=(1^2+2^2+3^2+\cdots+98^2+99^2)-(2^2+4^2+6^2+\cdots+96^2+98^2)\\
&=(1^2+2^2+3^2+\cdots+98^2+99^2)-2^2(1^2+2^2+3^2+\cdots+48^2+49^2)\\
&=\frac{99\times(99+1)\times(2\times99+1)}{6}-4\times\frac{49\times(49+1)\times(2\times49+1)}{6}\\
&=\frac{99\times100\times199}{6}-\frac{4\times49\times50\times99}{6}=\frac{99\times100\times101}{6}=166650.
\end{aligned}
$$

15. 答案：5m.

解 因正方体的两个面与地面的夹角都是 45°，可知三角形 ACD 为等腰直角三角形且 $AC=CD$，以及没装水的部分是以三角形 ACD 为底面、高为 10m 的三棱柱. 因需要添加 125m^3 才能将此水箱注满水，故可知此时三棱柱体积为 125m^3，因此可知三角形 ACD 面积为 $125\div10=12.5(\text{m}^2)$，即 $\frac{1}{2}(10-AB)^2=12.5\text{m}^2$，故 AB 之长为 5m.

8.3　队际竞赛试题

注　您可能需要用到勾股定理，其叙述为：在一个直角三角形中，若 a 是最长的边，b，c 为其他的两个边，则 $a^2=b^2+c^2$.

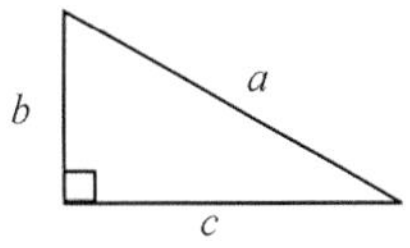

1. 在$\frac{1}{5}$和$\frac{1}{2}$之间有 9 个分数，若任意相邻两个分数的差都相同．试求这 11 个分数的总和．

2. 在图 8-5 中，每个小长方形都全等，并且每个小长方形的面积都等于 8cm^2．点 A，B，E，F 与 G 都是某个小长方形的顶点，点 C 及 D 为线段 AB 上的点，若 $CD=\frac{2}{3}AB$，试求图 8-5 中阴影部分的面积．

3. 在图 8-6 中，以最短的路径从点 P 到点 Q，请问共有多少种不同的走法？

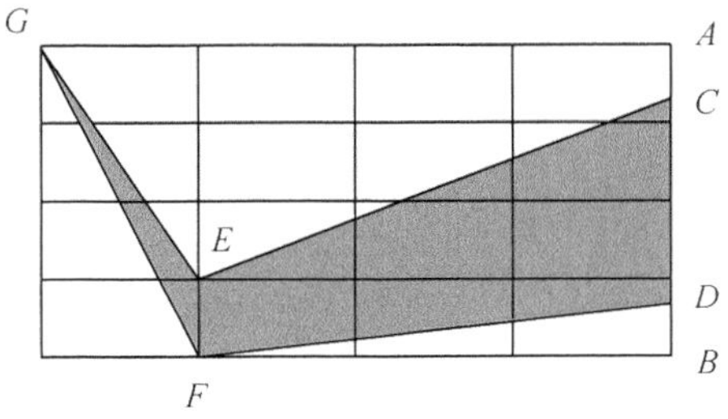

图 8-5

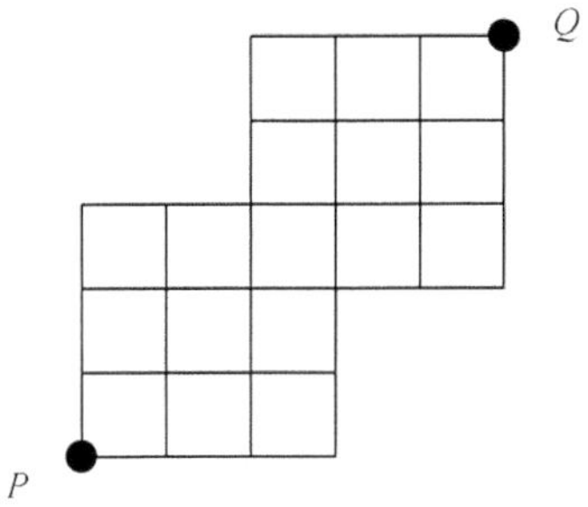

图 8-6

4. 三角形 ABC 中，在线段 AC 上取一点 D，使得 $AB=AD$ 并且 $\angle ABC-\angle ACB=30°$．试求 $\angle CBD$ 的度数(图 8-7)．

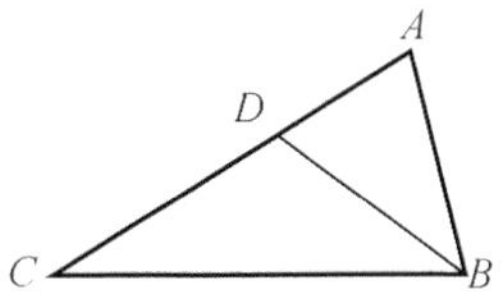

图 8-7

5. 用一些全等的小正方体构造一个立体图形．
图 8-8 所示为其俯视图(由正上方向下看的图)；
图 8-9 所示为其前视图(由正前方向后看的图)；
图 8-10 所示为其左视图(由左方向右方看的图)．
请问构造满足上述条件的立体图形至少需要多少个小正方体？

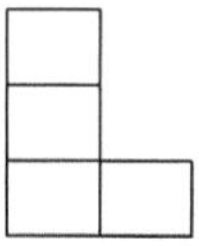
图 8-8

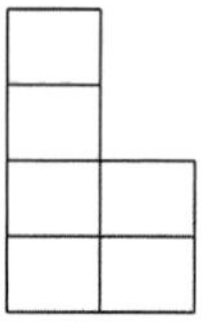
图 8-9

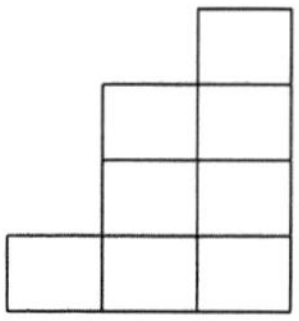
图 8-10

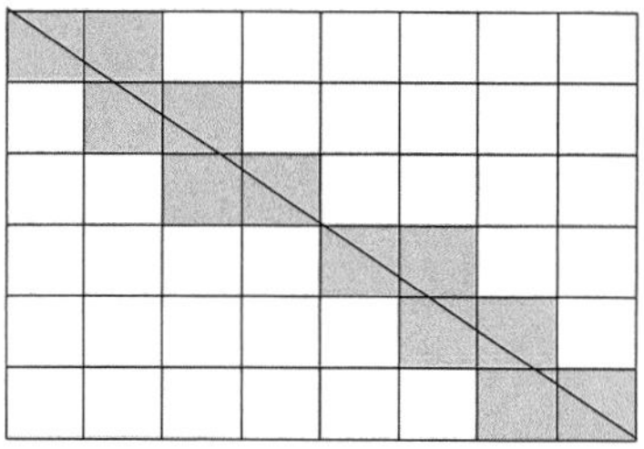
图 8-11

6. 一个由 2004×4002 个小正方形构成的长方形,请问这个长方形的对角线穿过多少个小正方形的内部?(例如,在图 8-11 的 6×8 长方形中,其对角线穿过 12 个小正方形的内部.)

7. 在图 8-12 中,线段 AB 是圆 C 的直径,在线段 AB 上作两个半圆 APC 及 CQB. 圆 PQR 分别与这三个半圆都相切. 若 $AB = 28\text{cm}$,试求圆 PQR 半径的长度.

8. 在图 8-13 的平面图形中,四边形 $BCDE$ 是正方形,三角形 ABC 是直角三角形. 若 $AB = 3\text{cm}$ 且 $BC = 5\text{cm}$,试求三角形 ABE 的面积.

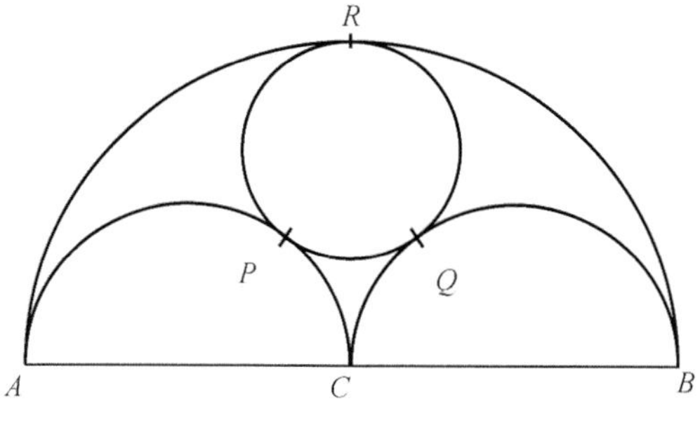

图 8-12

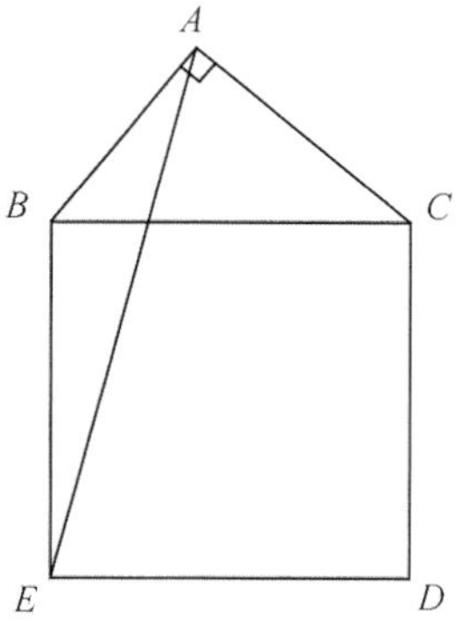

图 8-13

9. 在下面等式中,不同字母代表不同的数字.

$$7 \times \overline{ABCXYZ} = 6 \times \overline{XYZABC},$$

其中 A 与 X 均不为 0. 试求六位数 $\overline{ABCXYZ}$ 的值(请详细写出解题过程).

10. 将自然数 1, 2, 3, 4, 5, 6, 7, …依图 8-14 所示的顺序排列. 我们将 2, 3, 5, 7, 10, …称为"拐角数",因为指向它的箭头与离开它的箭头方向改变了．请问在 529 与 1000 之间有多少个“拐角数”？

（请写出详细解题过程）

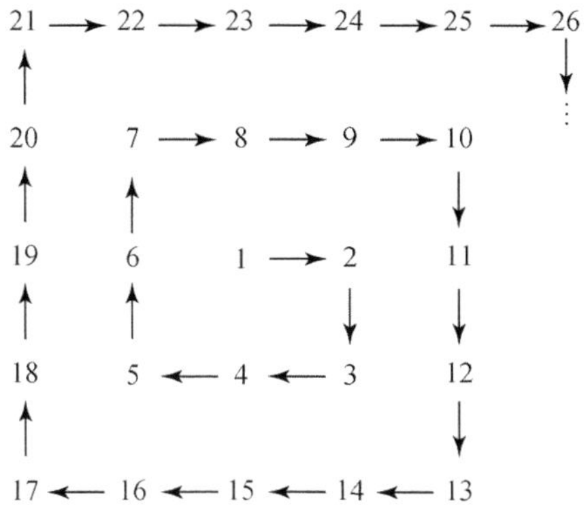

图 8-14

8.4　队际竞赛试题解答

1. 答案：$\frac{77}{20}$.

解　因任意相邻两个分数之差都相同，故这 11 个分数为等差数列，所以这 11 个分数之和为 $\frac{1}{2}\times\left(\frac{1}{5}+\frac{1}{2}\right)\times 11=\frac{77}{20}$.

2. 答案：48cm^2.

解　令小长方形的长为 a、宽为 b，则知 $ab=8\text{cm}^2$.

阴影部分可视为三角形 EFG 的面积与梯形 $CDEF$ 的面积和．可观察出三角形 EFG 的面积为小长方形面积的一半，故三角形 EFG 的面积为 4cm^2.

因 $CD=\frac{2}{3}AB$，故知 $CD=\frac{8}{3}b$，而梯形 $CDEF$ 的高为 $3a$，故梯形 $CDEF$ 面积为 $\frac{1}{2}\times\left(\frac{8}{3}b+b\right)\times 3a=\frac{1}{2}\times\frac{11}{3}\times 3\times 8=44(\text{cm}^2)$，所以阴影部分的面积为 $44+4=48(\text{cm}^2)$.

3. 答案：200.

解　因要求走最短路径，故从点 P 到点 Q 都只能往上或往右．图 8-15 中

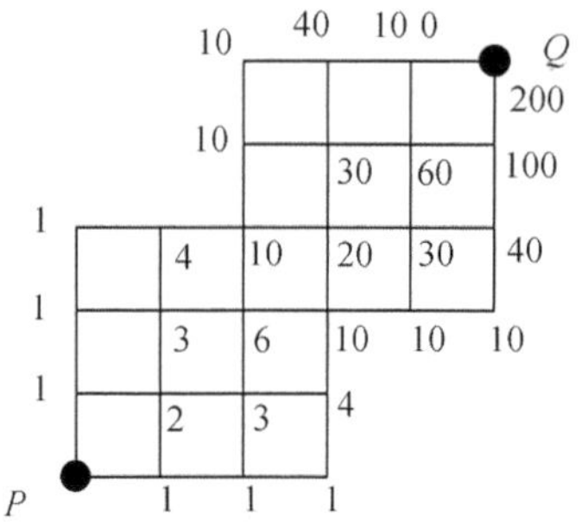

图 8-15

每一个交点或顶点旁的数字为从 P 点走到该点的走法数目，故点 P 到点 Q 的最短路径共有 200 种走法.

4. 答案：15°.

解 令 $\angle CBD = x°$，$\angle ABD = a°$，则有 $\angle ABC = (a + x)°$.

因 $AB = AD$，故 $\angle ADB = a°$；因 $\angle ADB$ 为三角形 BCD 中 $\angle BDC$ 的外角，故 $\angle ACB = (a - x)°$. 代入 $\angle ABC - \angle ACB = 30°$ 可知 $2x = 30$，即 $x = 15$，所以 $\angle CBD = 15°$.

5. 答案：10 个.

解 图 8-16 为满足题意的立体图形，至少需要 10 个小正方体.

6. 答案：6000 个.

解 因 6 是 2004 与 4002 的最大公因子，且 $2004 = 6 \times 334$、$4002 = 6 \times 667$，即对角线会与横线、竖线每隔 334、667 条交于格点，故先考虑 334×667 的长方形.

可知当对角线每与一条横线或竖线相交且未交于格点时，即会穿过一个小正方形的内部，因此在 334×667 的长方形内，共穿过 $1 + (334 - 1) + (667 - 1) = 1000$（个）小正方形. 所以在 334×667 的长方形内共穿过 $1000 \times 6 = 6000$（个）小正方形.

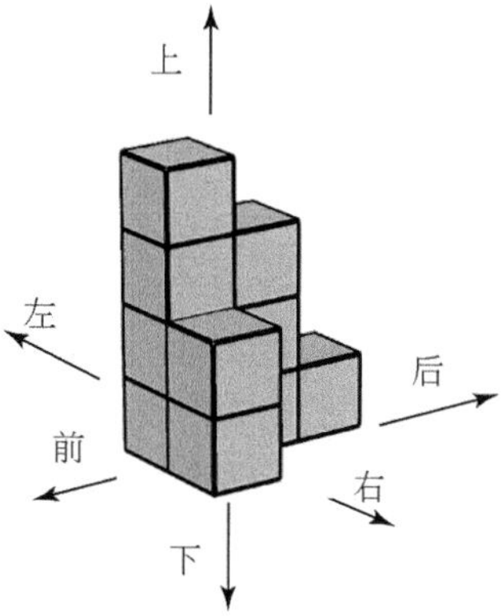

图 8-16

7. 答案：$\dfrac{14}{3}$cm.

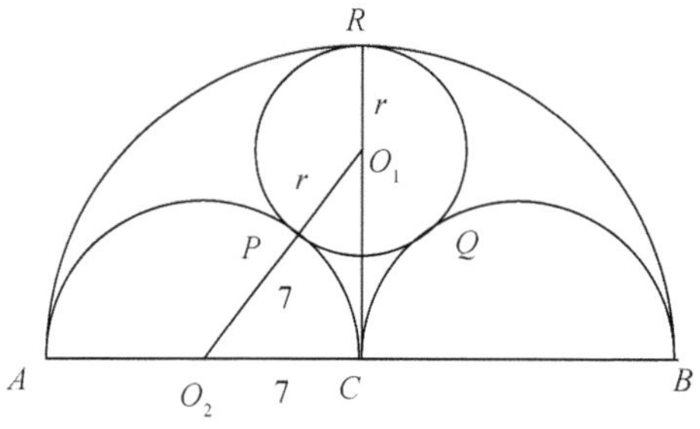

图 8-17

解 因两圆相切时，经过两圆圆心的直线必经过切点，且切线必与过圆心、切点的直线垂直，故如图 8-17 所示，$RC \perp AB$ 于 C 点，且若令圆 PQR 的半径为 r 时，则 $CO_1 = 14 - r$，$CO_2 = 7$，$O_1O_2 = 7 + r$. 通过勾股定理可得到 $7^2 + (14 - r)^2 = (7 + r)^2$，因

此 $r=\dfrac{14}{3}$cm.

8. 答案:4.5cm^2.

解　由勾股定理可知 AC 的长度为 4cm. 由 A 点往 BC 边作垂线,交 BC 边于 F 点,连接 FE,则可知三角形 ABE 的面积与三角形 BEF 的面积相等(图 8-18). 令 BF 的长度为 x cm,则 CF 的长度为 $(5-x)$ cm. 再利用勾股定理可知

$$AB^2-BF^2=AF^2=AC^2-CF^2,$$
$$3^2-x^2=4^2-(5-x)^2,$$
$$x=1.8,$$

故三角形 BEF 的面积为 $\dfrac{1}{2}\times5\times1.8=4.5(\text{cm}^2)$.

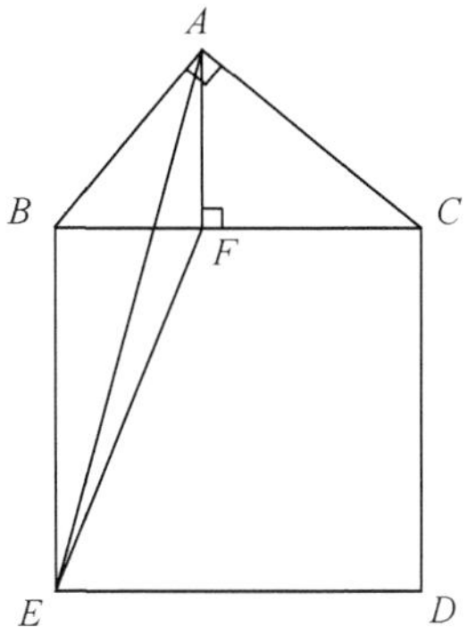

图 8-18

9. 答案:461538.

解　令 $M=\overline{ABC}$, $N=\overline{XYZ}$,则 $7\times\overline{ABCXYZ}=6\times\overline{XYZABC}$ 可改写为 $7\times(1000M+N)=6\times(1000N+M)$,即

$$7000M+7N=6000N+6M,$$
$$6994M=5993N,$$
$$538M=461N.$$

因 461 为质数,故 $M=461$, $N=538$,而$\overline{ABCXYZ}$为 461538.

10. 答案:18 个.

解　因拐角数可依次写为

$1,1+1,1+1+1,1+1+1+2,1+1+1+2+2,1+1+1+2+2+3,1+1+1+2+2+3+3,1+1+1+2+2+3+3+4,1+1+1+2+2+3+3+4+4,\cdots$,

故观察知:

(1)第 $2k+1$ 个拐角数为 $1+2\times\dfrac{k(k+1)}{2}+k+1=(k+1)^2+1$;

(2)由(1)知第 $2k$ 个拐角数为 $(k+1)^2+1-(k+1)=(k+1)^2-k$.

因为 $529=23^2$, $961=31^2<1000<32^2=1024$,故可判断出在 529 与 1000 之间的拐角数最小为第 $2\times(23-1)+1=45$ 个拐角数,且其值为 $23^2+1=530$、而最大为第 $2\times31=62$ 个拐角数,且其值为 $32^2-31=993$. 因此所求共 $62-45+1=18$(个).

第 9 章　第九届小学数学世界邀请赛

9.1　个人竞赛试题

1. 从 1234567891011121314151617…57585960 中任意挑选 100 个数字删去，请问留下来的数中，最大的数是多少？

2. 令 $\frac{1}{a}+\frac{1}{b}+\frac{1}{c}=\frac{1}{2005}$，其中 a,b,c 为正整数，且 a 与 b 为不同的四位数，而 c 为五位数．试找出一组 a，b，c 满足上述条件．

3. 令 x 为介于$\frac{36}{35}$与$\frac{183}{91}$之间的分数，若 x 的分母为 455，且分子与分母没有大于 1 的公因子，请问满足上述条件的 x 有多少个？

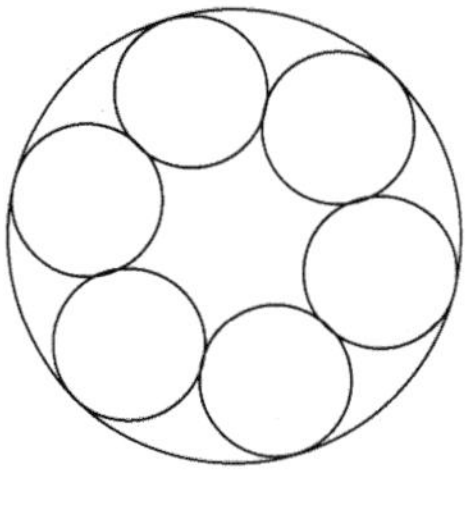

图 9-1

4. 图 9-1 中，大圆的半径为 12cm，六个大小相同的小圆都分别与其相邻的两个小圆及这个大圆相切．请问小圆的半径是多少？

5. 考虑有关正整数 a 的叙述：

(1)$3a+5>40$；

(2)$49a\geqslant 301$；

(3)$20a\leqslant 999$；

(4)$101a+53\geqslant 2332$；

(5)$15a-7\geqslant 144$.

若上面叙述中恰有三项是正确的，请问 a 的值是多少？

6. 一个团体包括男人、女人及小孩共 100 人(各至少有一人)．将 200 个苹果分给他们，男人每人分 6 个，女人每人分 4 个，小孩每人分 1 个，恰好将苹果分完．请问满足上述条件的团体共有多少种不同的组合？

7. 在 1，2，…，10000 中，共有多少个数其各位数字中恰好有两个连续的 9？(例如 993、1992 和 9929 均符合要求，但 9295、1999 则不符合要求．)

8. 在香港，有些人将 2 月 8 日写成 2/8，有些人则写成 8/2，这样会造成混淆．因为当我们看到 2/8 不知道到底是指 8 月 2 日还是 2 月 8 日，但是 22/9 和 9/22 则因为一年只有 12 个月，容易区别不会混淆．请问用这样记法，一年中有多少天会造成混淆？

9. 有四个连续的正整数，它们都小于 2005，第一个数（这四个数中最小的数）是 5 的倍数；第二个数是 7 的倍数；第三个数是 9 的倍数；第四个数（这四个数中最大的数）是 11 的倍数．请问这四个数中最小的数是什么？

10. 有一段长绳，把它对折八次，然后用剪刀沿折完后的中点将它剪断. 请问剪完后，这条绳子共被分成几小段？

11. 有四位男士 A、B、C 和 D，他们各有一个儿子，首先，让这四个儿子进入一间漆黑的房间内，然后，再让 A、B、C、D 进入这间房间内，出来的时候，每位男士都错牵着别人的儿子．请问发生这种每个人都错牵的情况共有多少种不同的情况？

12. 图 9-2 中，$BCDE$ 为平行四边形，点 F、点 G 为线段 ED 边上的两个点．已知 AC 垂直 BC，$BC = 8\text{cm}$，$AC = 7\text{cm}$. 若图中阴影部分的面积总和比三角形 AFG 的面积大 12cm^2，请问线段 CG 的长度是多少 cm？

13. 用一条 60m 的长绳沿着一道墙围出矩形的三个边（如图 9-3 所示，墙是矩形另一个边）. 请问这条绳子所能围出的最大面积为多少 m^2？

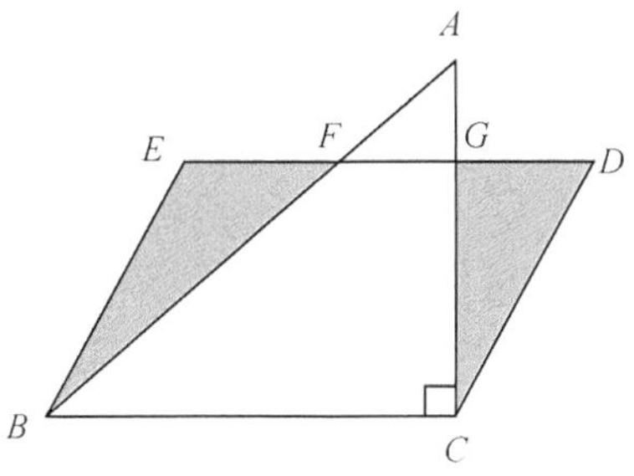

图 9-2

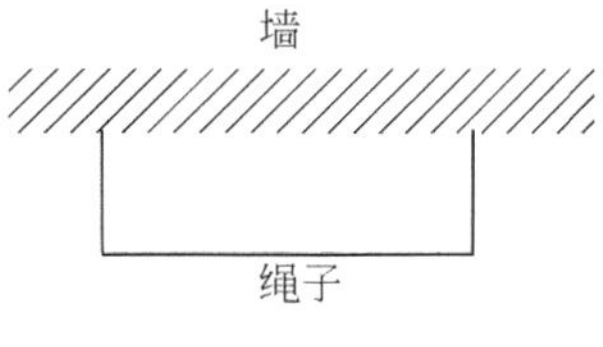

图 9-3

14. 三个绿球的质量等于六个蓝球的质量；两个黄球的质量等于五个蓝球的重量；六个蓝球的质量等于四个白球的质量．请问四个绿球、两个黄球与两个白球的总质量等于几个蓝球的质量？

15. 两个三位数 $\overline{6A2}$ 与 $\overline{B34}$ 的和可被 18 整除．请问 A 与 B 的乘积的最大值是多少？

9.2 个人竞赛试题解答

1. 答案:99999785960.

解 从1234567891011121314151617…57585960中任意挑选100个数字删去,要使剩下的数字依序组成的数最大,则应使数字9尽可能位在整个数的前端.故第一步删去12345678共8个数字,接着依序删除1011121314151617181(共19个数字)、2021222324252627282(19个数字)、3031323334353637383(19个数字)、4041424344454647484(19个数字),至此共删除84个数字,即5051525354555657585960这22个数字只能保留6个数字.而可观察出留下的6个数字可组成的最大数为785960,故所求为99999785960.

2. 答案:$a=4010$,$b=6015$,$c=12030$.

解 若可找出一组A,B,C,其中$1<A<B\leqslant 4<5\leqslant C$,使得$\frac{1}{A}+\frac{1}{B}+\frac{1}{C}=1$,则可两边同乘以$\frac{1}{2005}$而得到一组解.

可观察出,若$A\geqslant 3$,则$\frac{1}{A}+\frac{1}{B}+\frac{1}{C}$的最大值为$\frac{1}{3}+\frac{1}{4}+\frac{1}{5}=\frac{47}{60}$,其值小于1,故不可能,即$A=2$,$\frac{1}{B}+\frac{1}{C}=\frac{1}{2}$;若$B\geqslant 4$,则$\frac{1}{B}+\frac{1}{C}$的最大值为$\frac{1}{4}+\frac{1}{5}=\frac{9}{20}$,其值小于$\frac{1}{2}$,故不可能,即$B=3$,$C=6$. 故可知$\frac{1}{2}+\frac{1}{3}+\frac{1}{6}=1$,即$\frac{1}{4010}+\frac{1}{6015}+\frac{1}{12030}=\frac{1}{2005}$.

3. 答案:283个.

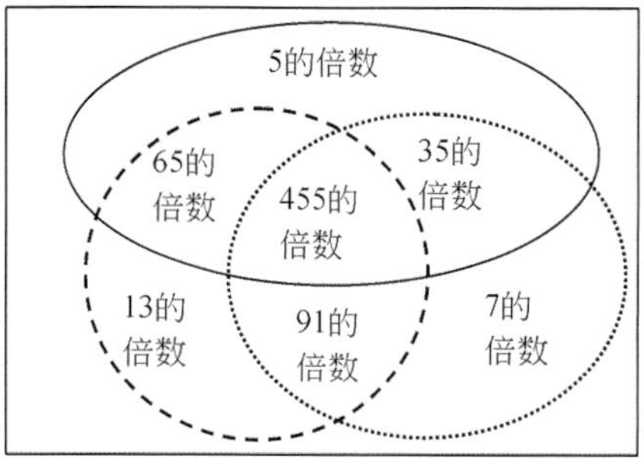

图9-4

解 如图9-4所示,可知$455=5\times 7\times 13$. 令$x=\frac{a}{455}$,其中a与455互质,则可知$\frac{36}{35}=\frac{468}{455}<\frac{a}{455}<\frac{183}{91}=\frac{915}{455}$,故知$468<a<915$且$a$与5,7,13都互质.因在468与915之间共有446个数,5的倍数有$(910\div 5)-(470\div 5)+1=89$个,7的倍数有$(910\div 7)-(469\div 7)+$

$1=64$ 个,13 的倍数有 $(910\div13)-(481\div13)+1=34$ 个,35 的倍数有 $(910\div35)-(490\div35)+1=13$ 个,65 的倍数有 $(910\div65)-(520\div65)+1=7$ 个,91 的倍数有 $(910\div91)-(546\div91)+1=5$ 个,455 的倍数为 910 这 1 个,因此 a 的值有 $446-(89+64+34)+(13+7+5)-1=283$ 个,故满足上述条件的 x 有 283 个.

4. 答:4cm.

解　令小圆的半径为 r. 因六个大小相同的小圆都分别与其相邻的两个小圆及这个大圆相切,故这六个小圆的圆心形成一个正六边形,且其中心为大圆圆心,因此两相邻小圆的圆心与大圆的圆心构成一个正三角形(图 9-5). 又因两圆相切时,两圆的圆心与切点必在同一直线. 因此可知大圆与小圆的圆心距离即为大圆半径减小圆半径,即 $12-r$、而两相邻小圆的圆心距离即为 $2r$. 故得知 $12-r=2r$,所以 $r=4$cm.

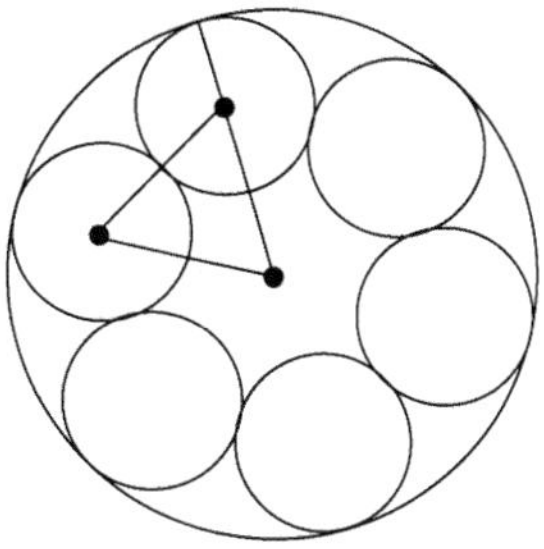

图 9-5

5. 答案:11.

解　可简化为以下叙述:

(1) $3a+5>40 \quad\rightarrow\quad a\geqslant12$;

(2) $49a\geqslant301 \quad\rightarrow\quad a\geqslant7$;

(3) $20a\leqslant999 \quad\rightarrow\quad a\leqslant49$;

(4) $101a+53\geqslant2332 \quad\rightarrow\quad a\geqslant23$;

(5) $15a-7\geqslant144 \quad\rightarrow\quad a\geqslant11$.

(i) 若 $a>49$,则 $a\geqslant23$, $a\geqslant12$, $a\geqslant11$, $a\geqslant7$ 恒正确,即有四项正确,不合题意.

(ii) 若 $49\geqslant a\geqslant23$,则 $a\leqslant49$, $a\geqslant23$, $a\geqslant12$, $a\geqslant11$, $a\geqslant7$ 恒正确,即有五项正确,不合题意.

(iii) 若 $23>a\geqslant12$,则 $a\leqslant49$, $a\geqslant12$, $a\geqslant11$, $a\geqslant7$ 恒正确,即有四项正确,不合题意.

(iv) 若 $12>a\geqslant11$,则 $a\leqslant49$, $a\geqslant11$, $a\geqslant7$ 恒正确,即有三项正确,此时 $a=11$.

(v) 若 $11>a\geqslant7$,则 $a\leqslant49$, $a\geqslant7$ 恒正确,即有两项正确,不合题意.

(vi) 若 $7>a$,则只有 $a\leqslant49$ 恒正确,不合题意.

故可得知 a 的值是 11.

6. 答案:7 种.

解 设有 a 个男人、b 个女人及 $100-a-b$ 个小孩. 因此可知 $6a+4b+(100-a-b)=200$,即 $5a+3b=100$,故知 b 为 5 的倍数,且 $b\leqslant 30$. 因此可得表 9-1.

表 9-1

a	b	c
2	30	68
5	25	70
8	20	72
11	15	74
14	10	76
17	5	78

故共有 7 种.

7. 答案:261 个.

解 在两位数中,仅 99 符合;

在三位数中,形如$\overline{a99}$、$\overline{99b}$的三位数皆符合,前者 a 有 1,2,3,…,8 共 8 种可能、后者 b 则有 0,1,2,…,8 共 9 种可能,因此三位数共有 $8+9=17$ 个数;

在四位数中,形如$\overline{ab99}$,$\overline{c99d}$,$\overline{99ef}$的四位数皆符合,其中 b,c,d,e 皆不可为 9 且 a,c 不可为 0,因此$\overline{ab99}$有 $9\times 9=81$ 种可能,$\overline{c99d}$有 $8\times 9=72$ 种可能,$\overline{99ef}$有 $9\times 10=90$ 种可能,因此三位数共有 $81+72+90=243$ 个数.

所以共有 $1+17+243=261$ 个数符合要求.

8. 答案:132 天.

解 令 m 为月份、d 为日,其中 $m\leqslant 12$. 因一年仅 12 个月,故知会造成混淆之日期必有 $d\leqslant 12$. 若 $m=d$ 时,则无论如何解读都是同一天,故会造成混淆的日子共 $12\times 12-12=132$ 天.

9. 答案:1735.

解 可知最小的数同时是 5 的倍数、7 的倍数减 1、9 的倍数减 2 及 11 的倍数减 3,换言之,即同时是 5 的倍数、7 的倍数加 6、9 的倍数加 7 及 11 的倍数加 8.

因同时是 5 的倍数及 7 的倍数加 6 的最小数是 20,且 5 和 7 的最小公倍数是 35,故同时是 5 的倍数及 7 的倍数加 6 的数必形如 $20+35k$.

因 $20+35k=11\times(1+3k)+9+2k$，故形如 $20+35k$ 这样的数中，为 11 的倍数加 8 的最小数是当 $k=5$ 时，即 195. 再因 5,7,11 的最小公倍数是 385，所以同时是 5 的倍数、7 的倍数加 6、11 的倍数加 8 的数必形如 $195+385h$.

因 $195+385h=9\times(21+42h)+6+7h$，故形如 $195+385h$ 这样的数中，为 9 的倍数加 7 的最小数是当 $h=4$ 时，即 1735. 再因 5、7、9、11 的最小公倍数是 3465，故下一个数是 $1735+3465=5200>2005$，不合题意.

因此四个数是 1735、1736、1737、1738.

10. 答案：257.

解　观察可知，对折 n 次后，在折完后的中点处共有 2^n 条绳段，若视为 2^n 条绳子，在此将它剪断，则会得到 $2\times2^n=2^{n+1}$ 条绳子. 但实际上可发现，在端点处，除最原始的整条绳子的头尾两端，其余绳子都是两两成对连接在一起，因此一共会有 $2^{n+1}\div2+1=2^n+1$ 段. 所以对折八次后，这条绳子共被分成 $2^8+1=257$ 小段.

11. 答案：9 种.

解　若不考虑牵对或牵错，全部的状况共有 $4\times3\times2\times1=24$ 种情形，而四人都牵对有 1 种情况、恰一人牵对有 9 种情况、恰 2 人牵对有 5 种情况，因此四人全牵错有 $24-1-9-5=9$ 种情况.

点评　令四位男士为 A、B、C 和 D，他们的儿子分别为 a, b, c, d，则四人全牵错的情况见表 9-2.

表 9-2

A	B	C	D
b	a	d	c
b	d	a	c
b	c	d	a
c	a	d	b
c	d	a	b
c	d	b	a
d	a	b	c
d	c	a	b
d	c	b	a

12. 答案：5cm.

解　由图 9-2 可知，平行四边形 $BCDE$ 是由阴影部分与梯形 $BCGF$ 组成，而阴影部分的面积总和为三角形 AFG 的面积加 12cm^2，故平行四边形 $BCDE$ 的面积即为梯形 $BCGF$ 的面积与三角形 AFG 面积总和再加 12cm^2，即三角形 ABC 面积加 12cm^2，因此知 $8\times CG=\frac{1}{2}\times 8\times 7+12=40$，故 $CG=5\text{cm}$.

13. 答案：450m^2.

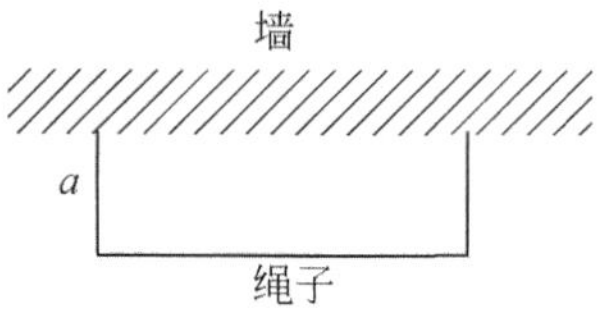

图 9-6

解 如图 9-6 所示，设所围出的矩形的宽为 a、则长为 $60-2a$，因此面积为 $a(60-2a)=2a(30-a)$，因此面积最大时，即 $a(30-a)$ 最大．此时可将 a 视为另一矩形的宽、$30-a$ 视为长，则本题变为：用一条 30m 的长绳直接围成矩形时，所围出最大面积是多少？已知用固定长度的绳子直接围成矩形时，围成正方形时面积最大，故可知转变后的问题面积最大发生在 $a=30-a$ 时，即 $a=15$ 且面积为 225m^2，因此原问题所问的绳子所能围出的最大面积即为 $2\times 225=450(\text{m}^2)$.

14. 答案：16.

解 由三个绿球的质量等于六个蓝球的质量可知一个绿球的质量等于两个蓝球的质量．由六个蓝球的质量等于四个白球的质量可知两个白球的质量等于三个蓝球的质量，因此四个绿球、两个黄球与两个白球的总质量等于 $4\times 2+5+3=16$ 个蓝球的质量．

15. 答案：36.

解 因 $\overline{6A2}+\overline{B34}=630+\overline{BA6}$ 且 630 是 18 的倍数，故 $\overline{BA6}$ 必须是 18 的倍数，再因 $\overline{BA6}$ 是偶数，故 $\overline{BA6}$ 是 9 的倍数，即 $B+A+6$ 是 9 的倍数．因 $B+A$ 至多为 18，故 $B+A$ 的可能值为 3 或 12. 若 $B+A=3$，则此时 A 与 B 的乘积的最大值是 2；若 $B+A=12$，则此时 A 与 B 的乘积的最大值发生在 $A=B=6$ 时，即 36. 因此所求为 36.

9.3 队际竞赛试题

1. 将各位数字之和等于 10 的整数称为“快乐数”．请问在 100 至 1000 之间共有多少个快乐数？

2. 设 $\frac{a}{2}=\frac{b}{3}=\frac{c}{5}$，且 a,b,c 三数的乘积等于 1920，试求 a,b,c 三数的和．

3. 将下列连分式中的 a,b,c,d 用 1,2,3,4 四个数不重复的任意替换.

$$a+\cfrac{1}{b+\cfrac{1}{c+\cfrac{1}{d}}}$$

请问此连分数的最大值与最小值相差多少?

4. 全天里每个整点钟(例如6:00、7:00)由A地发出一辆车到B地;全天里每个半点钟(例如6:30、7:30)由B地发出一辆车到A地.

每辆巴士都行驶在同一条道路上,由A地行驶至B地和由B地行驶至A地各需时5小时. 请问从A地发出到B地的巴士在途中会与多少辆由B地发出的巴士相遇(不包括在车站内相遇的巴士)?

5. 王先生的电话号码是个七位数$\overline{ABCDEFG}$. 若前四个数字构成的四位数$\overline{ABCD}$与后三个数字构成的三位数$\overline{EFG}$之和等于9063;前三个数字构成的三位数$\overline{ABC}$与后四个数字构成的四位数$\overline{DEFG}$之和等于2529. 请问王先生的电话号码是多少?

6.

$$1+2=3,$$
$$4+5+6=7+8,$$
$$9+10+11+12=13+14+15,$$
$$\cdots$$

若按上述规律继续列式下去,请问第80行的最后一个数是多少(例如第3行的最后一个数是15)?

7. 有一只狗的狗屋是一个边长为1米的正六边形,这只小狗被一条2米长的绳子拴住,绳子固定在正六边形的一个顶点上,如图9-7所示. 请问这只狗在狗屋外面所能到达的地方的总面积是多少?

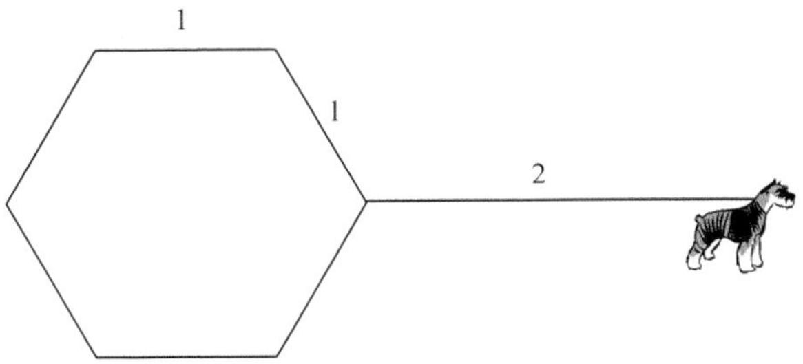

图9-7

计算时取 $\pi=3.14$ 或 $\frac{22}{7}$.

8. 将一个正方形的四个角分别切除一个直角等腰三角形，最后剩下一个长宽不相等的矩形．若切除部分的总面积为 200cm^2，且切除的三角形的直角边的长度都是正整数，试求矩形的面积(图 9-8).

9. 从 2、3、4、7、10、11、12、13 及 15 这九个数中选出八个数，不重复地填入图 9-9 的空格中，使得每行数的平均值与每列数的平均值都相同．请完成图 9-9.

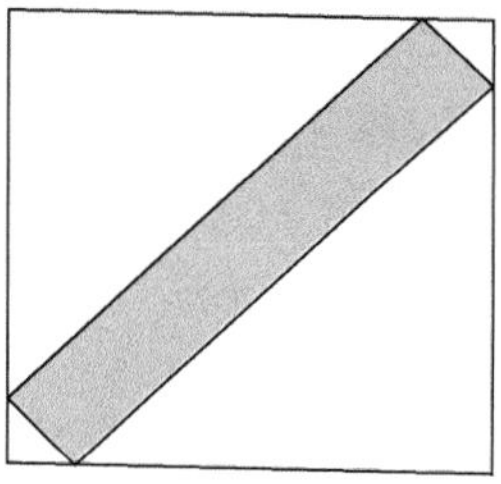

图 9-8

1			
	9		5
		14	

图 9-9

10. 有一个 12 位数，它相邻的任意两个数字都能构成一个两位数的质数，并且这些质数都互不相同．请问满足上述条件的 12 位数中，最大的数是多少？

9.4　队际竞赛试题解答

1. 答案:54 个.

解　在 1 ~ 1000 间，数字和为 10 若视为在 1 1 1 1 1 1 1 1 1 1 1 1 1 这 13 个 1 之间的 12 个空格，从中选取二个分成三堆，故有 $1+2+3+\cdots+11=66$ 种方法．但此时多计算了(10, 0, 0)，共 $1\times3=3$ 种不可能组成三位数的情况，也多算了 1 ~ 100 间数字和为 10 的情况，共 9 种，故有 $66-3-9=54$ 个快乐数.

2. 答案:40.

解　可令 $\frac{a}{2}=\frac{b}{3}=\frac{c}{5}=k$，故知 $a=2k$，$b=3k$，$c=5k$，因此 $abc=30k^3$，其值为 1920，故可得 $k^3=64$，即 $k=4$，所以 $a+b+c=40$.

3. 答案:$3\frac{154}{279}$.

解　因 $b \geqslant 1$,故知 $\dfrac{1}{b+\dfrac{1}{c+\dfrac{1}{d}}}<1$,所以 $a+\dfrac{1}{b+\dfrac{1}{c+\dfrac{1}{d}}}$ 的最大值必发生在 $a=4$ 且此时 $b+\dfrac{1}{c+\dfrac{1}{d}}$ 的取值最小时;因 $c \geqslant 1$,可知 $\dfrac{1}{c+\dfrac{1}{d}}<1$,所以 $a=4$ 时,$b+\dfrac{1}{c+\dfrac{1}{d}}$ 的最小值必发生在 $b=1$ 且此时 $c+\dfrac{1}{d}$ 的取值最大时;因 $d \geqslant 1$,故知 $\dfrac{1}{d}<1$,所以 $a=4$、$b=1$ 时,$c+\dfrac{1}{d}$ 的最大值必发生在 $c=3$、$d=2$,故可知 $a+\dfrac{1}{b+\dfrac{1}{c+\dfrac{1}{d}}}$ 的最大值为 $4+\dfrac{1}{1+\dfrac{1}{3+\dfrac{1}{2}}}=4\dfrac{7}{9}$.

因 $b \geqslant 1$,故知 $\dfrac{1}{b+\dfrac{1}{c+\dfrac{1}{d}}}<1$,所以 $a+\dfrac{1}{b+\dfrac{1}{c+\dfrac{1}{d}}}$ 的最小值必发生在 $a=1$ 且此时 $b+\dfrac{1}{c+\dfrac{1}{d}}$ 的取值最大时;因 $c \geqslant 1$,可知 $\dfrac{1}{c+\dfrac{1}{d}}<1$,所以 $a=1$ 时,$b+\dfrac{1}{c+\dfrac{1}{d}}$ 的最大值必发生在 $b=4$ 且此时 $c+\dfrac{1}{d}$ 的取值最小时;因 $d \geqslant 1$,故知 $\dfrac{1}{d}<1$,所以 $a=1$、$b=4$ 时,$c+\dfrac{1}{d}$ 的最小值必发生在 $c=2$、$d=3$,故可知 $a+\dfrac{1}{b+\dfrac{1}{c+\dfrac{1}{d}}}$ 的最小值为 $1+\dfrac{1}{4+\dfrac{1}{2+\dfrac{1}{3}}}=1\dfrac{7}{31}$.

因此所求为 $4\dfrac{7}{9}-1\dfrac{7}{31}=3\dfrac{154}{279}$.

4. 答案:10 辆.

解　如图 9-10 所示. 图 9-10 中相邻两点所相差的时刻为 30 分钟,虚线代

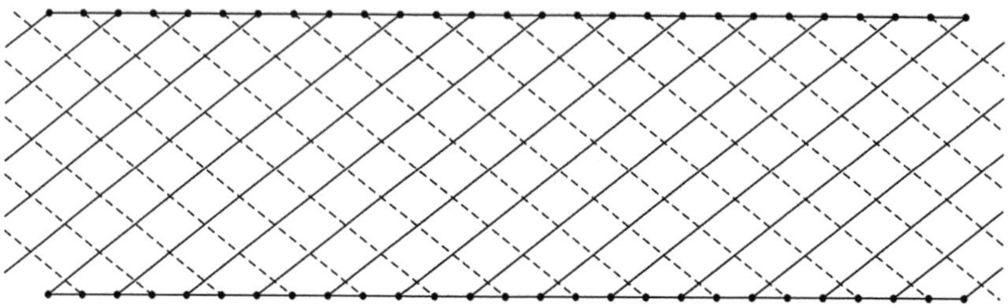

图 9-10

表由 A 地开往 B 地的巴士、实线代表由 B 地开往 A 地的巴士，则由每条虚线均与 10 条实线相交可知每辆从 A 地发出到 B 地的巴士在途中与 10 辆由 B 地发出的巴士相遇 .

5. 答案：8371692.

解 由题意可得以下两个加式：

$$\begin{array}{ccccc} & A & B & C & D \\ + & & E & F & G \\ \hline & 9 & 0 & 6 & 3 \end{array} \qquad \begin{array}{ccccc} & & A & B & C \\ + & D & E & F & G \\ \hline & 2 & 5 & 2 & 9 \end{array}$$

由左式和的千位数为 9 知 A 为 8 或 9，此时与右式和的百位数为 5 一起考虑便可知 $A+E$ 必有进位，因此 $D=1$；因左式中 $D+G$ 的个位数为 3，故 $G=2$；因右式中 $C+G$ 的个位数为 9，故 $C=7$；因左式中 $C+F$ 的个位数为 6，故 $F=9$；因右式中 $B+F$ 的个位数为 2，故 $B=3$；此时可知左式中 $B+E+1$ 的个位数为 0，故 $E=6$；也可判断出右式中 $A+E+1$ 的个位数为 5，故 $A=8$；因此电话号码是 8371692.

6. 答案：6560.

解 可观察出等式右边的数个数依次为 1，2，3，…，而等式左边的数个数依次为 2，3，4，…，故到第 80 行时，等式右边共有 $\frac{(1+80)\times 80}{2}=3240$ 个数、等式左边共有 $\frac{(2+81)\times 80}{2}=3320$ 个数，合计共 $3240+3320=6560$ 个，即第 80 行的最后一个数是 6560.

点评 可观察出第 n 行的第一个数为 n^2，故第 81 行的第一个数为 $81^2=6561$，故第 80 行的最后一个数是 6560.

7. 答案：9. 42 或 $\frac{66}{7}\text{m}^2$.

解　狗的活动范围如图 9-11 中阴影所示，故可知其面积为

$$2\times2\times\pi\times\frac{240}{360}+2\times1\times1\times\pi\times\frac{60}{360}=3\pi(\mathrm{m}^2),$$

即 9.42 或$\frac{66}{7}$.

8. 答案：$56\mathrm{cm}^2$.

解　如图 9-12 所示，则可知 $a^2+b^2=200$. 因 200 为 4 的倍数，而平方数除以 4 后所得的余数为 0 或 1，故可知 a^2，b^2 除以 4 后所得的余数都是 0，因此 a，b 都是偶数，即可令 $a=2h$、$b=2k$，故可得 $h^2+k^2=50$，因此可判断出 h，k 其中一数为 7、另一数为 1，即 a、b 其中一数为 14、另一数为 2，故正方形面积为 $(14+2)^2=256$，因此矩形面积为 $256-200=56(\mathrm{cm}^2)$.

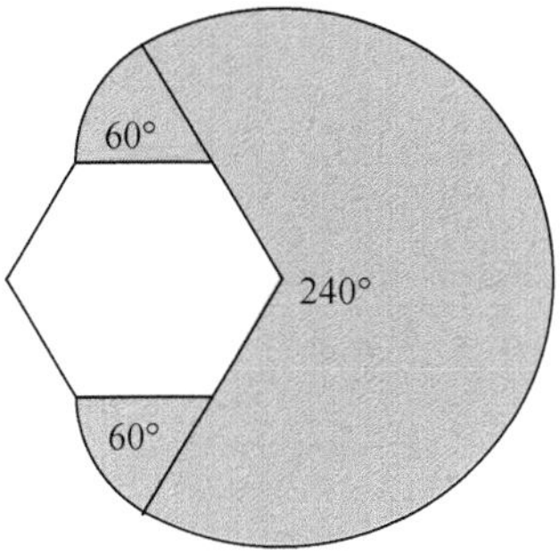

图 9-11

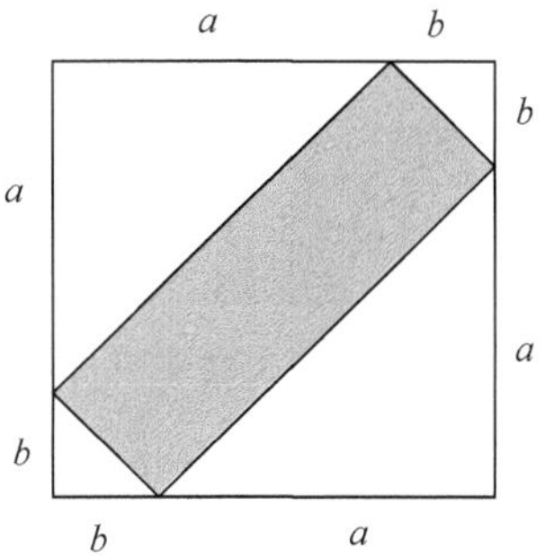

图 9-12

9.

解　设每行平均值为 A，则表格中 12 个数的总和为 $12A$；而因 $2+3+4+7+10+11+12+13+15=77$ 且 $1+9+14+5=29$，故表格中 12 个数的总和可能为 104、103、102、99、96、95、94、93 或 91，其中仅 96 为 12 的倍数，故可知 2、3、4、7、10、11、12、13 及 15 这九个数里 10 不可填入，此时 $A=8$. 如图 9-13 所示，方格内的字母代表所填入数.

1	a	b	c
d	9	e	5
f	g	14	h

图 9-13

(1) 因 $b+e+14=8\times3=24$，故 $b+e=10$，因仅有 3 与 7 的和为 10，故 b，e 两数的值分别为 3 或 7 两数；再因 $d+9+e+5=8\times4=32$，故 $d+e=18$，因仅有 7 与 11 之和为 18，故 d，e 两数值为 7 或 11 两数. 故可知 $e=7$，$b=3$，$d=11$.

(2) 因 $1+d+f=8\times3=24$ 且 $d=11$，故 $f=12$.

(3) 因 $f+g+14+h=8\times4=32$，故 $g+h=6$，因仅有 2 与 4 之和为 6，故 g，h

两数值为 2 或 4 两数；再因 $a+9+g=8\times3=24$，故 $a+g=15$，且因 $d=11$，故 $g=4$ 不合题意，即 $g=2$，此时 $a=13$，$h=4$.

(4) 还剩下 15，故 $c=15$. 此时 $c+5+h=24$，$1+a+b+c=32$ 均满足题意.

故完成如图 9-14.

1	13	3	15
11	9	7	5
12	2	14	4

图 9-14

10. 答案:619737131179.

解 两位数的质数依次如下:

11、13、17、19、23、29、31、37、41、43、47、53、59、61、67、71、73、79、83、89、97.

若首位数为 1、3、7、9 时，则所构成的质数均为这四个数字所组成的，但因此四个数字可组成的质数仅 10 个，至多构成 11 位数，故不合题意；而因寻找最大的数，故从 89 开始考虑:

(1) 首两位数为 89 时，可先观察 9 为首位数的情况. 由 1、若由 1、3、7、9 这四个数字可组成的十个质数均可依题意所述方式组成一个十一位数，则因仅 19、79、97 三个有数字 9，且以 97 开头，此时仅剩 19、79 未使用，且同时均以 9 为尾数，故 19 与 79 不可能同时出现，矛盾. 故最多组成十位数，且没有使用数字 8，因此若首两位数为 89 时，至多为十一位数，故不合题意.

(2) 首两位数为 83 时，可先观察 3 为首位数的情况. 若由 1、3、7、9 这四个数字可组成的十个质数均可依题意所述方式组成一个十一位数，则因仅 13、31、37、73 四个有数字 3，且以 31 或 37 开头，此时仍有三个数未使用，其中 13、73 同时均以 3 为尾数，故这十个质数组成的数必以 3 结束；同理，此时关于数字 9 仍有三个数未使用，其中 19、79 同时均以 9 为尾数，故这十个质数组成的数必以 9 为尾数，矛盾. 故最多组成十位数，且没有使用数字 8，因此若首两位数为 83 时，至多为十一位数，故不合题意.

(3) 首两位数为 67 时，可先观察 7 为首位数的情况. 若由 1、3、7、9 这四个数字可组成的十个质数均可依题意所述方式组成一个十一位数，则因仅 17、37、71、73、79、97 六个有数字 7，且以 71、73 或 79 开头，此时仍有五个数未使用，其中 17、37、97 均以 7 为尾数，故这十个质数组成的数必以 7 为尾数；同理，此时关于数字 9 仍有三个数未使用，其中 19、79 同时均以 9 为尾数，故这十个质数组成的数必以 9 为尾数，矛盾. 故最多组成十位数，且没有使用数字 6，因此若首两位数为 67 时，至多为十一位数，故不合题意.

(4) 首两位数为 61 时，619737131179 满足题意，故最大数为 619737131179.

第 10 章　第十届小学数学世界邀请赛

10.1　个人竞赛试题

1. 小莉打算花 31 元去购买价格分别为 2 元、3 元及 4 元的不同款式的笔. 若每种不同款式的笔至少购买一支,请问她最多可以购买几支笔?

2. a,b 及 c 都是两位数,a 的个位数是 7,b 的个位数是 5,c 的十位数是 1. 若 $a\times b+c=2006$,请问 $a+b+c$ 等于多少?

3. 某班的学生每人都出相同的钱合资购买一些笔记本. 若将这些笔记本只均分给女生,则每名女生可分得 15 本;若将这些笔记本只均分给男生,则每位男生可分得 10 本. 现将这些笔记本均分给全班的每名学生,请问每人可分得几本?

4. 三角形中的两条边长分别为 2006 及 6002,且三角形的第三边的长度也是整数. 请问共有多少种不同的三角形满足上述条件?

5. 在四张卡片上分别标记数 1,2,3 及 4. 任意选取其中的三张卡片分别放置在以下等式的方格内,如图 10-1 所示.

$$n=5+\square+\square-\square$$

图 10-1

请问可以得到多少种不同的 n 值(n 为正整数)?

6. 小苏试图打开小康的号码锁. 这个锁有四个滚轮,每个轮子上都标记有 1, 2, 3, …, 8, 9 等九个数. 小康向小苏提示开锁的号码为:从左边算起,第一个数是 3 的倍数,第二个数是个质数,第三个数是 2 的倍数,且整个四位数可被 4 整除. 例如图 10-2.

6	7	8	8

图 10-2

若小苏只尝试符合小康所提示规律的号码，请问小苏最多需要尝试多少组不同的号码才可以打开小康的号码锁？

7. 有超过五十位的一群小孩围成一个圆圈，他们依照顺时针的方向从 1 开始不断地依次报数下去．若某一位小孩所报的数中出现有 2 和 2006 两个数，请问这一群小孩至少有多少位？

8. 若数$\overbrace{20062006\cdots2006}^{n\text{ 个 “2006”}}01$可被 11 整除，请问 n 的最小值是多少？

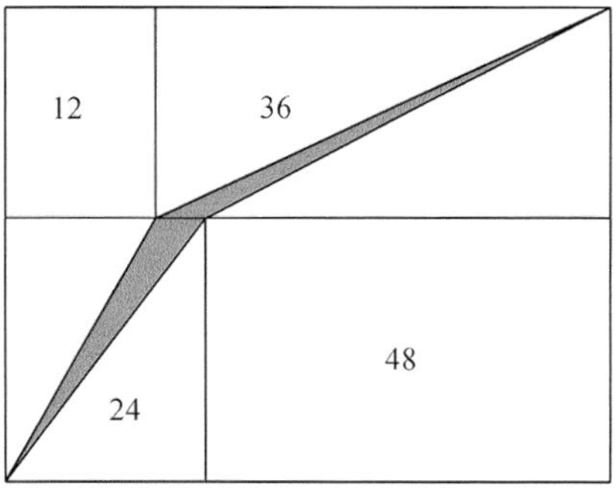

图 10-3

9. 将大矩形分割为四个面积分别为 12cm^2，24cm^2，36cm^2 及 48cm^2 的小矩形，如图 10-3 所示．已知所有矩形的边长均为正整数(以 cm 计)，请问阴影部分的面积为多少 cm^2？

10. N 为正整数，除以 10 余数为 9；除以 9 余数为 8；除以 8 余数为 7……除以 2 余数为 1. 请问满足上述条件的 N 的最小值是多少？

11. $ABCD$ 是由 12 个全等的三角形所构成的平行四边形，如图 10-4 所示，图中所有的直线分别平行于 AB、AD 或 BE. 请问图中共有多少个包含着阴影部分的平行四边形？

12. 试求下列算式所得和的个位数：

$$1^{2006}+2^{2006}+3^{2006}+\cdots+8^{2006}+9^{2006}.$$

13. 某次测验共有 100 道是非题，题号为 4 的倍数的题目其标准答案为“是”，其他题的标准答案都是“否”. 某名考生作答的情况为：题号为 3 的倍数的题目答“否”，其他题则均答“是”. 请问这名学生在这 100 题中共答对多少题？

14. 图 10-5 由七条线段所构成．请问其中共有多少个三角形？

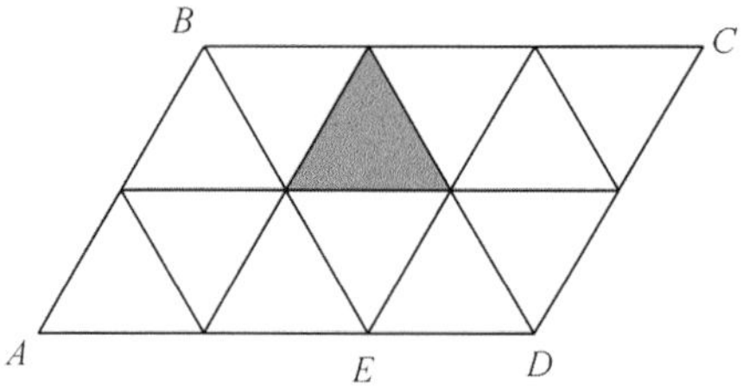

图 10-4

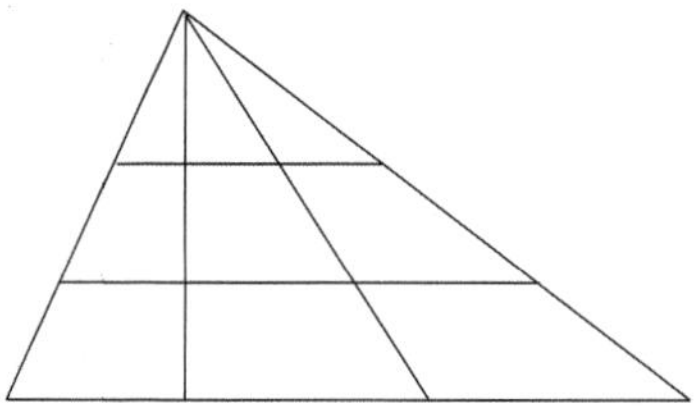
图 10-5

15. 图 10-6 中，$AMOQ$，$MBNO$，$ONCP$，$QOPD$ 及 $ABCD$ 都是矩形．若矩形 $QOPD$ 的面积是 51cm^2，矩形 $ONCP$ 的面积是 17cm^2，矩形 $MBNO$ 的面积是 29cm^2．请问四边形 $MNPQ$ 的面积为多少 cm^2？

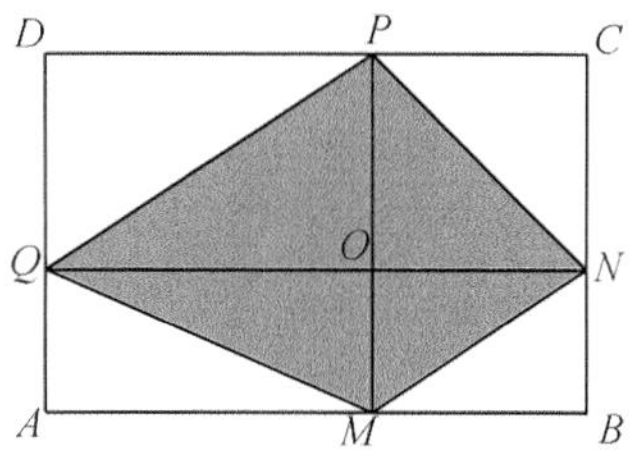

图 10-6

10.2　个人竞赛试题解答

1. 答案：14 支．

解　小莉每种不同款式的笔至少购买一支，故要先花 $2+3+4=9$ 元来购买三种不同款式的笔各一支，此时剩余 $31-9=22$ 元．因问她最多可购买几支笔，故要尽可能购买最便宜的笔，即售价为 2 元的笔．又因 $22\div2=11$，所以小莉最多可再买 11 支笔，因此她至多可买 $11+3=14$ 支笔．

2. 答案：103.

解　因 a 的个位数是 7，b 的个位数是 5，故 $a\times b$ 的个位数是 5；再因 $a\times b+c=2006$，所以 c 的个位数是 $6-5=1$，故 $c=11$，且 $a\times b=1995=3\times5\times7\times19$. 因为 a 是个位数为 7 的两位数，所以 a 只可能为 $3\times19=57$，而由此可知 $b=5\times7=35$，符合题意，故 $a+b+c=57+35+11=103$.

3. 答案：6 本．

解　已知将这些笔记本分别只均分给女生、男生时，则每人可分得的本数依次为 15 本、10 本，其比为 $15:10=3:2$，因笔记本总数固定，故女生与男生的人数之比为 $2:3$，即可令女生人数为 $2a$、男生人数为 $3a$，此时笔记本数为 $30a$，故每人可分得 $30a\div(2a+3a)=6$ 本．

4. 答案：4011 种．

解　因三角形中，任意两边的边长之和必大于第三边边长，且任意两个边长之差必小于第三边边长，故可以得知二条边长分别为 2006 及 6002 且第三边的长度也是整数的三角形，其未知长度的第三边长度之可能值为介于 $2006+6002=8008$ 与 $6002-2006=3996$ 之间的整数，共有 $8008-3996-1=4011$ 种不同可能的三角形．

5. 答案：8 种．

解　因选取 1、2、3 及 4 这四张卡片其中的三张卡片来分别放置在 $n=5+\square+\square-\square$ 的方格内，n 的值最大为 $5+4+3-1=11$、最小为 $5+2+1-4=4$，故 n 的可能值有 $11-4+1=8$ 个，其中 $11=5+4+3-1$、$10=5+4+2-1$、$9=5+3+2-1$、$8=5+4+1-2$、$7=5+3+1-2$、$6=5+3+2-4$、$5=5+3+1-4$、4

$=5+2+1-4$.

6. 答案:96 次.

解 从左边算起,第一个数是3的倍数,故有3、6、9共三种可能;第二个数是质数,故有2、3、5、7共四种可能;第三个数是2的倍数,故有2、4、6、8共四种可能;而整个四位数可被4整除即代表末二位组成的两位数可被4整除,再因第三个数是2的倍数时,第四个数仅为4或8时才可能组成可被4整除的两位数,故共两种可能. 因此需尝试 $3\times4\times4\times2=96$ 次才能保证打开.

7. 答案:167 位.

解 因某一位小孩所报的数中出现有2和2006两个数,故他的前一位小孩报的数有1与2005,再前一位小孩报的数有2004. 报出1的必是第一个报数的小孩,他前一位则是最后一个报数的小孩,因此小孩的数目必为2004的因子里大于50的因子. 因 $2004=2^2\times3\times167$. 又因 $2^2\times3=12<50$,故这一群小孩至少有167位.

8. 答案:8.

解 数 $\overset{n\text{ 个 “2006”}}{20062006\cdots2006}01$ 可被11整除时,其奇位数的数字和与偶位数的数字和之差也可被11整除,即 $(6n+1)-2n=4n+1$ 必须是11的倍数,最小符合的值为33,故 n 的最小值是8.

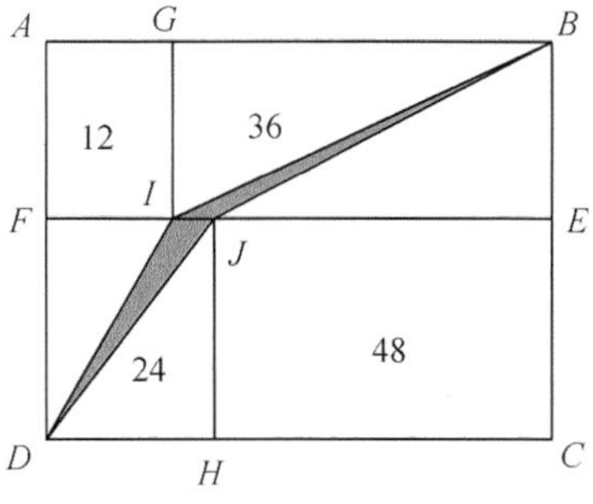

图 10-7

9. 答案:5cm^2.

解 如图10-7所示,知阴影部分即为 $\triangle BIE-\triangle BEJ+\triangle FJD-\triangle FID$. 而利用面积比可知

$$FJ:JE=24:48=1:2=4:8,$$
$$FI:IE=12:36=1:3=3:9,$$

故 $JE:IE=8:9$, $FJ:FI=4:3$,即

$$\triangle BEJ=\frac{8}{9}\triangle BIE,\ \triangle FID=\frac{3}{4}\triangle FJD,$$ 故

$$\triangle BIE-\triangle BEJ+\triangle FJD-\triangle FID=\frac{1}{9}\triangle BIE+\frac{1}{4}\triangle FJD,$$

所以阴影部分的面积为 $\frac{1}{9}\left(36\times\frac{1}{2}\right)+\frac{1}{4}\left(24\times\frac{1}{2}\right)=5(\text{cm}^2)$.

点评 因

$$FJ:JE=24:48=1:2,\ FI:IE=12:36=1:3$$

故可令 $FE=12x$,则 $FI=3x$, $FJ=4x$, $IJ=x$. 因此阴影部分的面积为大矩形

的$\frac{1}{24}$,即$(12+36+24+48)\times\frac{1}{24}=5(\text{cm}^2)$.

10. 答案:2519.

解　由题意可知 $N+1$ 可被 2,3,4,…,10 整除,即 N 为 2,3,4,…,10 的公倍数 -1,即 $2520-1=2519$.

11. 答案:12 个.

解　由图 10-8 可知所有的平行四边形都由偶数个三角形所构成.

由两个三角形构成且包含△*HLK* 的平行四边形有 *BHKL*,*HIKL*,*HKEL* 等 3 个;

由四个三角形构成且包含△*HLK* 的平行四边形有 *GBIK*, *BLJI*, *HLJC*, *BHDE*,*HIEF* 以上共 5 个;

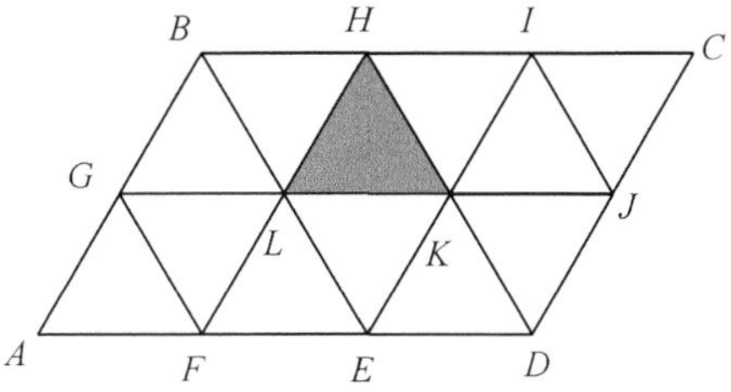

图 10-8

由 6 个三角形构成且包含△*HLK* 的平行四边形有 *GBCJ* 以上共 1 个;

由 8 个三角形构成且包含△*HLK* 的平行四边形有 *ABIE*,*CDFH* 以上共 2 个;

由 10 个三角形构成且包含△*HLK* 的平行四边形无;

由 12 个三角形构成且包含△*HLK* 的平行四边形有 *ABCD* 以上共 1 个.

合计共 $3+5+1+2+1=12$(个).

12. 答案:5.

解　观察 n^k 的个位数字 ,其中 $n=1,2,3,4,5,6,7,8,9$(表 10-1).

表 10-1

n \ k	1	2	3	4	5	6	7	8	…
1	1	1	1	1	1	1	1	1	…
2	2	4	8	6	2	4	8	6	…
3	3	9	7	1	3	9	7	1	…
4	4	6	4	6	4	6	4	6	…
5	5	5	5	5	5	5	5	5	…
6	6	6	6	6	6	6	6	6	…
7	7	9	3	1	7	9	3	1	…
8	8	4	2	6	8	4	2	6	…
9	9	1	9	1	9	1	9	1	…

可知 1、5、6 幂次方的个位数恒相同;2、3、7、8 幂次方的个位数循环周期皆为四;4、9 幂次方的个位数循环周期皆为二.

因 $2006=2\times1003=4\times501+2$,故 $1^{2006}+2^{2006}+3^{2006}+\cdots+9^{2006}$ 的个位数即为 $1+4+9+6+5+6+9+4+1=45$ 的个位数,即为 5.

13. 答案:42 题.

解 因 3 和 4 的最小公倍数为 12,故该学生依序每 12 题其答案正确的顺序相同,因此观察前 12 题的状况(表 10-2).

表 10-2

题号	1	2	3	4	5	6	7	8	9	10	11	12
标准答案	否	否	否	是	否	否	否	是	否	否	否	是
学生答案	是	是	否	是	是	否	是	是	否	是	是	否

可知学生在这 12 题中答对 5 题;再因 $100=12\times8+4$,故仍需观察最后 4 题的作答情况,可知其与前 4 题作答情况相同,故答对 2 题,因此共答对 $5\times8+2=42$ 题.

14. 答案:18 个.

解 由图形可知,要构成一个三角形需从 3 条水平线中取出 1 条,且再从 4 条斜线中取出 2 条. 因 3 条水平线中任取 1 条的取法为 3 种、4 条斜线中任取 2 条的取法为 $3+2+1=6$ 种,故可取出 $3\times6=18$ 个三角形.

15. 答案:92cm^2.

解 已知矩形 $QOPD$ 的面积是 51cm^2,矩形 $ONCP$ 的面积是 17cm^2,矩形 $MBNO$ 的面积是 29cm^2,故 $DP:PC=QO:ON=51:17=3:1$,因此矩形 $MBNO$ 与矩形 $AMOQ$ 的面积比为 1:3,即矩形 $AMOQ$ 的面积为 $3\times29=87\text{cm}^2$,由此可知矩形 $ABCD$ 的面积为 $51+17+29+87=184\text{cm}^2$. 又因 QP,PN,NM,MQ 为矩形 $QOPD$、矩形 $ONCP$、矩形 $MBNO$、矩形 $AMOQ$ 的对角线,故阴影部分面积为矩形 $ABCD$ 面积的一半,即 92cm^2.

10.3 队际竞赛试题

1. 有十个人,每个人都将其他九个人的年龄相加,所得的和分别为 82、83、

84、85、87、89、90、90、91 及 92. 若每个人的年龄都是整数，请问年龄最小的人是几岁？

2. 图 10-9 中，点 B 为线段 AD 的中点．线段 AB、AC、AD、BC、BD 及 CD 的长度都是整数，已知这些线段长度的乘积为 10500，试求线段 AB 的长．

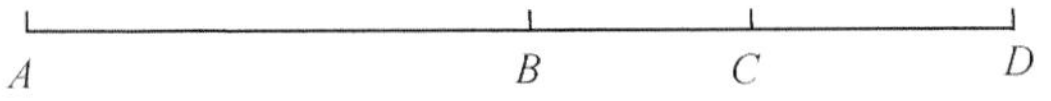

图 10-9

3. 图 10-10 中，一个小六边形内接于一圆，一个大正六边形外切于同一圆．若大正六边形的面积为 10cm^2，请问小正六边形的面积为多少 cm^2？

4. 彼得玩射飞镖游戏，靶上的配分如图 10-11 所示．若彼得的得分恰好等于 100 分，请问他所射的飞镖中至少有几支射中靶？

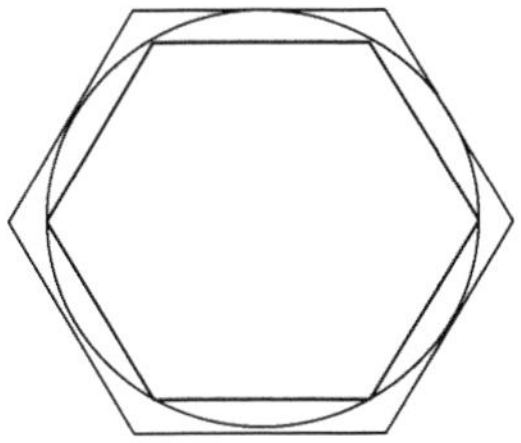

图 10-10

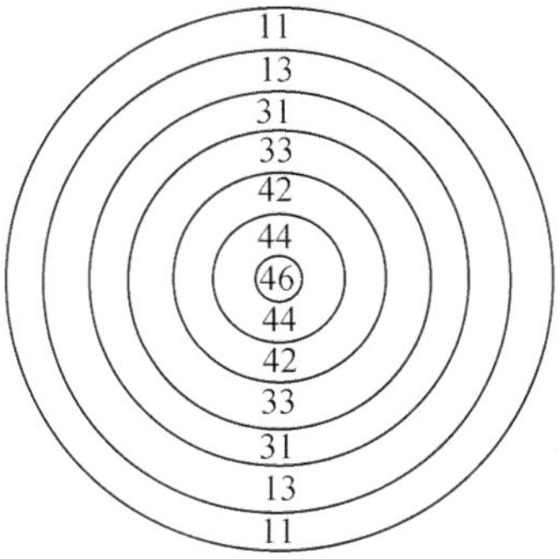

图 10-11

5. 从正整数 1，2，3，4，5，…中删去所有 2 的倍数与 3 的倍数，但是不删去所有 5 的倍数．剩下的数如下所示：

1，5，7，10，11，13，15，17，19，20，23，25，29，30，…

请问上述数列中第 2006 项的数是多少？

6. 在图 10-12 中，三角形 ABC 是直角三角形，已知 $AB = BC = 14$ 且 $BE = BD = 6$．请问图中阴影部分的面积是多少？

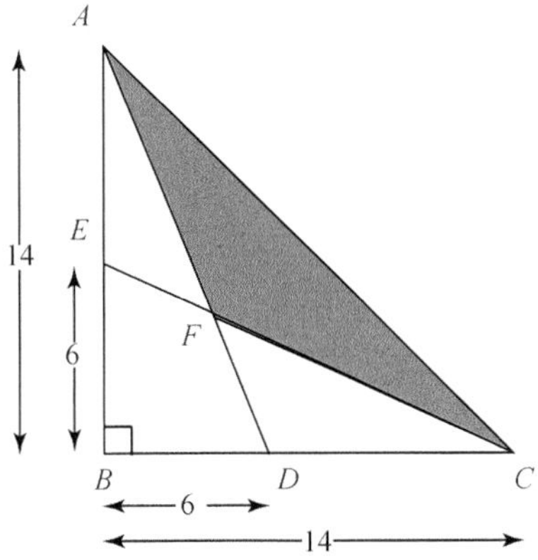

图 10-12

7. 一个装了一些水的瓶子，它的瓶口

部分是半径为 1cm 的圆柱体，瓶身部分是半径为 3cm 的圆柱体，如图 10-13 所示；当瓶子正立放着时，水面的高度为 20cm，如图 10-14 所示；当瓶子倒立放着时，水面的高度为 28cm，如图 10-15 所示．请问整个瓶子的高度为多少 cm？

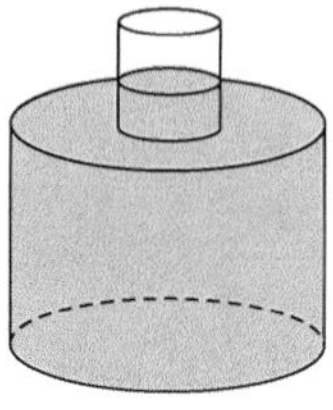
图 10-13

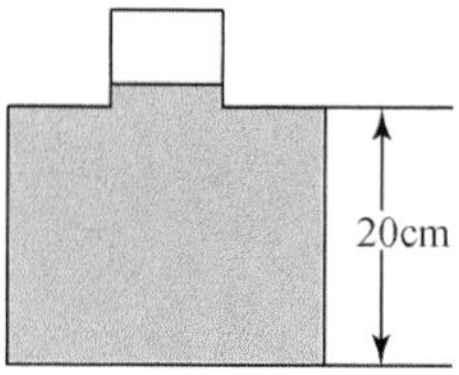

图 10-14

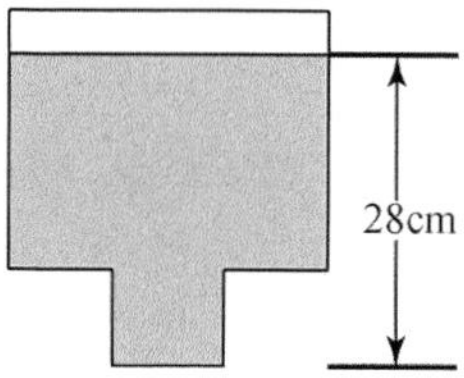

图 10-15

8. 已知 $N=\overline{abcde}$是一个五位数．例如，当 $a=4,b=0,c=4,d=7$ 及$e=7$ 时，$\overline{abcde}=40477$. 若$\overline{ab}\times\overline{cde}=42042$ 且$\overline{abc}\times\overline{de}=24642$，试求 N 的值．

9. 将数 1，2，3，…，52 分别写在 52 张卡片上，每张卡片上写一个不同的数．如果我们在手上的卡片中存在有三张牌，这三张卡片上所写的数的数字和都相等，则称我们拥有一组“幸运组”．请问我们手上至少要有多少张卡片才能保证一定拥有一组“幸运组”？

10. 有七名学生参加运动比赛．他们身上的 T 恤上分别标记有数字 1，2，3，…，7. 第一名的学生费时 1 分钟；第二名的学生费时 2 分钟；第三名的学生费时 3 分钟；以此类推．并且

(1)将每名学生穿着的 T 恤上的数与所费的时间相加，我们发现：

(i)所得的和最大是 13(恰只有一名学生)；

(ii)所得的和最小是 4(恰只有一名学生)；

(iii)恰好有三名学生所得的和等于 9.

(2)第一名的学生所穿的 T 恤上的数大于第二名学生所穿的 T 恤上的数.

请写下每名学生的名次与所穿的 T 恤上的号码．

10.4 队际竞赛试题解答

1. 答案：5 岁．

解 可知 $82+83+84+85+87+89+90+90+91+92=873$ 为将十个人的年纪之和的 9 倍，故十个人的年纪之和为 $873\div9=97$，因此年纪最小的是 $97-92=5$ 岁．

2. 答案：5．

解　可令 AB 的长度为 a 而 BC 的长度为 x，则线段 AB,AC,AD,BC,BD 及 CD 的长度数值乘积为

$$a\times(a+x)\times2a\times x\times a\times(a-x)=2a^3x(x+a)(x-a),$$

故知 $2a^3x(x+a)(x-a)=10500$，即

$$a^3x(x+a)(x-a)=2\times3\times5^3\times7,$$

所以可判断出 $a=5$.

3. 答案：$\frac{15}{2}\text{cm}^2$ 或 $7\frac{1}{2}\text{cm}^2$.

解　可观察出圆内接小正六边形边长即为圆半径；而圆半径即为以圆外切大正六边形的边长为边长的正三角形的高，故小正六边形与大正六边形边长比为 $\sqrt{3}:2$，所以面积比为 $3:4$，因此小正六边形的面积为 $10\times\frac{3}{4}=\frac{15}{2}=7\frac{1}{2}(\text{cm}^2)$.

4. 答案：8 支.

解　因配分最多为 46 分，故 1 支飞镖、2 支飞镖均不可能使总和恰为 100 分；因配分最少为 11 分，故最多射中 9 支飞镖即可使总和恰为 100 分；

因配分里的偶数为 42、44、46，故若射中 2 个偶数之和可能值为 84、86、88、90 或 92，而配分里的奇数为 11、13、31、33，故也不可能使总和恰为 100 分，因此最多只会射中一个偶数.

(1) 若为 3 支飞镖射中靶，则因 100 为偶数，3 支飞镖射中的分数必为 1 个偶数、2 个奇数. 但 2 个奇数之和不可能为 54、56 或 58，故不可能发生；

(2) 若为 4 支飞镖射中靶，则因 100 为偶数，4 支飞镖射中的分数必为 4 个奇数. 但因配分里的奇数为 11、13、31、33，故 4 个奇数也不可能发生；

(3) 若为 5 支飞镖射中靶，则因 100 为偶数，5 支飞镖射中的分数必为 1 个偶数、4 个奇数. 但 4 个奇数之和不可能为 54、56 或 58，故不可能发生；

(4) 若为 6 支飞镖射中靶，则因 100 为偶数，6 支飞镖射中的分数必为 6 个奇数. 但因配分里的奇数为 11、13、31、33，故 6 个奇数不可能发生；

(5) 若为 7 支飞镖射中靶，则因 100 为偶数，7 支飞镖射中的分数必为 1 个偶数、6 个奇数. 但 6 个奇数之和不可能为 54、56 或 58，故不可能发生；

(6) 若为 8 支飞镖射中靶，则因 100 为偶数，8 支飞镖射中的分数必为 8 个奇数. 此时可由 2 支 11 分、6 支 13 分完成.

5. 答案：4300.

解　因 2,3,5 的最小公倍数为 30，故可观察出保留的数为 $30k+1$、$30k+5$、$30k+7$、$30k+10$、$30k+11$、$30k+13$、$30k+15$、$30k+17$、$30k+19$、$30k+20$、$30k+$

23、$30k+25$、$30k+29$、$30(k+1)$.

因 $2006=14\times143+4$，故第 2006 项为 $30\times143+10=4300$.

6. 答案：$\frac{196}{5}$或 $39\frac{1}{5}$.

解 设 AD 与 CE 的交点为 F，因三角形 ABD 的面积与三角形 CBE 的面积均为$\frac{1}{2}\times6\times14=42$，故可知三角形 AEF 的面积与三角形 CDF 的面积相等．连接 BF，则由 $BD:DC=BE:EA=6:8=3:4$ 可知若令三角形 BFD 的面积为 $3a$，则三角形 CDF 的面积为 $4a$、三角形 AEF 的面积为 $4a$、三角形 BEF 的面积为 $3a$、三角形 ABD 的面积为 $3a+3a+4a=10a$、三角形 AFC 的面积为 $7a\times\frac{4}{3}=\frac{28}{3}a$. 由三角形 ABD 的面积可知 $a=\frac{42}{10}=\frac{21}{5}$，故三角形 AFC 的面积为$\frac{28}{3}\times\frac{21}{5}=\frac{196}{5}=39\frac{1}{5}$.

7. 答案：29cm.

解 可知图 10-14 与图 10-15 容器内没有水的圆柱部分体积应相同．因瓶口底圆与瓶身底圆的半径比为 1∶3，故瓶口底圆与瓶身底圆的面积比为1∶9，由此可知图 10-14 与图 10-15 容器内未装有水的圆柱部分的高的比为 9∶1. 设图 10-15 容器内没有水的圆柱部分的高为 a，则图 10-14 容器内没有水的圆柱部分的高为 $9a$. 此时可得等式 $20+9a=28+a$，故知 $a=1$，因此整个瓶子的高度为 $28+1=29$(cm).

8. 答案：66637.

解 因式分解后可知

$$\overline{ab}\times\overline{cde}=42042=2\times3\times7^2\times11\times13,$$
$$\overline{abc}\times\overline{de}=24642=2\times3^2\times37^2.$$

由$\overline{abc}\times\overline{de}=24642=2\times3^2\times37^2=333\times74=666\times37$ 可知有以下两种情形：

(1) $\overline{abc}=333$，$\overline{de}=74$，则

$$\overline{ab}\times\overline{cde}=33\times374=12342\neq42042,$$

故不合题意；

(2) $\overline{abc}=666$，$\overline{de}=37$，则

$$\overline{ab}\times\overline{cde}=66\times637=42042,$$

满足题意．

因此 $N=66637$.

9. 答案:26 张.

解　可知

数字和为 1:1,10;

数字和为 2:2,11,20;

数字和为 3:3,12,21,30;

数字和为 4:4,13,22,31,40;

数字和为 5:5,14,23,32,41,50;

数字和为 6:6,15,24,33,42,51;

数字和为 7:7,16,25,34,43,52;

数字和为 8:8,17,26,35,44;

数字和为 9:9,18,27,36,45;

数字和为 10:19,28,37,46;

数字和为 11:29,38,47;

数字和为 12:39,48;

数字和为 13:49.

由抽屉原理知至少要有 $(2+2+2+2+2+2+2+2+2+2+2+2+1)+1=26$(张).

10.

解　设表 10-3.

表 10-3

名次	1	2	3	4	5	6	7
号码	a	b	c	d	e	f	g

由第一名的学生所穿的 T 恤上的数大于第二名学生所穿的 T 恤上的数可知 $b\neq7$ 且 $a>b$;接着观察以下等式:

$$4=1+3=2+2=3+1,$$

$$9=2+7=3+6=4+5=5+4=6+3=7+2,$$

$$13=6+7=7+6.$$

可得第七名学生为 6 号或第六名学生为 7 号,且因恰一名学生的和为 13 可知以上两种情况不会同时成立:

(1)若第七名学生为 6 号,则可得 $d=5,e=4,f=3$;此时尚未决定的号码为 1、2 及 7. 因 $b\neq7$,故可知 $b=1$ 或 2:

(i)若 $b=1$,无论 a 与 c 如何取值,均不存在所得的和为 4,故不合题意;

(ii)若 $b=2$,则因恰一名学生的和为 4,可得 $a=1$,与第一名的学生所穿的 T 恤上的数大于第二名学生所穿的 T 恤上的数矛盾,故不合题意.

(2)若第六名学生为 7 号,则由恰三名学生的和为 9 可知 $c=6$,$d=5$,$e=4$,$g=2$ 这四种情况中恰三个成立:

(i)若 $c\neq6$,$d=5$,$e=4$,$g=2$,则 $c=1$ 或 3. 若 $c=1$,则由 $a>b$ 可得 $a=6$、$b=3$;若 $c=3$,则由 $a>b$ 可得 $a=6$、$b=1$,此时无人的和为 4,故不合题意;

(ii)若 $c=6$,$d\neq5$,$e=4$,$g=2$,则 $a=3$,$d=1$,$b=5$,与 $a>b$ 矛盾,故不合题意;

(iii)若 $c=6$,$d=5$,$e\neq4$,$g=2$,则 $a=3$,$e=1$,$b=4$,与 $a>b$ 矛盾,故不合题意;

(iv)若 $c=6$,$d=5$,$e=4$,$g\neq2$,则 $a=3$,$b=2$,$g=1$,与恰一名学生之和为 4 矛盾,故不合题意.

故可得表 10-4.

表 10-4

名次	1	2	3	4	5	6	7
号码	6	3	1	5	4	7	2

第 11 章　第十一届小学数学世界邀请赛

11.1　个人竞赛试题

1. 如图 11-1 所示，给定一个正六边形，其中矩形的四个顶点都位于正六边形四边的中点上. 请问矩形的面积与正六边形的面积之比是几比几?

2. 将一个三位数和一个两位数相乘，其算式如图 11-2 所示. 每个小格内只可以填入数字 2、3、5 或 7，请填满每个小格完成此算式.

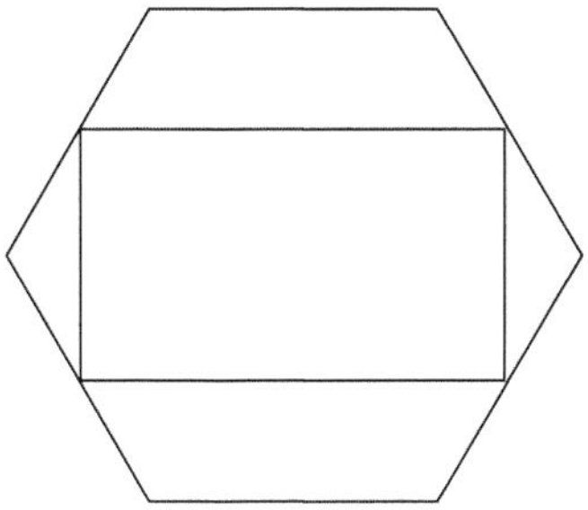

图 11-1

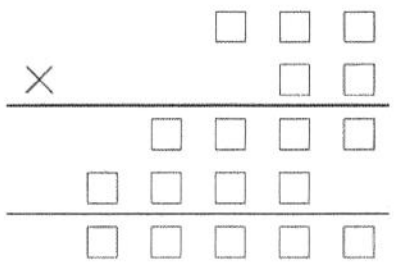

图 11-2

3. 不重复地使用数字 0，1，2，3，4，5，请问共可组成多少个不同的三位数且均为偶数?

4. 请问在 100 到 999 之间有多少个整数，使得它个位数上的数字与十位数上的数之积等于百位数上的数?

5. 针对 100 人作问卷调查，结果有 28 人阅读 A 杂志；30 人读 B 杂志；42 人读 C 杂志；8 人同时阅读 A 与 B 杂志；10 人同时阅读 A 与 C 杂志；5 人同时阅读 B 与 C 杂志；有 3 人同时阅读这三种杂志. 请问有多少人没有阅读上述三种杂志中的任何一种?

6. 商店里销售的铅笔有两种包装，五支包装的每包售价 6 元，七支包装的每包售价 7 元. 某校至少要购买 111 支铅笔，请问至少要花费多少元?

7. 请问 $25^{16}\times 2^{38}$ 的乘积有多少位数?

8. 将一根木棍用三种不同的方式划上记号,第一种方式将它分成 10 等份,第二种方式将它分成 12 等份,第三种方式将它分成 15 等份. 再沿着这些记号将木棍切开,请问共可得到多少段小木棍?

9. 小亚共有 10 颗完全相同的糖果,他每次可以吃 1 颗或 2 颗糖果,直到吃完为止. 请问他共有多少种不同的组合方法来吃光这些糖果?

10. 某博物馆的门票售价为:成人票 5 元,儿童票 4 元,两位购买全票的成人可免费带一位小孩入馆,任何五个人的团体可以购买总价为 19 元的特价门票. 现有三位成人带领十四位小孩进馆参观,请问他们购买门票至少要花费多少元?

11. 已知 $A,B,C,D,A+C,B+C,A+D,B+D$ 的值分别代表 1 ~ 8 中不同的整数. 若 A 是 A,B,C,D 之中最大的数,请问 A 的值是多少?

12. 有一个九位数 $\overline{abcdefghi}$ 的各位数字都不相同且全都不为 0,并且两位数 $\overline{ab}$ 可被 2 整除,三位数 $\overline{abc}$ 可被 3 整除,四位数 $\overline{abcd}$ 可被 4 整除……以此类推,九位数 $\overline{abcdefghi}$ 可被 9 整除. 请问这个九位数 $\overline{abcdefghi}$ 是多少?

13. 将 A,B,C,D,E,F,G 七名学生在操场排成一列,其中学生 B 与 C 必须相邻. 请问共有多少种不同的排列方法?

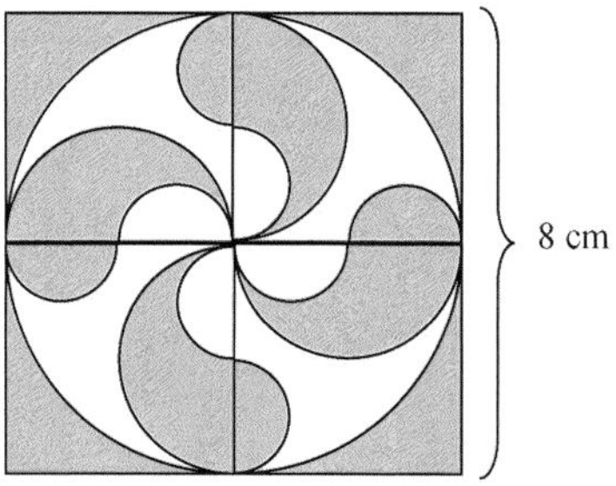

图 11-3

14. 有一个以数字 6 开头的 1001 位数,它任意相邻的两位数都可以被 17 或 23 整除. 请问这个数的最末六个数字是什么?

15. 图 11-3 中,大正方形内的图案是由一些半圆所构成. 三种大小不同的半圆的半径分别为 4cm,2cm 及 1cm. 请问图案中阴影部分的面积为多少 cm^2(取 $\pi=3.14$)?

11.2 个人竞赛试题解答

1. 答案:1∶2.

解 如图 11-4 所示,将这正六边形切割为 24 个全等的正三角形,令每一个小正三角形的面积为 a,则正六边形的面积为 $24a$. 而矩形是由 10 个小正三角形、$\triangle ABC$ 与 $\triangle EFG$ 所组成. 可观察出 $\triangle ABC$ 与 $\triangle EFG$ 面积相等、$\triangle ABC$ 与 $\triangle BDC$ 中的 AB 边与 BD 边相等且在这两边上的高是同一条,故 $\triangle ABC$ 的面积与 $\triangle BDC$ 的面积相等,即为 a,故矩形的面积为 $12a$,因此所求为 $12a:24a=1:2$.

2.

解　令算式为

$$\begin{array}{rrrrr} & & a & b & c \\ \times & & & d & e \\ \hline & f & g & h & i \\ j & k & l & m & \\ \hline n & o & p & q & r \end{array}$$

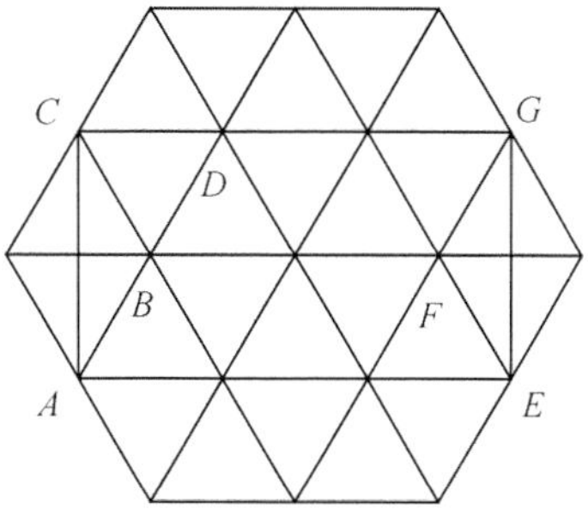

图 11-4

因 $2\times2=4$，$2\times3=6$，$2\times5=10$，$2\times7=14$，$3\times3=9$，$3\times5=15$，$3\times7=21$，$5\times5=25$，$5\times7=35$，$7\times7=49$，故：

（1）可知 i，m 与 r 都是 5，且 c，d，e 可能为 3，5，7 以及 c 和 d 中至少一个为 5，c 和 e 中至少一个为 5，此时可将算式如下表示：

$$\begin{array}{rrrrr} & & a & b & c \\ \times & & & d & e \\ \hline & f & g & h & 5 \\ j & k & l & 5 & \\ \hline n & o & p & q & 5 \end{array}$$

（2）因 $2+2=4$，$2+3=5$，$2+5=7$，$2+7=9$，$3+3=6$，$3+5=8$，$3+7=10$，$5+5=10$，$5+7=12$，$7+7=14$，故 h 和 q 分别为 2 与 7.

（3）若 a 为 2，则 $f\leqslant1$，故不合题意，即 a 不为 2.

（4）若 b 为 2，则 c 和 d 分别为 5 与 7 且因此 $h=3$，与（2）矛盾，故不合题意，即 b 不为 2.

（5）若 $h=7$，$q=2$，则 $\overline{bc}\times e$ 为 35×5，55×5，75×5 其中之一：

（i）$\overline{bc}\times e=35\times5$，此时算式为

$$\begin{array}{rrrrr} & & a & 3 & 5 \\ \times & & & d & 5 \\ \hline & f & g & 7 & 5 \\ j & k & l & 5 & \\ \hline n & o & p & 2 & 5 \end{array}$$

但因 $335\times5=1675$，$535\times5=2675$，$735\times5=3675$，故 $g=6$，矛盾；

（ii）$\overline{bc}\times e=55\times5$，此时算式为

$$\begin{array}{cccccc} & & & a & 5 & 5\\ \times & & & & d & 5\\ \hline & & f & g & 7 & 5\\ & j & k & l & 5 & \\ \hline & n & o & p & 2 & 5\end{array}$$

但因 $355\times5=1775$，$555\times5=2775$，$755\times5=3775$，故 $g=7$，$a=5$ 或 7，所以 $l=5$，$p=3$ 或 $l=7$，$p=5$；但因 $555\times3=1665$，$555\times5=2775$，$555\times7=3885$，$755\times3=2265$，$755\times5=3775$，$755\times7=5285$，所以仅 $l=7$，$p=5$ 满足，此时算式为 $555\times55=30525$ 或 $755\times55=41525$，矛盾；

(iii) $\overline{bc}\times e=75\times5$，此时算式为

$$\begin{array}{cccccc} & & & a & 7 & 5\\ \times & & & & d & 5\\ \hline & & f & g & 7 & 5\\ & j & k & l & 5 & \\ \hline & n & o & p & 2 & 5\end{array}$$

但因 $375\times5=1875$，$575\times5=2875$，$775\times5=3875$，故 $g=8$，矛盾.

(6) 若 $h=2$，$q=7$，则 $\overline{bc}\times e$ 为 75×3，75×7 其中之一：

(i) $\overline{bc}\times e=75\times3$，此时算式为

$$\begin{array}{cccccc} & & & a & 7 & 5\\ \times & & & & d & 3\\ \hline & & f & g & 2 & 5\\ & j & k & l & 5 & \\ \hline & n & o & p & 7 & 5\end{array}$$

但因 $375\times3=1125$，$575\times3=1725$，$775\times3=2325$，故仅 $\overline{abc}=775$ 满足，再因 $775\times3=2325$，$775\times5=3825$，$775\times7=5425$ 知仅 $\overline{de}=33$ 满足，此时 $775\times33=25575$ 也满足题意，故此为一解；

(ii) $\overline{bc}\times e=75\times7$，此时算式为

$$\begin{array}{cccccc} & & & a & 7 & 5\\ \times & & & & d & 7\\ \hline & & f & g & 2 & 5\\ & j & k & l & 5 & \\ \hline & n & o & p & 7 & 5\end{array}$$

但因 $375\times7=2625$，$575\times7=4025$，$775\times7=5425$，均矛盾.

因此所求算式为

$$\begin{array}{rccccc} & & & 7 & 7 & 5 \\ \times & & & & 3 & 3 \\ \hline & & 2 & 3 & 2 & 5 \\ & 2 & 3 & 2 & 5 & \\ \hline & 2 & 5 & 5 & 7 & 5 \end{array}$$

3. 答案:52 个.

解　可知百位数有 1,2,3,4,5 这五种可能而个位数有 0,2,4 这三种可能,因此满足题意的三位数有以下 13 种形式:$1a0$,$1a2$,$1a4$,$2a0$,$2a4$,$3a0$,$3a2$,$3a4$,$4a0$,$4a2$,$5a0$,$5a2$,$5a4$,其中 a 为百位数及个位数以外的数字 ,因此对于每一种形式而言,a 值均有四种可能,因此共有$13\times4=52$ 个满足题意的偶数.

4. 答案:23 个.

解　令三位数为$\overline{abc}$,则题意即为要求 $a=b\times c$,因此 b,c 为 a 的因子,故可知仅以下的数满足:111,212,221,313,331,414,441,422,515,551,616,661,623,632,717,771,818,881,824,842,919,991,933共 23 个.

5. 答案:20 人.

解　如图 11-5 所示,因为"总人数" = "未阅读杂志的人数" + "至少阅读一本杂志的人数" - "至少阅读两本杂志的人数" + "至少阅读三本杂志的人数",故可知所求人数为 $100-[(28+30+42)-(8+10+5)+3]=20$(人).

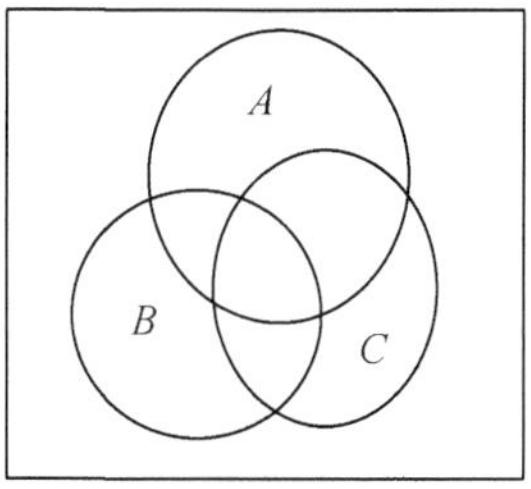

图 11-5

6. 答案:112 元.

解　可判断出七支包装的较省钱,故要尽可能购买较多七支包装的铅笔. 因 $111=7\times16-1=7\times15+5\times2-4=7\times14+5\times3-2=7\times13+5\times4$,故可考虑以下几种购买方式来比较:

(1)买 16 包七支包装的铅笔:此时花费 $7\times16=112$(元);

(2)买 15 包七支包装的铅笔与 2 包五支包装的铅笔:此时花费 $7\times15+6\times2=117$(元);

(3)买 14 包七支包装的铅笔与 3 包五支包装的铅笔:此时花费 $7\times14+6\times3=116$(元);

(4)买 13 包七支包装的铅笔与 4 包五支包装的铅笔:此时花费 $7\times13+6\times4=115$(元).

故知至少需花费 112 元.

点评 五支包装的每包售价 6 元,平均每支 1.2 元;七支包装的每包售价 7 元,平均每支 1 元. 至少要购买 111 支铅笔,故至少要花费 111 元,但 111 不能被 7 整除,故不合;而 112 可被 7 整除,购买 16 包七支包装的铅笔即可.

7. 答案:34.

解 $25^{16}\times2^{38}=5^{32}\times2^{38}=2^{6}\times10^{32}=64\times10^{32}$,共有 $2+32=34$ 位数.

8. 答案:28 段.

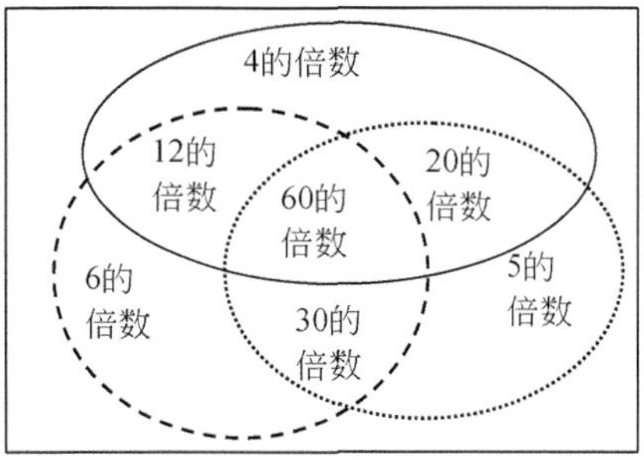

图 11-6

解 如图 11-6 所示. 因 10、12、15 的最小公倍数为 60,故可令这根木棍的长为 60,并令一端为 0、另一端为 60,则知 10 等分时是将 1 至 59 中在 $60\div10=6$ 的倍数的位置划上记号、12 等分时是将 1 至 59 中在 $60\div12=5$ 的倍数的位置划上记号、15 等分时是将 1 至 59 中在 $60\div15=4$ 的倍数的位置划上记号,再因 4 与 5 的最小公倍数为 20、4 与 6 的最小公倍数为 12、5 与 6 的最小公倍数为 30 以及 4、5、6 的最小公倍数为 60,所以一共有 $[(60\div4-1)+(60\div5-1)+(60\div5-1)]-[(60\div20-1)+(60\div12-1)+(60\div30-1)]+[60\div60-1]=27$ 个位置划上记号,因此共可得到 $27+1=28$ 段小木棍.

点评 因 10、12、15 的最小公倍数为 60,故可令这根木棍的长为 60,由木棍的一端开始等距依次标上 0, 1, 2, …, 60,则 10 等分划上记号处是 6, 12, 18, 24, 30, 36, 42, 48, 54, 60;12 等分划上记号处是 5, 10, 15, 20, 25, 30, 35, 40, 45, 50, 55, 60;15 等分划上记号处是 4, 8, 12, 16, 20, 24, 28, 32, 36, 40, 44, 48, 52, 56, 60. 三者合并划上记号处是 4, 5, 6, 8, 10, 12, 15, 16, 18, 20, 24, 25, 28, 30, 32, 35, 36, 40, 42, 44, 45, 48, 50, 52, 54, 55, 56, 60,因此共可得到 28 段小木棍.

9. 答案:89 种.

解 观察可知吃到第 n 颗糖果时,前一次必是吃到第 $n-1$ 颗糖果或吃到第 $n-2$ 颗糖果,因此吃 n 颗糖果的组合方法数即为吃 $n-1$ 颗糖果的组合方法数与吃 $n-2$ 颗糖果的组合方法数的总和,再因吃完 1 颗的方法数为 1 种、吃完 2 颗的方法数为 2 种,故所求即为斐波那契数列的第 11 项. 因斐波那契数列为 1,1,2,3,5,8,13,21,34,55,89,144,…,故所求为 89 种.

10. 答案:64 元.

解　若采取两位购买全票的成人可免费带一位小孩入馆的购票方式，则 3 人总花费为 10 元,平均一人花费 $3\frac{1}{3}$ 元;若采取五个人的团体可购买总价为 19 元的购票方式,则 5 人总花费为 19 元,平均一人花费 $3\frac{4}{5}$ 元. 故知若要花最少的钱则要尽可能采取两位购买全票的成人可免费带一位小孩入馆的购票方式，接着再尽量让成人以团体票购买. 现有 3 位成人带领 14 位小孩,故可先让两位成人带领 1 位小孩,此时花费 10 元且仍有 1 位成人与 13 位小孩共 14 个人,故因 $14=5\times2+4$ 可再分出 2 组 5 人团体及 4 位小孩,此时至少需要再花费 $19\times2+4\times4=54$(元),所以他们购买门票至少要花费 $10+54=64$(元).

11. 答案:6.

解　因 $A+B+C+D+(A+C)+(B+C)+(A+D)+(B+D)=3(A+B+C+D)=1+2+3+4+5+6+7+8=36$,故 $A+B+C+D=12$. 因 A 是 A,B,C,D 之中最大的数,故 $A\geqslant4$;再因为 $A\neq B\neq C\neq D$,故 $B+C+D\geqslant1+2+3=6$,所以 $A\leqslant12-6=6$,即 $6\geqslant A\geqslant4$.

(1) $A=4$:此时可知 A,B,C,D 四数为 4,3,2,1,其和为 10,不合题意;

(2) $A=5$:此时可知 A,B,C,D 四数为 5,4,2,1,但其中没有和为 8 的情况,不合题意;

(3) $A=6$:此时可知 A,B,C,D 四数为 6,3,2,1,因 $6+2=8,6+1=7,3+2=5,3+1=4$,故可令 $B=3,C=2,D=1$.

所以 A 的值为 6.

12. 答案:384654729.

解　由已知条件可判断出以下事项:

(1) $\overline{abcde}$ 可被 5 整除,故 $e=5$;

(2) $\overline{ab}$ 可被 2 整除,$\overline{abcd}$ 可被 4 整除,$\overline{abcdef}$ 可被 6 整除,$\overline{abcdefgh}$ 可被 8 整除,故 b,d,f,h 为偶数,即 2,4,6,8,且由此可得 a,c,g,i 为奇数,即 1,3,7,9;

(3) 因 $\overline{abcd}$ 可被 4 整除且 c 必为奇数,故 d 的值为 2 或 6;

(4) $\overline{abc}$ 可被 3 整除且 $\overline{abcdef}$ 可被 6 整除,故可知 $a+b+c$ 与 $a+b+c+d+e+f$ 为 3 的倍数,因此 $d+e+f$ 也是 3 的倍数.

故可知 $\overline{def}$ 有 2 个可能值:258,654.

若 $\overline{def}=258$,则

(i) 仍有 1,3,4,6,7,9 仍未确定;因 $a+b+c$ 为 3 的倍数,故知 a,b,c 为 1,

4,7 或 3,6,9 而 g,h,i 为剩余的三个数;

(ii)此时由$\overline{abc258gh}$可被 8 整除知$\overline{8gh}$为 8 的倍数,故$\overline{8gh}$必为 896,也因此知 $i=3$;

(iii)此时$\overline{abcdefg}$可能为 1472589 或 7412589,但这两个数都不是 7 的倍数,故不合题意.

若$\overline{def}=654$,则

(i)此时由$\overline{abc654gh}$可被 8 整除知$\overline{4gh}$为 8 的倍数,故$\overline{4gh}$可能为 432,472;

(ii)若$\overline{4gh}$为 432,仍有 1,7,8,9 仍未决定;因 $a+b+c$ 为 3 的倍数,故知 a, b,c 为 1,8,9 或 7,8,9,此时 $\overline{abcdefg}$ 可能为 1896543、9816543、7896543 或 9876543,但这四个数都不是 7 的倍数,故不合题意;

(iii)若$\overline{4gh}$为 472,仍有 1,3,8,9 仍未确定;因 $a+b+c$ 为 3 的倍数,故知 a, b,c 为 1,8,9 或 1,3,8,此时 $\overline{abcdefg}$ 可能为 1896547,9816547,1836547 或 3816547,其中仅 3816547 是 7 的倍数,因此 $i=9$.

故所求为 384654729.

13. 答案:1440.

解 因学生 B 与 C 必须相邻,故可先将 B 与 C 看成一名学生,此时共有 $6!=720$ 种排列方式,因 B 与 C 仍可互换位置,故共有 $720\times2=1440$ 种不同的排列方法.

14. 答案:692346.

解 两位数中,17 的倍数为 17,34,51,68,85;23 的倍数为 23,46,69,92. 若从首位数 6 开始为 17 的倍数,则第二位数字必为 8,因 23 的倍数中没有十位数是 8 的两位数,故第三位数字必为 5,同理,接下来依序为 1,7,至此,因 17 与 23 的倍数中没有十位数是 7 的两位数,故无法再继续操作下去. 因此从首位数 6 开始必为 23 的倍数,则第二位数字必为 9,因 17 的倍数中没有十位数是 9 的两位数,故第三位数字必为 2. 同理,接下来依次为 3,4,6,由以上的讨论知此 1001 位数的数字是依次由 6,9,2,3,4 循环组成的,故最后六位数为 692346.

15. 答案:38.88 cm^2.

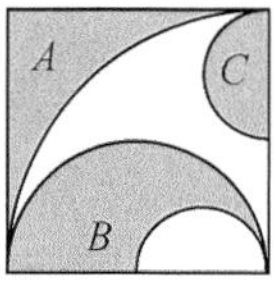

图 11-7

解 可将图分为四个如图 11-7 的图形.

B 区域与 C 区域的面积总和为半径为 2 的半圆面积,即 $2\times3.14=6.28\ (\text{cm}^2)$;而 A 区域面积为边长为 4 的正方形面积减去半径为 4 的四分之一圆的面积,即 $4\times4-4\times3.14=3.44(\text{cm}^2)$,故阴影部分的面积为 $4\times(6.28+3.44)=38.88(\text{cm}^2)$.

11.3 队际竞赛试题

1. 图 11-8 是某个小城镇的街道图,共有 A,B,C,D,E,F 六个城门. 此镇有一个很奇怪的交通规则:除非无法再继续直行,否则在任何路口都不可以转弯. 在能转弯的情形下,可以任意选择左转或右转. 某人驾车从城门 E 进城,想从其他的城门出城,但除了某一个城门之外,其他的都可以出城. 请问不能从哪一个城门出城?

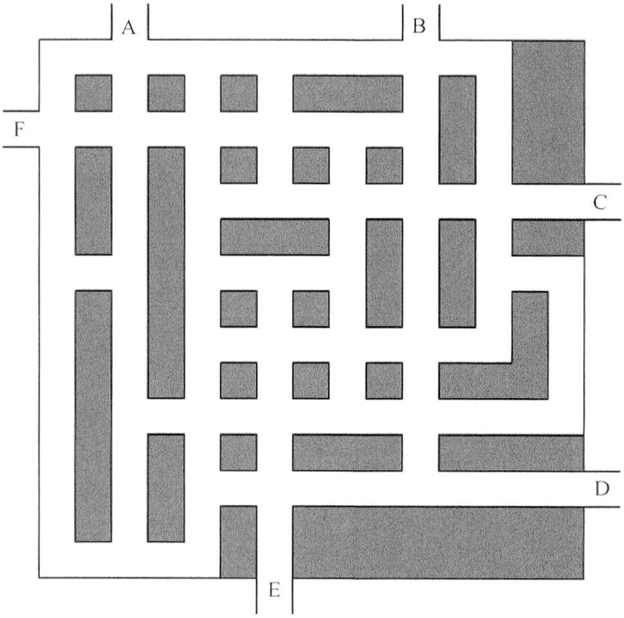

图 11-8

2. 有十顶帽子,每顶的颜色都不同,其中两顶为棉帽(每顶售价 30 元)、五顶为皮帽(每顶售价 50 元)、三顶为毛帽(每顶售价 10 元). 请问共有多少种不同的组合方式购买 5 顶帽子使得总价大于 101 元并且少于 149 元?

3. 在 1×5 的方格表内有四个筹码,这些筹码一面为白色另一面为黑色. 每一次操作可以任选一个筹码跳过一个、两个或三个筹码到空位上,但不可以用走动的. 被跳过的筹码都必须翻面,但跳的筹码不翻面. 现要经过六次的操作,将图 11-9 中左图的情况变成右图的情况. 如果依次将跳动的筹码跳动前所在位置的号码记录下来，就可以得到一个六位数．请求出可能完成任务的一个六位数．

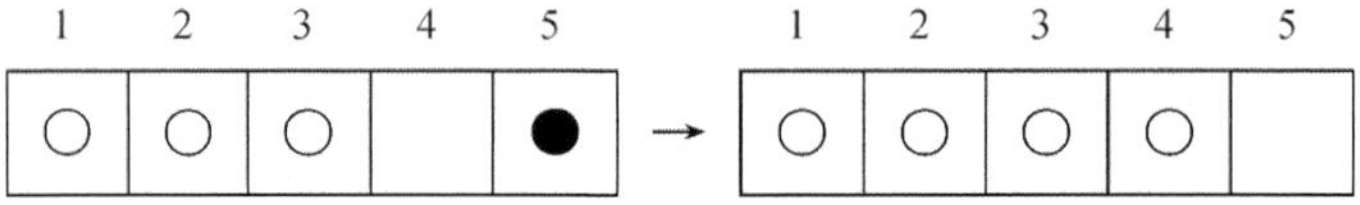

图 11-9

4. 在期末考前，学生 W，X，Y 与 Z 分别预测他们的成绩是 A，B，C 或 D，评分标准是 A 比 B 好，B 比 C 好，C 比 D 好．

W 说："我们的成绩都将不相同．若我的成绩得 A，则 Y 将得 D．"

X 说："若 Y 的成绩得 C，则 W 将得 D. W 的成绩将比 Z 好．"

Y 说："若 X 的成绩不是得到 A，则 W 将得 C. 若我的成绩得 B，则 Z 的成绩将不是 D．"

Z 说："若 Y 的成绩得 A，则我将得 B. 若 X 的成绩不是 B，则我也将不会得 B．"

当期末考的成绩公布，每名学生所得到的成绩都完全符合他们的预测．请问这四名学生的成绩分别是什么？

5. 有一个半径为 1 cm 的圆盘在图(11-10)的内部滚动，图中所画的每个小正方形的边长都为 1 cm. 将此圆盘沿着图形内部的边滚动一圈，请问此圆盘所覆盖过的面积为多少 cm^2？（取 $\pi=3.14$）

6. 在三角形 ABC 中，点 E 是 BC 边上的中点，点 F 是中线 AE 上的点，其中 $AE=3AF$，已知延长 BF 与 AC 相交于 D，如图 11-11 所示．若三角形 ABC 的面积为 48，请问三角形 AFD 的面积为多少？

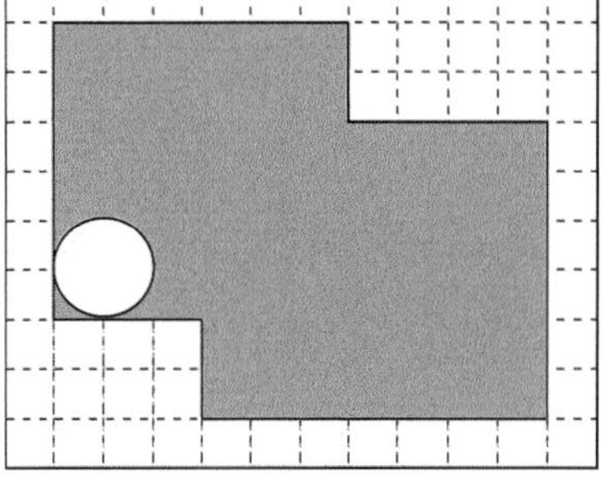

图 11-10

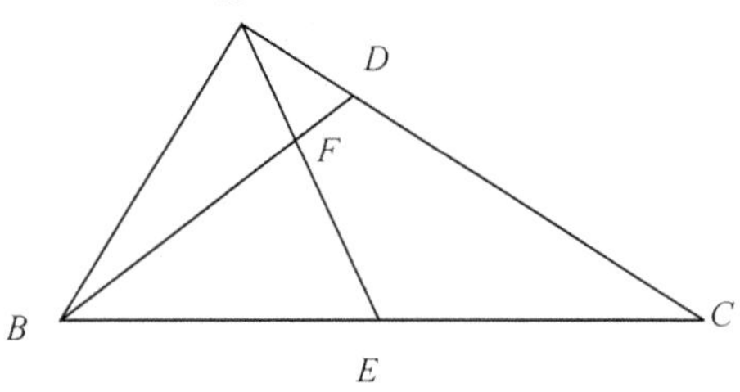

图 11-11

7. 将连续正整数按照下列方式分组：

$$(1),(2,3),(4,5,6),(7,8,9,10),\cdots,$$

其中第一组有 1 个数，第二组有 2 个数，第三组有 3 个数……以此类推．请问在第 2007 组内所有数的总和是多少？

8. 有一个面积为 3456 cm^2 的矩形，它的四个边都在如图 11-12 所示的网格线上，图中每个小正方形的边长为 1 cm.

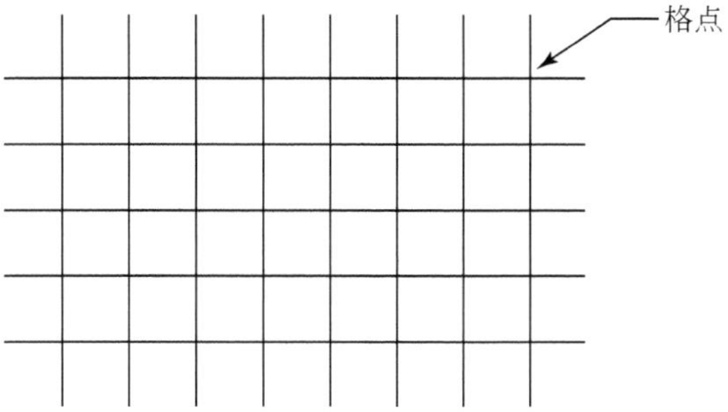

图 11-12

称图中每个小正方形的顶点为“格点”，如2 cm × 4 cm 的矩形的一条对角线正好通过 3 个格点（图 11-13）．请问上述面积为 3456 cm^2 的矩形的对角线最多可能通过多少个格点？

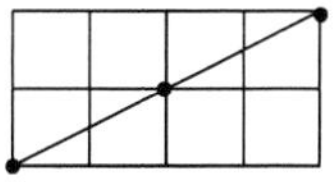

图 11-13

9. 有 20 堆石子，每堆 100 个．每次操作都可任选定一堆，而从其他 19 堆中各取 1 个石子，将 19 个石子全部都放入所选的这堆石子中，您可以继续以上的操作．经过不超过 50 次的操作之后，其中某一堆有 66 个石子，此时另有一堆石子的数量介于 170 和 200 个之间，请问这堆石子的确切数量是多少个？

10. 回文数是指从首位数读到末位数，与从末位数读到首位数都相同的数（如 11511，22222，10001）．请问可被 11 整除的五位数的回文数个数与全部五位数的回文数的个数之比为多少？答案请用最简分数表示．

11.4　队际竞赛试题解答

1. 答案：C.

解　见图 11-14.

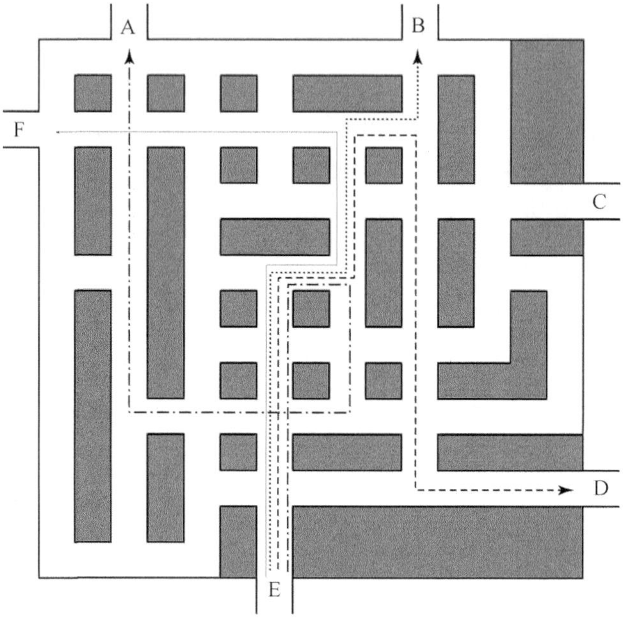

图 11-14

2. 答案:35.

解 因必须少于 149 元,故最多可有 2 顶皮帽.

(1)若买 2 顶皮帽,此时最多可再花 49 元,因此至多可买 1 顶棉帽:

(i)若买了 1 顶棉帽,因要有 5 顶帽子,故需买 2 顶毛帽,而总价为 $50+50+30+10+10=150$ 元 >149 元,故不合题意;

(ii)若不买棉帽,因要有 5 顶帽子,故需买 3 顶毛帽,而总价为 $50+50+10+10+10=130$ 元,共有 $C_5^2\times C_3^3=10$ 种购买方式.

(2)若买 1 顶皮帽,此时最多可再花 99 元,因此至多可买 2 顶棉帽:

(i)若买了 2 顶棉帽,因要有 5 顶帽子,故需买 2 顶毛帽,而总价为 $50+30+30+10+10=130$ 元,共有 $C_5^1\times C_2^2\times C_3^2=15$ 种购买方式;

(ii)若买了 1 顶棉帽,因要有 5 顶帽子,故需买 3 顶毛帽,而总价为 $50+30+10+10+10=110$ 元,共有 $C_5^1\times C_2^1\times C_3^3=10$ 种购买方式.

(3)若不买皮帽,则其他两种帽子总价为 $30+30+10+10+10=90$ 元 <101 元,故不合题意.

因此共有 $10+15+10=35$ 种购买方式.

3. 答案:251425,152415.

解　有以下两种方式：

(1)251425，见图 11-15.

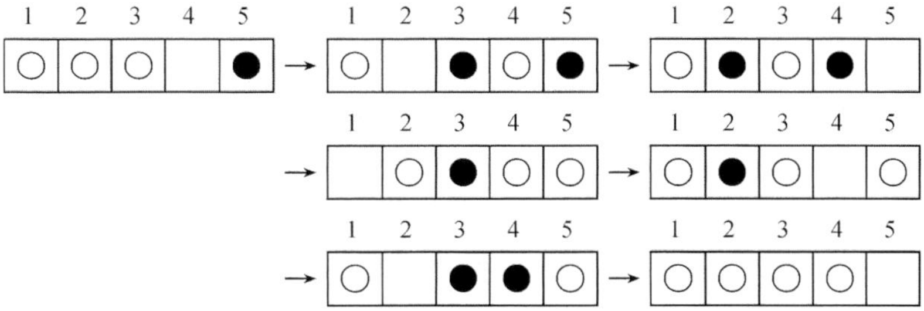

图 11-15

(2)152415，见图 11-16.

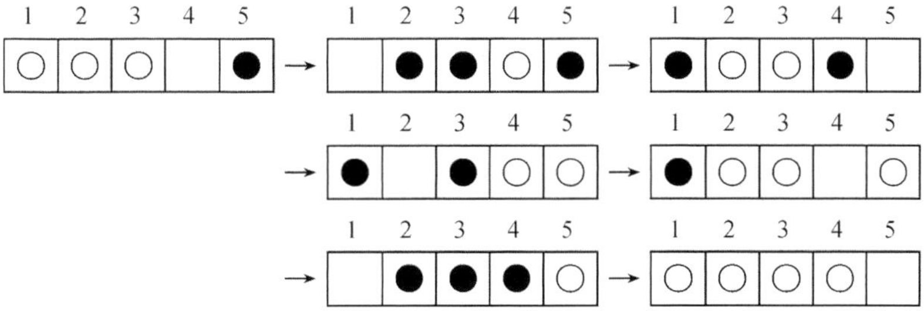

图 11-16

4. 答案：W：B，X：A，Y：D，Z：C.

解　由 X 说："若 Y 的成绩得 C，则 W 将得 D，W 的成绩将比 Z 好."可知 Z 的成绩不为 A、W 的成绩不为 D 且因此 Y 的成绩不为 C(图 11-17).

由 Z 的说法知若 Z 的成绩为 B，则 X 的成绩为 B，矛盾(图 11-18).

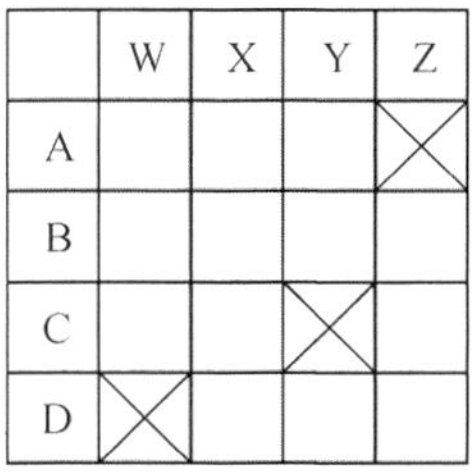

图 11-17

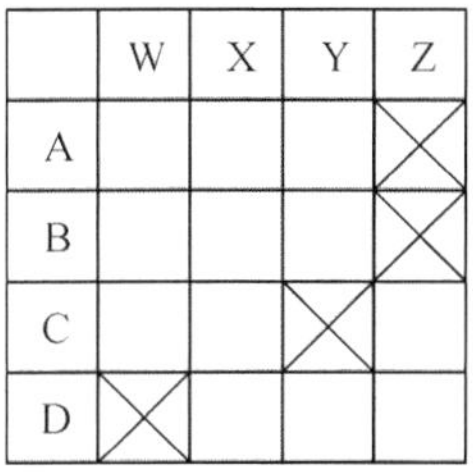

图 11-18

若 Y 的成绩得到 A，则由 Z 的说法知 Z 的成绩为 B，故矛盾（图 11-19）.

若 Y 的成绩得到 B，则由 Y 的说法知 Z 的成绩为 C，再由 X 的说法知 W 的成绩必为 A，则 X 为 D，与 Y 的说法矛盾，因此 Y 的成绩为 D、Z 的成绩为 C（11-20）.

由 Y 的说法知若 W 的成绩不为 C，则 X 的成绩为 A，也因此 W 的成绩为 B（图 11-21）.

	W	X	Y	Z
A			×	×
B				×
C			×	
D	×			

图 11-19

	W	X	Y	Z
A			×	×
B			×	×
C	×	×	×	○
D	×	×	○	×

图 11-20

	W	X	Y	Z
A	×	○	×	×
B	○	×	×	×
C	×	×	×	○
D	×	×	○	×

图 11-21

5. 答案：52.99 cm^2.

解　由图 11-22 可知此圆盘所盖过的面积为内部面积减去黑色部分面积与直线围成的面积，而内部面积为 $8\times10-2\times4-2\times3=66$、黑色部分面积为 $6\times\left(1-\frac{1}{4}\pi\right)+2\times\left(4-\frac{1}{4}\times4\pi\right)=14-3.5\times3.14=3.01$. 直线围成的面积为 $2\times2+2\times3=10$，故圆盘所盖过的面积为 $66-3.01-10=52.99(cm^2)$.

6. 答案：1.6.

解　令 $\triangle AFD$ 的面积为 x，连接 CF（图 11-23）.

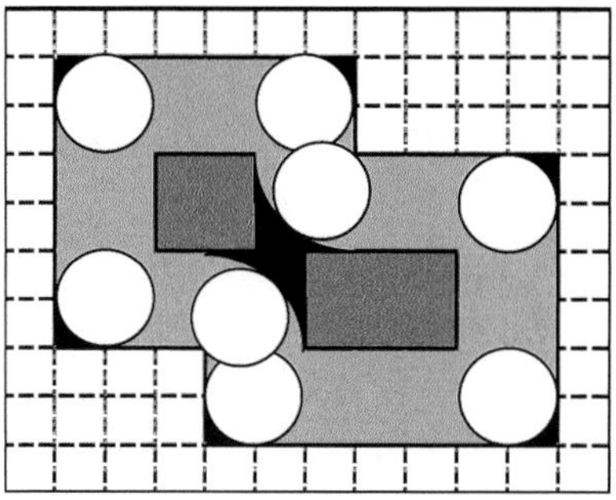

图 11-22

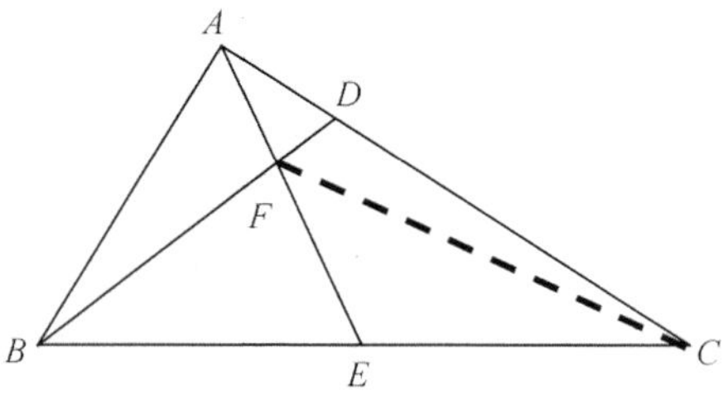

图 11-23

因点 E 是 BC 边上的中点，故 $\triangle ABE$ 的面积 $= \triangle ACE$ 的面积 $= \frac{1}{2}\triangle ABC$ 的面积 $=24$、$\triangle BFE$ 的面积 $= \triangle EFC$ 的面积；

因 $AE=3AF$，故 $AE:EF=1:2$，也因此可知 $\triangle ABF$ 的面积 $= \frac{1}{3}\triangle ABE$ 的面积 $=8$、$\triangle BFE$ 的面积 $=\frac{2}{3}\triangle ABE$ 的面积 $=16$；

可得 $\triangle EFC$ 的面积 $=16$、$\triangle CDF$ 的面积 $=24-16-x=8-x$.

因此可得

$$\frac{x}{8-x}=\frac{8}{16+16}=\frac{1}{4},$$

$$x=\frac{8}{5}=1.6.$$

7. 答案:4042148175.

解　前 2006 个组共有 $(1+2006)\times 2006\div 2=2007\times 1003$ 个数，因此第 2007 组的第一个数为 $2007\times 1003+1$、最后一个数为 $2007\times 1003+2007$，故第 2007 组内所有的数的总和为 $(2007\times 1003+1+2007\times 1003+2007)\times 2007\div 2$ $=4042148175$.

8. 答案:25 个.

解　观察可知，若不计出发点，则通过的格点数必为宽与长的最大公因子，故要找出对角线最多通过的格点数，则要使宽与长的最大公因子为最大. 因 $3456=2^7\times 3^3$，故宽与长的最大的最大公因子为 $2^3\times 3=24$，因此所求为 $24+1$ $=25$.

9. 答案:186 个.

解　令有 66 个石子的为 A 堆、所求数量的为 B 堆. 令一共操作 k 次是选取 A 堆、操作 h 次未选取 A 堆，则由操作手法可推知 $66=100+19k-h$，即 $h=34+19k$. 从题意知 $h+k<50$，故知 $k=0$、$h=34$，即一共操作 34 次. 故再令一共操作 m 次是选取 B 堆、操作 $34-m$ 次未选取 B 堆，则由操作手法可知

$$170<100+19m-(34-m)<200,$$

即 $170<66+20m<200$，因此可知 m 只能为 6，此时 B 堆个数为 $66+120=186$（个）.

10. 答案:$\frac{41}{450}$.

解　五位数的回文数可用 $abcba$ 来表示，其中 $0<a\leqslant 9$，$0\leqslant b\leqslant 9$，$0\leqslant$

$c \leqslant 9$，故共有 $9 \times 10 \times 10 = 900$ 个五位数的回文数.

若 $\overline{abcba}$ 可被 11 整除，则 $a+c+a-b-b$ 必为 11 的倍数，即 $2(a-b)+c=-11$、0、11 或 22.

(1) 当 $2(a-b)+c=-11$，则 $c=2(b-a)-11$ 为奇数，即 c 可能为 1,3,5,7 或 9：

若 $c=1$，则 $a=b-6=3,2,1$，故有 3 种情况；

若 $c=3$，则 $a=b-7=2,1$，故有 2 种情况；

若 $c=5$，则 $a=b-8=1$，故有 1 种情况；

若 $c=7$，则 $a=b-9$，故不合题意；

若 $c=9$，则 $a=b-10$，故不合题意.

因此有 $3+2+1=6$ 种情况.

(2) 当 $2(a-b)+c=0$，则 $c=2(b-a)$ 为偶数，即 c 可能为 0,2,4,6 或 8：

若 $c=0$，则 $a=b=9,8,7,6,5,4,3,2,1$，故有 9 种情况；

若 $c=2$，则 $a=b-1=8,7,6,5,4,3,2,1$，故有 8 种情况；

若 $c=4$，则 $a=b-2=7,6,5,4,3,2,1$，故有 7 种情况；

若 $c=6$，则 $a=b-3=6,5,4,3,2,1$，故有 6 种情况；

若 $c=8$，则 $a=b-4=5,4,3,2,1$，故有 5 种情况.

因此有 $9+8+7+6+5=35$ 种情况.

(3) 当 $2(a-b)+c=11$，则 $c=11-2(a-b)$ 为奇数，即 c 可能为 1,3,5,7 或 9：

若 $c=1$，则 $a=b+5=9,8,7,6,5$，故有 5 种情况；

若 $c=3$，则 $a=b+4=9,8,7,6,5,4$，故有 6 种情况；

若 $c=5$，则 $a=b+3=9,8,7,6,5,4,3$，故有 7 种情况；

若 $c=7$，则 $a=b+2=9,8,7,6,5,4,3,2$，故有 8 种情况；

若 $c=9$，则 $a=b+1=9,8,7,6,5,4,3,2,1$，故有 9 种情况；

因此有 $9+8+7+6+5=35$ 种情况.

(4) 当 $2(a-b)+c=22$，则 $c=22-2(a-b)$ 为偶数，即 c 可能为 0,2,4,6 或 8：

若 $c=0$，则 $a=b+11$，故不合题意；

若 $c=2$，则 $a=b+10$，故不合题意；

若 $c=4$，则 $a=b+9=9$，故有 1 种情况；

若 $c=6$，则 $a=b+8=9,8$，故有 2 种情况；

若 $c=8$，则 $a=b+7=9,8,7$，故有 3 种情况.

因此有 $1+2+3=6$ 种情况.

所以共有 $6+35+35+6=82$ 个可被 11 整除的五位数的回文数，即可被 11 整除的五位数的回文数个数与全部五位数的回文数的个数之比为 $\frac{82}{900}=\frac{41}{450}$.

第 12 章　第十二届小学数学世界邀请赛

12.1　个人竞赛试题

1. 四对夫妇吃橘子. 四位妻子当中,A 吃 3 颗橘子、B 吃 2 颗橘子、C 吃 4 颗橘子、D 只吃 1 颗橘子;四位丈夫当中,R 吃的橘子数与他的妻子一样多、S 吃的橘子数是他妻子的 2 倍、T 吃的橘子数是他妻子的 3 倍、U 吃的橘子数是他妻子的 4 倍. 若这四对夫妇共吃 32 颗橘子,请问谁是 T 的妻子?

2. 有一个五位数可同时被 9 和 11 整除. 若将这个五位数的第一位、第三位与第五位数字移除,则可得到一个两位数 35;若将这个五位数的前三位数字移除,则剩下的两位数可被 9 整除;若将这个五位数的末三位数字移除,则剩下的两位数也可被 9 整除. 请问这个五位数是多少?

3. 从 1 到 100 的正整数中,有多少个数的各位数字中都没有数字 1?

4. 某人将他所有钱的 $\frac{1}{3}$ 给他的儿子, $\frac{1}{5}$ 给他的女儿,剩下的钱则全给他的妻子. 若他的妻子得到 35000 元,请问此人原来有多少元?

5. 计算 $\frac{1\times2\times3+2\times4\times6+3\times6\times9+\cdots+2008\times4016\times6024}{3\times4\times5+6\times8\times10+9\times12\times15+\cdots+6024\times8032\times10040}$.

6. 三位女孩 A,B,C 进行百米赛跑. 裁判 D,E,F 在赛前猜测她们之间的名次.

D 说:"我猜 A 会是第一名."

E 说:"我猜 C 不会是最后一名."

F 说:"我猜 B 不会是第一名."

若成绩揭晓后恰只有一位裁判的猜测是正确的,请问哪位女孩得第一名?

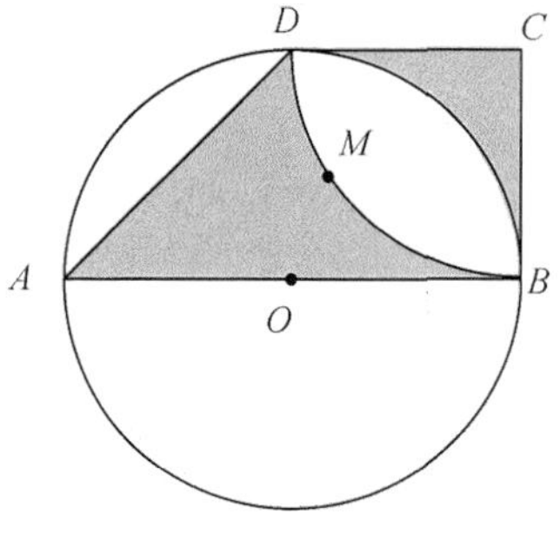

图 12-1

7. 在图 12-1 中,AB 为圆 O 的直径,点 D 在圆 O 上. 在梯形 $ABCD$ 中,

(1)线段 AB 与线段 DC 都分别垂直于 BC;

(2) $AB = 2CD$.

弧 DMB 是以点 C 为圆心的圆弧．请问图 12-1 中阴影部分的面积与圆 O 的面积之比是多少(取 $\pi = \frac{22}{7}$)？

8. 有一个正整数各位上的数由 0 或 1 组成,它可同时被 45 与 4 整除．请问满足上述条件的最小正整数是多少？

9. 试求算式 $a + \cfrac{1}{b + \cfrac{1}{c}} + d + \cfrac{1}{e + \cfrac{1}{f}} + g + \cfrac{1}{h + \cfrac{1}{i}}$ 的最大值,其中每个不同的字母代表不同的非零数．

10. 在图 12-2 和图 12-3 的两个算式中,有四个不同的记号⬡ □ △ ○. 恰分别代表数字 1、2、4、6 之一(但不一定依照这个顺序),记号 O 代表 0. 请问这四个记号分别代表什么数字才能使两个算式同时成立？

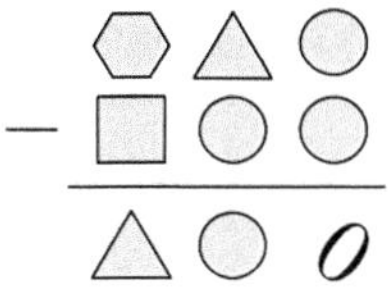

图 12-2

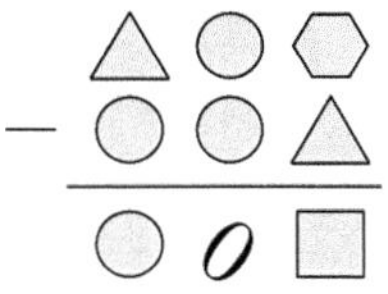

图 12-3

11. 图 12-4(a)是一组总面积为 10 cm^2 的七巧板,用它构成图 12-4(b)阴影部分的形状,这个形状内接于如图所示的矩形．请问这个矩形的面积为多少 cm^2？

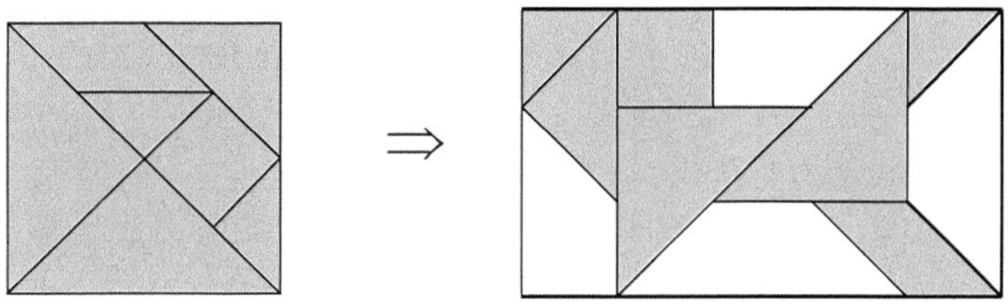

(a)　　(b)

图 12-4

12. 试求 $2^{2008} + 2008^2$ 除以 7 的余数．

13. 两条平行线上各有不重合的六个点．请问从这 12 个点中任选三个点可以构成多少个不在相同位置的三角形(图 12-5)？

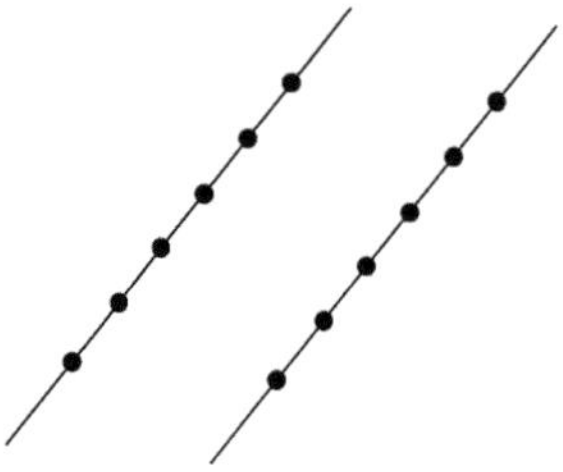

图 12-5

14. 袋子内有 12 颗珠子，规定每次只能从中取出 2 颗、3 颗或 4 颗．要将袋子中的珠子全部取光，请问共有多少种不同的取法？（例如：以下是其中三种不同的取法：

(1) 先取 4 颗，再取 3 颗，再取 3 颗，最后取 2 颗；

(2) 先取 2 颗，再取 3 颗，再取 3 颗，最后取 4 颗；

(3) 先取 2 颗，再取 2 颗，再取 2 颗，再取 3 颗，最后取 3 颗．）

15. 小王由 A 地行走到 B 地，他先走一段平地，再爬一段上坡路．当他到达 B 地后立即沿原路返回 A 地．已知小王在平地行走的速度为 4 km/h，在上坡路行走的速度为 3 km/h，在下坡路行走的速度为 6 km/h. 若小王往返 A、B 两地共费时 6 小时，请问 A、B 两地的距离为多少 km？

12.2　个人竞赛试题解答

1. 答案：D.

解　令 R 的妻子吃了 r 颗、S 的妻子吃了 s 颗、T 的妻子吃了 t 颗、U 的妻子吃了 u 颗，则知 $2r+3s+4t+5u=32$，其中 $r+s+t+u=1+2+3+4=10$. 因此可判断出 $s+2t+3u=12$，故知 $u<4$：

(1) 若 $u=3$，则 $s+2t=3$，此时此式仅 $s=t=1$ 满足，故不合题意；

(2) 若 $u=2$，则 $s+2t=6$，因 6 与 $2t$ 为偶数，故 s 必为偶数，即 $s=4$，因此 $t=1$、$r=3$，故 D 是 T 的妻子；

(3) 若 $u=1$，则 $s+2t=9$，此时仅 $s=t=3$ 满足，故不合题意．

2. 答案：63954.

解　可知所求的五位数为 $\overline{a3b5c}$．

(1) 由将这个五位数的前三位数字移除，则剩下的两位数可被 9 整除可知 $\overline{5c}$ 为 9 的倍数，故 $c=4$；

(2) 由将这个五位数的末三位数字移除，则剩下的两位数可被 9 整除可知 $\overline{a3}$ 为 9 的倍数，故 $a=6$；

(3) 由此五位数可被 11 整除可知 $(6+b+4)-(3+5)$ 为 11 的倍数，故 $b=9$.

因此这个五位数为 63954.

3. 答案：80 个．

解　一位数中，仅 1 这 1 个数有数字 1；两位数中，个位数为 1 的数有 9 个、十位数为 1 的数有 10 个，而 11 为个位数与十位数都同时是 1，故有 $10+9-1=18$ 个数有数字 1；而三位数 100 也有数字 1，因此从 1 到 100 的正整数中，有 $100-1-18-1=80$ 个数的各位数字中都没有数字 1.

4. 答案：75000 元.

解　可知此人的妻子得到所有钱的 $1-\frac{1}{3}-\frac{1}{5}=\frac{7}{15}$，此为 35000 元，因此他所有钱的 $\frac{1}{15}$ 为 5000 元，故此人原来有 75000 元.

5. 答案：$\frac{1}{10}$.

解　由分配律可知：

$$\frac{1\times2\times3+2\times4\times6+3\times6\times9+\cdots+2008\times4016\times6024}{3\times4\times5+6\times8\times10+9\times12\times15+\cdots+6024\times8032\times10040}$$

$$=\frac{1\times2\times3\times(1+2^3+3^3+\cdots+2008^3)}{3\times4\times5\times(1+2^3+3^3+\cdots+2008^3)}$$

$$=\frac{1\times2\times3}{3\times4\times5}$$

$$=\frac{1}{10}.$$

6. 答案：B.

解　若裁判 D 是正确的，则 A 是第一名且 B 不是第一名，此时裁判 F 也是正确的，矛盾；

若裁判 F 是正确的，若裁判 D 是错误，则知 A 也不是第一名，故 C 是第一名，此时裁判 E 也是正确的，矛盾.

因此裁判 E 是正确的，此时由裁判 F 是错误的可知 B 是第一名、再由裁判 E 是正确的知 C 是第二名且由此知 A 是第三名.

点评

(1)若 A 是第一名、B 是第二名、C 是第三名，则裁判 D 是正确的，裁判 E 是错误的、裁判 F 是正确的，两个裁判正确，矛盾；

(2)若 A 是第一名、C 是第二名、B 是第三名，则裁判 D 是正确的，裁判 E 是正确的、裁判 F 是错误的，两个裁判正确，矛盾；

(3)若 B 是第一名、A 是第二名、C 是第三名，则裁判 D 是错误的，裁判 E 是错误的、裁判 F 是错误的，三个裁判都错误，矛盾；

(4)若 B 是第一名、C 是第二名、A 是第三名，则裁判 D 是错误的，裁判 E 是正确的、裁判 F 是错误的，故此为符合题意的一种情况；

(5)若 C 是第一名、A 是第二名、B 是第三名，则裁判 D 是错误的，裁判 E 是正确的、裁判 F 是正确的，两个裁判正确，矛盾；

(6)若 C 是第一名、B 是第二名、A 是第三名，则裁判 D 是错误的，裁判 E 是正确的、裁判 F 是正确的，两个裁判正确，矛盾.

故可知符合题意的情况为 B 是第一名、C 是第二名、A 是第三名.

7. 答案：13∶44.

解 连接 OD，则知 $OA=OB=OD$；再由线段 AB 与线段 DC 都分别垂直于 BC 且 $OB=CD=BC$ 可判断出四边形 $BCDO$ 为正方形、$\triangle AOD$ 是以角 AOD 为直角的等腰直角三角形(图 12-6). 令圆 O 的半径为 1，则圆 O 的面积为 $1\times1\times\frac{22}{7}=\frac{22}{7}$、$\triangle AOD$ 的面积为 $\frac{1}{2}\times1\times1=\frac{1}{2}$；而正方形 $BCDO$ 内阴影部分的面积为 $2\times\left(1\times1-\frac{1}{4}\times1\times1\times\frac{22}{7}\right)=\frac{3}{7}$，故图中阴影部分的面积与圆 O 的面积之比为 $\left(\frac{1}{2}+\frac{3}{7}\right):\frac{22}{7}=13:44$.

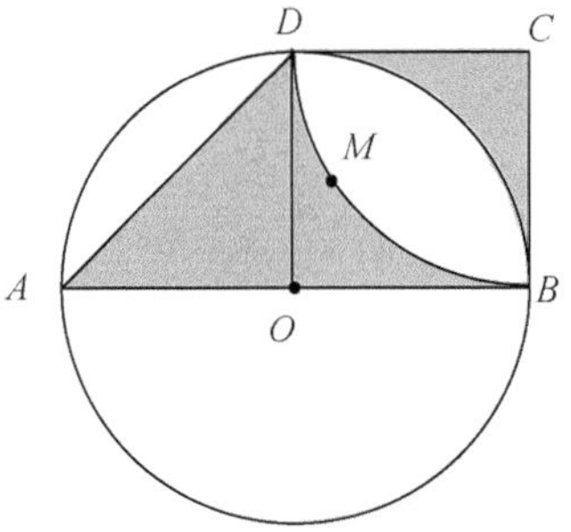

图 12-6

8. 答案：11111111100.

解 因可被 45 整除，故必可被 5 与 9 整除；

(1)因此数的数字由 0 与 1 组成，故由可被 4 整除知末两位数必为 00，此时必满足可被 5 整除的条件；

(2)再由可被 9 整除知其数字和必为 9 的倍数，因此数的数字由 0 与 1 组成，故其数字至少有 9 个 1.

因此满足上述条件的最小正整数是 11111111100.

9. 答案：$25\frac{620}{1001}$.

解

$$a+\cfrac{1}{b+\cfrac{1}{c}}+d+\cfrac{1}{e+\cfrac{1}{f}}+g+\cfrac{1}{h+\cfrac{1}{i}}=a+d+g+\frac{c}{bc+1}+\frac{f}{ef+1}+\frac{i}{hi+1}.$$

由不同的字母代表不同的非 0 数字可观察出 $\frac{c}{bc+1}$，$\frac{f}{ef+1}$，$\frac{i}{hi+1}$ 皆为小于 1 的数，故寻找最大值时需使 7，8，9 分别为 a，d 及 g，且 $\frac{c}{bc+1}$，$\frac{f}{ef+1}$，$\frac{i}{hi+1}$ 这三个数的分子尽量大、分母尽量小，故考虑 4，5，6 为 c，f 及 i 而 1，2，3 为其余的三个字母．此时 $\frac{c}{bc+1}+\frac{f}{ef+1}+\frac{i}{hi+1}$ 有 6 个可能值：

(1) $\frac{4}{4\times1+1}+\frac{5}{5\times2+1}+\frac{6}{6\times3+1}=\frac{4}{5}+\frac{5}{11}+\frac{6}{19}=\frac{1641}{1045}\approx1.570$；

(2) $\frac{4}{4\times1+1}+\frac{5}{5\times3+1}+\frac{6}{6\times2+1}=\frac{4}{5}+\frac{5}{16}+\frac{6}{13}=\frac{1637}{1040}\approx1.574$；

(3) $\frac{4}{4\times2+1}+\frac{5}{5\times3+1}+\frac{6}{6\times1+1}=\frac{4}{9}+\frac{5}{16}+\frac{6}{7}=\frac{1627}{1008}\approx1.614$；

(4) $\frac{4}{4\times2+1}+\frac{5}{5\times1+1}+\frac{6}{6\times3+1}=\frac{4}{9}+\frac{5}{6}+\frac{6}{19}=\frac{1635}{1026}\approx1.593$；

(5) $\frac{4}{4\times3+1}+\frac{5}{5\times1+1}+\frac{6}{6\times2+1}=\frac{4}{13}+\frac{5}{6}+\frac{6}{13}=\frac{1625}{1014}\approx1.597$；

(6) $\frac{4}{4\times3+1}+\frac{5}{5\times2+1}+\frac{6}{6\times1+1}=\frac{4}{13}+\frac{5}{11}+\frac{6}{7}=\frac{1621}{1001}\approx1.619$.

故可知最大值为 $7+8+9+\frac{1621}{1001}=25\frac{620}{1001}$.

10. 答案：△ = 2，○ = 1，⬡ = 6，□ = 4.

解　由右式差的十位数为 0 可知

⬡ − △ = □.

故左式百位数的运算⬡ − □并没有发生退位的情形，此时再由左式个位数的运算可知

△ − ○ = ○.

故△ = 4，○ = 2 或△ = 2，○ = 1.

若△ = 4，○ = 2，则⬡ − △ = □仅发生在⬡ = 6，□ = 2，矛盾；

则△ = 2，○ = 1，此时⬡ − △ = □发生在⬡ = 6，□ = 4.

11. 答案：18.75 cm^2.

解　由七巧板每块配件之间的边长关系可知图 12-7(b) 的矩形可切成 15 块与正方形配件同样大小的正方形，因此矩形面积即为 15 倍的正方形配件面

积;如图 12-7(a)所示,可发现正方形配件的面积是整组七巧板总面积的 $\frac{2}{16}=\frac{1}{8}$,因此其面积为 $10\times\frac{1}{8}=\frac{5}{4}$ (cm^2),故图 12-7(b)的矩形面积为 $15\times\frac{5}{4}=\frac{75}{4}=18\frac{3}{4}=18.75$ (cm^2).

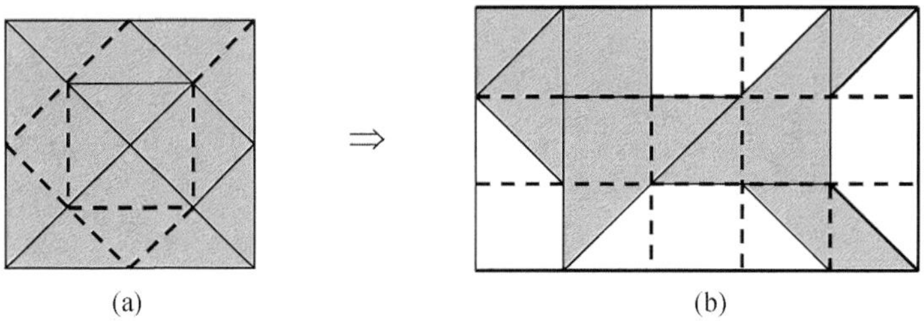

图 12-7

12. 答案:3.

解 经计算可观察出 n 从 1 开始, 2^n 除以 7 所得余数的规律依序为 2,4,1 这 3 个数的循环,又因 $2008=3\times669+1$,故 2^{2008} 除以 7 所得余数为 2;再直接计算可知 $2008^2=7\times576009+1$,故 $2^{2008}+2008^2$ 除以 7 的余数为 3.

13. 答案:180 个.

解 可观察出要构成三角形必定是两点在一条在线而一点在另一条在线.因在一条在线选取一点有 6 种选法、另一条在线选取二点有 $5+4+3+2+1=15$ 种选法,因此可构成 $6\times15=90$ 个三角形;再因这两条线选取一个点与二个点的方式可互换,所以可构成 $90\times2=180$ 个不在相同位置的三角形.

14. 答案:36 种.

解 观察可知取到第 n 颗珠子时,前一次必是取到第 $n-2$ 颗珠子、取到第 $n-3$ 颗珠子或取到第 $n-4$ 颗珠子,因此取 n 颗珠子的组合方法数即为取到 $n-2$颗珠子的组合方法数、取到 $n-3$ 颗珠子的组合方法数与取到 $n-4$ 颗珠子的组合方法数的总和. 观察可知取 2 颗的方法数为 1 种、取 3 颗的方法数为 1 种、取 4 颗的方法数为 2 种、取 5 颗的方法数为 2 种,故取 6 颗的方法数为 $1+1+2=4$ 种、取 7 颗的方法数为 $1+2+2=5$ 种、取 8 颗的方法数为 $2+2+4=8$ 种、取 9 颗的方法数为 $2+4+5=11$ 种、取 10 颗的方法数为 $4+5+8=17$ 种、取 11 颗的方法数为 $5+8+11=24$ 种、取 12 颗的方法数为 $8+11+17=36$ 种.

15. 答案:12 km.

解　由图 12-8 可知在 A 地往 B 地为上坡路的部分,在 B 地往 A 地时会变成下坡路,故 A 地往 B 地上坡路的路程与 B 地往 A 地下坡路的路程相同,再因小王下坡速度为上坡速度的 2 倍,故 A 地往 B 地上坡所花费的时间为 B 地往 A 地下坡所花费时间的 2 倍;再因 A 地往 B 地与返程的平地部分都不会改变,所以花费的时间相同. 令 A 地往 B 地的平地部分所用的时间为 t,则 B 地往 A 地的平地部分所用时间也是 t,且 B 地往 A 地下坡所用时间必为 $\frac{1}{3}\times(6-2t)=2-\frac{2}{3}t$,故 A 地到 B 地全程为 $4t+6\times\left(2-\frac{2}{3}t\right)=12\ (\text{km})$.

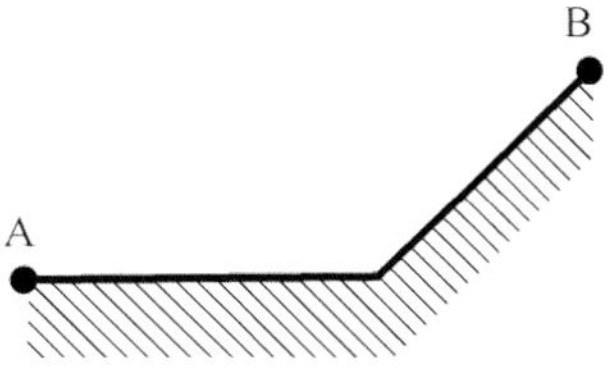

图 12-8

12.3　队际竞赛试题

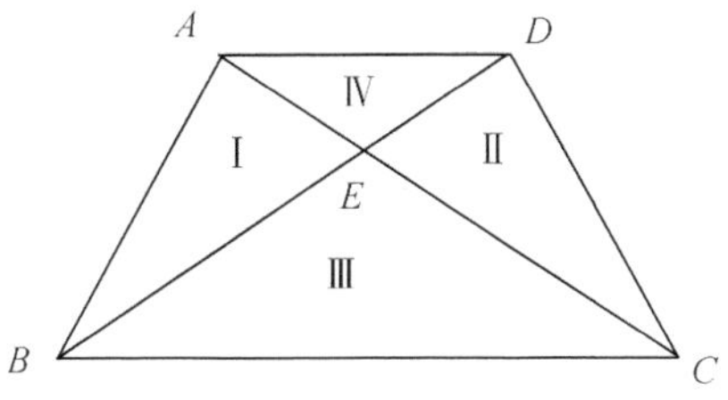

图 12-9

1. 图 12-9 中,$AE=30$ cm,$CE=60$ cm,$BE=80$ cm,$DE=40$ cm. 请问三角形Ⅲ、Ⅳ的面积和与三角形Ⅰ、Ⅱ的面积和之比为多少?

2. 有一个三位数各位上的数字均不相同,将这三个数字重排后构成若干个新数. 已知这样构成的数都仍是三位数,其中最大的数与最小的数之间的差恰好等于原来的三位数. 请问原来的三位数是多少?

3. 已知同时打开 A,B,C 三个水管注水,将水池注满需时 6 小时. 当它们同时注水 2 小时后,再将 C 水管关闭,则 A,B 两水管还需要 7 小时才能将这个水池注满. 现若只单独开 C 水管注水,请问需要多少小时才能将这个水池注满?

4. 小思想从 X 市开车到 Y 市,她必须遵照图 12-10 中箭头所指示的方向行驶.

请问小思从 X 市到 Y 市共有多少种不同的路径?

5. 在图 12-11 的 11 个方格内分别各填入一个数,使得任何连续三个方格

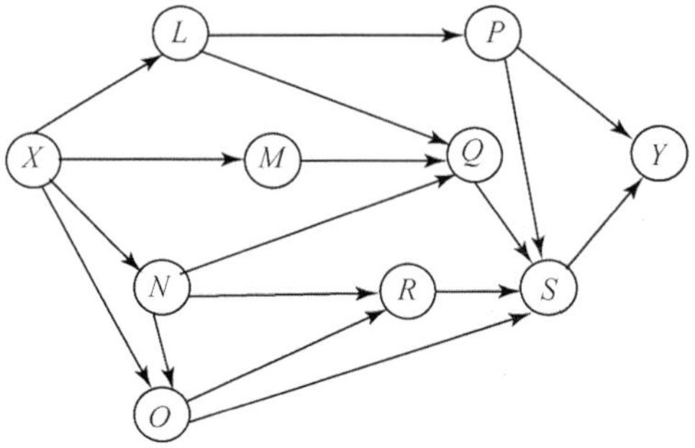

图 12-10

内所填的数之和为 21. 已知第一个方格内所填的数为 7,第九个方格内所填的数为 6(如图所示,方格由左向右数起). 请问第二个方格内所填的数是什么?

7	?							6		

图 12-11

6. 图 12-12 中,$ABCD$ 为正方形,$AM = NB = DE = FC = 1$ cm 且 $MN = 2$ cm. 请问四边形 $PQRS$ 的面积为多少 cm^2?

7. 图 12-13 中,弧 IFD 与 JED 是分别以 A,B 为圆心、以 AD,BD 为半径的圆弧,已知 $AD = DB = DC = 4$ cm 且 $AGDHB$,AFC 与 BEC 分别是三条线段. 线段 IA,FG,CD,EH,JB 都分别垂直于 AB. 请问图中阴影部分的面积是多少 cm^2(取 $\pi = \frac{22}{7}$)?

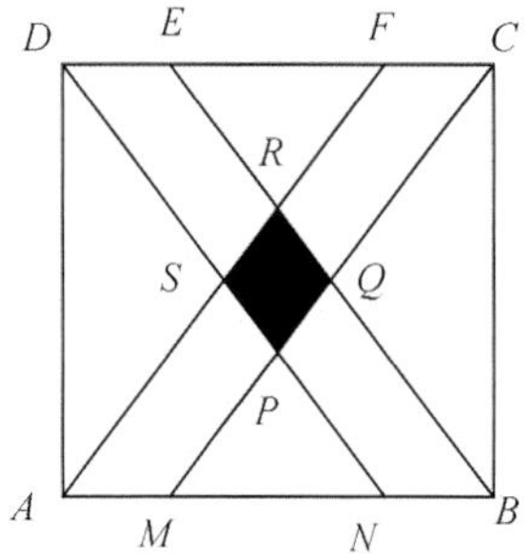

图 12-12

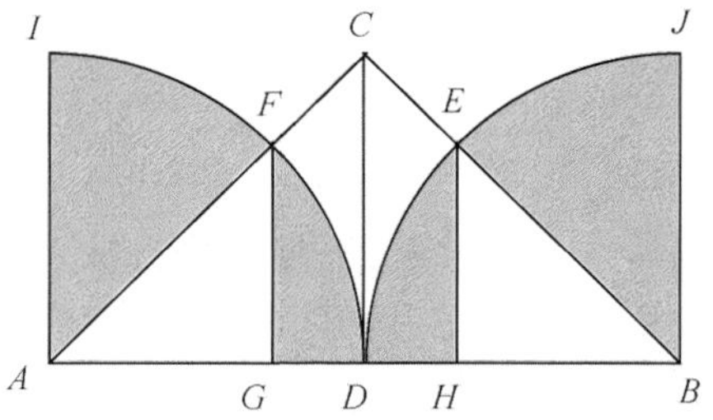

图 12-13

8. 图 12-14 中,原来的大正方体是由 125 个小正方体所构成的. 其中有些小正方体已经被挖除，图中涂黑色的部分就是贯穿整个大正方体的挖除部分．请问剩下的部分共有多少个小正方体？

9. 小珊到邮局购买 5 张邮票，并要求这些邮票的式样都相同且全部都要互相连接在一起（两张邮票之间只有顶点与顶点相连不算相连在一起）．现在邮局只尚存最后的九张邮票，如图 12-15 所示．为满足小珊的要求，请问邮局的职员有多少种不同的撕邮票方法？

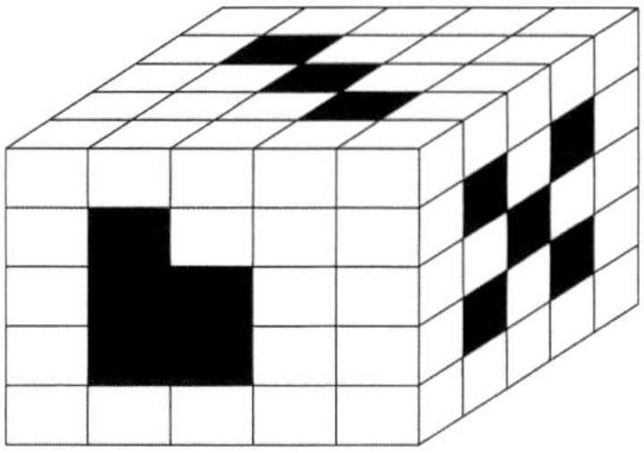

图 12-14

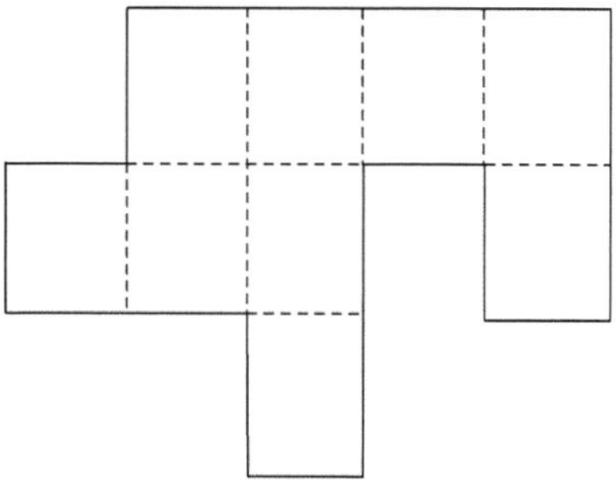

图 12-15

10. 在 1 到 2008（含 2008）的所有正整数中，它的数字和可被 5 整除的数共有多少个？

12.4　队际竞赛试题解答

1. 答案：5∶4.

解　若令三角形Ⅳ的面积为 a，则由 $DE:BE=40:80=1:2$ 可知三角形Ⅰ的面积为 $2a$、由 $AE:CE=30:60=1:2$ 知三角形Ⅱ的面积为 $2a$ 以及再由 $AE:CE=1:2$ 可知三角形Ⅲ的面积为三角形Ⅰ的面积的 2 倍，即 $4a$，故所求为 $(a+4a):(2a+2a)=5:4$.

2. 答案：495.

解　令此三位数各位上的数字为 a,b,c，且 $a<b<c$，则可知此三位数为 $\overline{cba}-\overline{abc}=100c+10b+a-100a-10b-c=99(c-a)$，故此三位数的十位数为 9，即 $c=9$. 此时观察减式 $\overline{9ba}-\overline{ab9}$，所得差的个位数必为 $(10+a)-9=1+a$、百位数必为 $(9-1)-a=8-a$，因 $1+a$ 恒不可能为 a，故可知 $1+a=b$，$8-a=a$，即 $a=4,b=5$，所以此三位数为 495.

3. 答案：14 小时．

解 可判断出 A 水管注水 6 小时、B 水管注水 6 小时与 C 水管注水 6 小时的量和 A 水管注水 9 小时、B 水管注水 9 小时与 C 水管注水 2 小时的量相同，因此 A 水管注水 3 小时与 B 水管注水 3 小时的量和 C 水管注水 4 小时的量相同，故 A 水管注水 6 小时与 B 水管注水 6 小时的量和 C 水管注水 8 小时的量相同，所以 C 水管需注水 $6+8=14$ 小时才能注满水池.

4. 答案：10 种.

解 小思可通过以下 10 种路径由 X 市到 Y 市：

$X\to L\to P\to Y$，$X\to L\to P\to S\to Y$，$X\to L\to Q\to S\to Y$，$X\to M\to Q\to S\to Y$，$X\to N\to Q\to S\to Y$，$X\to N\to R\to S\to Y$，$X\to N\to O\to R\to S\to Y$，$X\to N\to O\to S\to Y$，$X\to O\to R\to S\to Y$，$X\to O\to S\to Y$.

5. 答案：8.

解 令所求为 a，则这 11 格由左至右依次为

$$7,a,14-a,7,a,14-a,7,a,14-a,7,a.$$

故可知 $14-a=6$，即 $a=8$.

6. 答案：$\frac{2}{3}\text{cm}^2$.

解 因 $ABCD$ 为正方形，可知三角形 PMN 面积与三角形 REF 面积相等、四边形 $ERSD$、四边形 $FRQC$、四边形 $PNBQ$ 与四边形 $PMAS$ 面积相等.

因 $MN:MB=2:(2+1)=2:3$，故若令三角形 PMN 面积为 $4a$，则三角形 QMB 面积为 $9a$，也由此可知四边形 $PNBQ$ 面积为 $5a$.

因 $ABCD$ 为正方形，故可知三角形 PCD 与三角形 PMN 为相似三角形；因 $MN:CD=2:(1+2+1)=1:2$，故三角形 PMN 面积为 $16a$.

因此可知四边形 $PQRS$ 的面积为 $16a-4a-5a-5a=2a$，故四边形 $DNBE$ 的面积为 $5a+2a+5a=12a$.

因三角形 DAN 面积与三角形 BCE 面积均为 $\frac{1}{2}\times4\times3=6$，故四边形 $DNBE$ 的面积为 $4\times4-6\times2=4$.

所以可推得 $a=\frac{4}{12}=\frac{1}{3}$ 而四边形 $PQRS$ 的面积为 $\frac{2}{3}\text{cm}^2$.

7. 答案：$\frac{120}{7}\text{cm}^2$ 或 $17\frac{1}{7}\text{cm}^2$.

解 观察可知图 12-13 为以 CD 为轴、左右对称的图形. 因线段 IA，FG，CD，EH，JB 都分别垂直于 AB，故阴影部分的面积即为以半径为 4cm 的半圆的

面积减去三角形 FGA 的面积与三角形 EHB 的面积.

因 $AD = CD$, $CD \perp AB$,故三角形 CDA 为等腰直角三角形,即 $\angle CAD = 45°$;再因 $FG \perp AB$,故三角形 FGA 也是等腰直角三角形,即三角形 EHB 是等腰直角三角形,且由此可知三角形 FGA 与三角形 EHB 可拼成一个以 AF 为对角线、AG 长为边长的正方形,此正方形面积为 $\frac{AF^2}{2} = \frac{16}{2} = 8$.

因半径为 4 公分的半圆面积为 $\frac{1}{2}\pi \times 4^2 = \frac{1}{2} \times \frac{22}{7} \times 16 = \frac{176}{7}$,故所求为 $\frac{176}{7} - 8 = \frac{120}{7} = 17\frac{1}{7}(\text{cm}^2)$.

8. 答案:72 个.

解　如图 12-16 所示,可直接计算出每层被挖除的部分,合计共 $3 + 14 + 14 + 19 + 3 = 53$ 个,因此剩下的部分为 $125 - 53 = 72$(个).

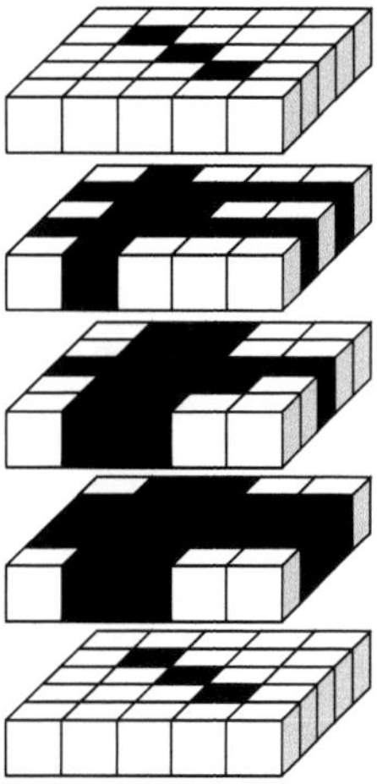

图 12-16

点评　可知此正立方体为 $5 \times 5 \times 5$ 共有 14 列被挖除. 若不考虑这 14 列的方向,14 列应共挖除 $14 \times 5 = 70$(个);但实际上,考虑每一列的方向及位置,可判断出有 9 个小立方块同时位于两列、4 个小立方块同时位于三列,因此实际挖除为 $70 - 9 - 4 \times 2 = 53$(个),即剩下 $125 - 53 = 72$(个).

9. 答案:15 种.

解　若将这五张相连的邮票视为五方块,则知:

(1)若这五张邮票摆成 L 形五方块,有 2 种方法(图 12-17、图 12-18).

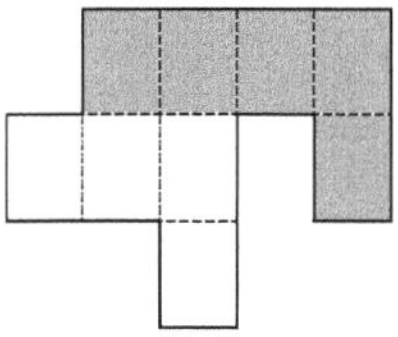

图 12-17

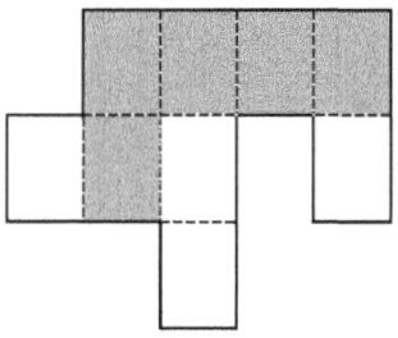

图 12-18

(2)若这五张邮票摆成 y 形五方块,有 1 种方法(图 12-19).

(3)若这五张邮票摆成 V 形五方块,有 1 种方法(图 12-20).

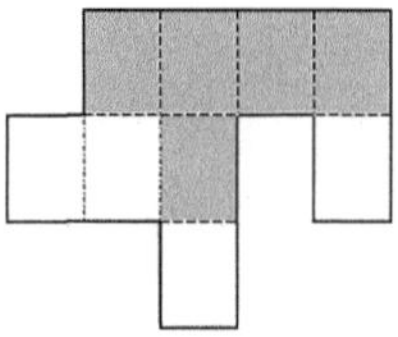

图 12-19

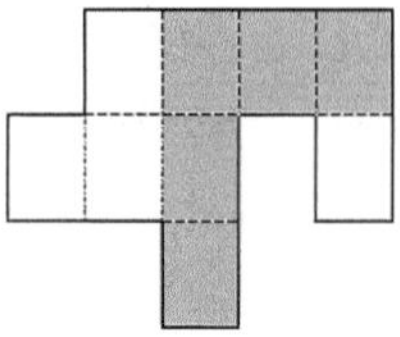

图 12-20

(4)若这五张邮票摆成 T 形五方块,有 2 种方法(图 12-21、图 12-22).

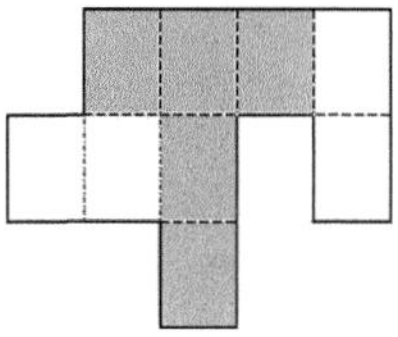

图 12-21

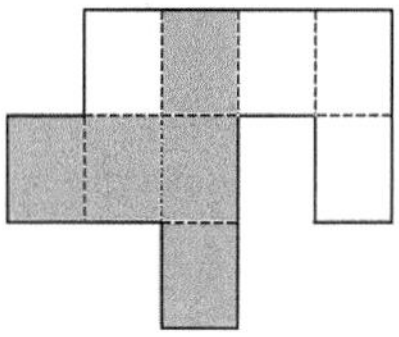

图 12-22

(5)若这五张邮票摆成 P 形五方块,有 3 种方法(图 12-23 ~ 图 12-25).

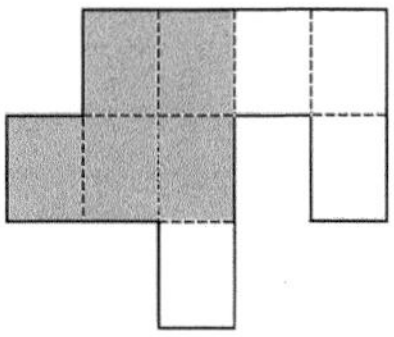

图 12-23

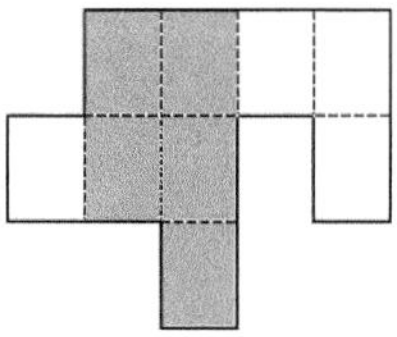

图 12-24

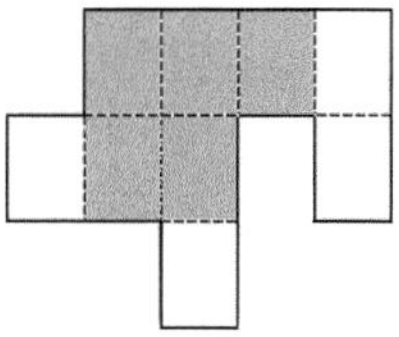

图 12-25

(6)若这五张邮票摆成 F 形五方块,有 2 种方法(图 12-26、图 12-27).
(7)若这五张邮票摆成 U 形五方块,有 1 种方法(图 12-28).

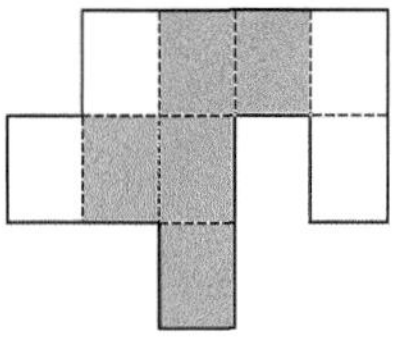

图 12-26

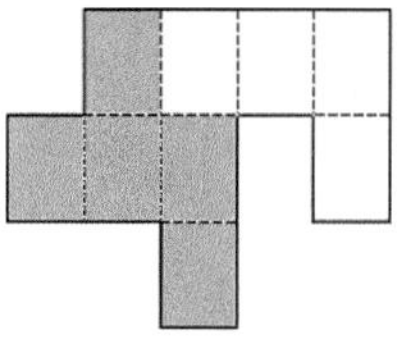

图 12-27

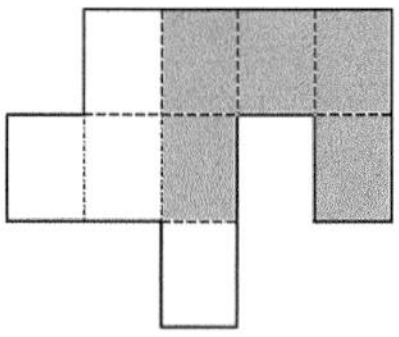

图 12-28

(8)若这五张邮票摆成 N 形五方块,有 3 种方法(图 12-29 ~ 图 12-31).

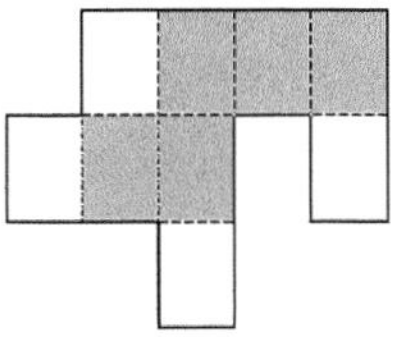

图 12-29

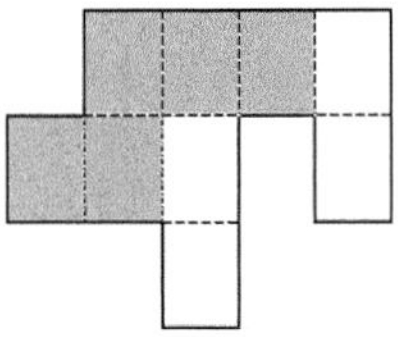

图 12-30

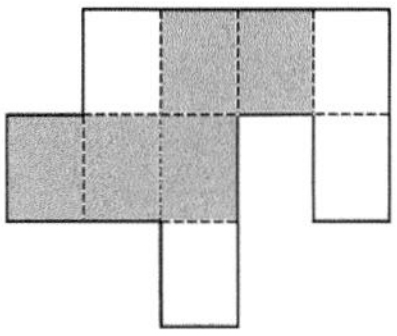

图 12-31

因此共 $2+1+1+2+3+2+1+3=15$ 种方法.

10. 答案:401 个.

解　因 1 到 2008 的所有正整数的数字和最大为 $1+9+9+9=28$,故数字和可被 5 整除的情况有 5,10,15,20,25,故可看成在 $0\sim999$ 间考虑数字和为 5,10,15,20,25,而在 $1000\sim1999$ 间考虑末三位数字和为 4,9,14,19,24. 再因 $0\sim999$ 与 $1000\sim1999$ 间的数一样多,所以现可仅考虑 $0\sim999$ 间数字和为 4,5,9,10,14,15,19,20,24,25 的数目.

(1)数字和为 4 可视为在 1 1 1 1 1 1 1 这 7 个 1 之间的 6 个空格中选取两个分成三堆,故有 $1+2+3+4+5=15$ 种方法;

(2)数字和为 5 可视为在 1 1 1 1 1 1 1 1 这 8 个 1 之间的 7 个空格中选取两个分成三堆,故有 $1+2+3+4+5+6=21$ 种方法;

(3)数字和为 9 可视为在 1 1 1 1 1 1 1 1 1 1 1 1 这 12 个 1 之间的 11 个空格中选取两个分成三堆,故有 $1+2+3+4+5+6+7+8+9+10=55$ 种方法;

(4)数字和为 10 若仍视为在 1 1 1 1 1 1 1 1 1 1 1 1 1 这 13 个 1 之间的 12 个空格,从中选取两个分成三堆,故有 $1+2+3+\cdots+11=66$ 种方法. 但此时多计算了(10,0,0),共 $1\times3=3$ 种不可能组成三位数的情况,故只有 $66-3=63$ 种方法;

(5)数字和为 14 若仍视为在 17 个 1 之间的 16 个空格,从中选取两个分成三堆,故有 $1+2+3+\cdots+15=120$ 种方法. 但此时多计算了(14,0,0),(13,1,0),(12,2,0),(12,1,1),(11,3,0),(11,2,1),(10,4,0),(10,3,1),(10,2,2),共 $3\times3+6\times6=45$ 种不可能组成三位数的情况,故只有 $120-45=75$ 种方法;

(6)数字和为 15 若仍视为在 18 个 1 之间的 17 个空格中选取两个分成三堆,故有 $1+2+3+\cdots+16=136$ 种方法. 但此时多计算了(15,0,0),(14,1,0),(13,2,0),(13,1,1),(12,3,0),(12,2,1),(11,4,0),(11,3,1),(11,2,2),(10,5,0),(10,4,1),(10,3,2),共 $3\times3+6\times9=63$ 种不可能组成三位数

的情况，故只有 136 − 63 = 73 种方法；

(7)数字和为 19 有(9,9,1),(9,8,2),(9,7,3),(9,6,4),(9,5,5),(8,8,3),(8,7,4),(8,6,5),(7,7,5),(7,6,6),共 $3\times5+6\times5=45$ 种方法；

(8)数字和为 20 有(9,9,2),(9,8,3),(9,7,4),(9,6,5),(8,8,4),(8,7,5),(8,6,6),(7,7,6),共 $3\times4+6\times4=36$ 种方法；

(9)数字和为 24 有(9,9,6),(9,8,7),(8,8,8),共 $3+6+1=10$ 种方法；

(10)数字和为 25 有(9,9,7),(9,8,8),共 $3\times2=6$ 种方法.

以上合计共 $15+21+55+63+75+73+45+36+10+6=399$ 个；而 2003 与 2008 也符合要求，故共 401 个.

第 13 章　第十三届小学数学世界邀请赛

13.1　个人竞赛试题

1. 有 9 张纸钞,包含 1 元、5 元、10 元与 50 元四种面值,每种不同的纸钞至少各有一张. 已知这 9 张纸钞的面值共为 177 元,请问其中面值为 10 元的纸钞共有多少张?

2. 从 1 到 9 中选出八个数,将它们不重复地填入正方体的八个顶点上,每个顶点上只能填一个数,使得正方体每个面上的四个数之和都恰好等于 18. 请问哪一个数不可能被挑选中(图 13-1)?

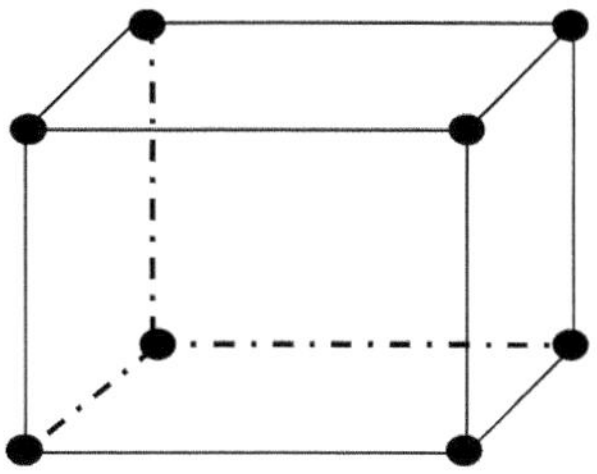

图 13-1

3. A,B,C,D 四位小朋友针对一个数作了以下的描述:

A 说:"这个数是 91."

B 说:"这个数是个质数."

C 说:"这个数是个偶数."

D 说:"这个数是 87."

已知 A、B 两个人中只有一个人的描述是正确的,C、D 两个人中也只有一个人的描述是正确的. 请问这个数是多少?

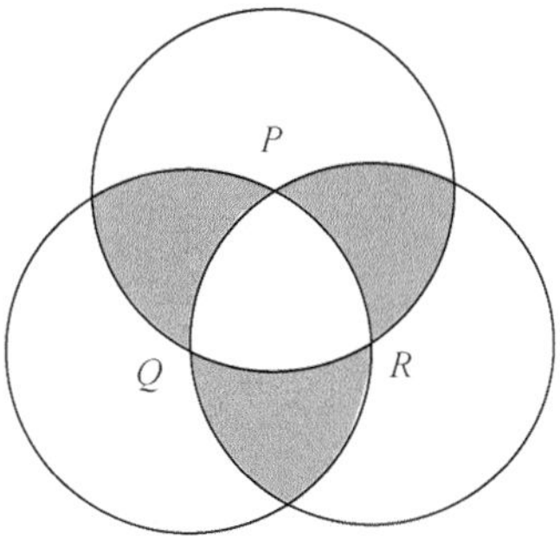

图 13-2

4. 图 13-2 中,点 P,Q,R 是三个半径都为 7 cm 的圆的圆心. 请问图中阴影部分的面积为多少 cm^2(取 $\pi=\frac{22}{7}$)?

5. 小怡有许多个完全相同的披萨. 她将她所有披萨的 $\frac{1}{3}$ 另外加上 $\frac{2}{3}$ 个送给 A;然后她将此时剩余披萨的 $\frac{1}{4}$ 另外加上 $\frac{1}{2}$ 个送给 B;接着她再将

此时剩余披萨的 $\frac{1}{2}$ 送给 C；她又将此时剩余披萨的 $\frac{1}{2}$ 另外加上 $\frac{1}{2}$ 个送给 D. 最后小怡还剩下 5 个披萨，请问她原来共有多少个披萨？

6. 有 21 个完全相同的瓶子，其中 7 个瓶子内装满了果汁、另外有 7 个瓶子内只装有半瓶的果汁、其余 7 个瓶子内是空的．如果不允许从任何瓶中倒出果汁，要求将这些瓶子分成三组，每组七瓶，使得每组瓶子内所装的果汁总量相同．请问在所有可能的分组方案中，在同一组中装有半瓶果汁的瓶子最多能有几个？

7. 一位老爷爷对他的孙子说："今年我的年龄恰好是你的 7 倍；再过几年，我的年龄将会是你的 6 倍；接下来，再过若干年，我的年龄将依次是你的 5 倍、4 倍、3 倍．"已知爷爷的年龄是两位数．请问这位老爷爷今年多少岁？

8. 将 2010、2000、1990 这三个数都分别减去同一个四位数，所得的差恰好是三个不同的质数．请问这个四位数是多少？

9. 某次数学测验共有 25 道试题，每答对一题可得 4 分；答错一题则倒扣 1 分；没作答的题目得 0 分．已知小周本次测验的得分为 68 分且至少答错一题，请问他共答错多少题？

10. 有兄弟两人，弟弟的年龄在 30 到 40 岁之间，哥哥的年龄在 40 到 50 岁之间，且他们两人年龄的乘积恰好是一个完全立方数．请问这两位兄弟的年龄和是多少？

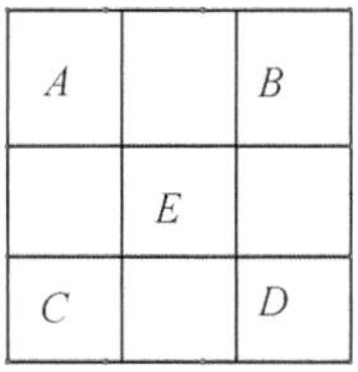

图 13-3

11. 将所有的正整数排成一列，删除其中能被 4 或 6 整除的所有数，构成一个新的数列 1，2，3，5，7，9，10，11，13，14，15，…．请问这个新的数列中第 2010 项是什么数？

12. 如图 13-3 所示，将一个大正方形划分成九个长方形，其中 E 是正方形．已知矩形 A，B，C 的面积分别为 7 cm^2，21 cm^2，2 cm^2，请问矩形 D 的周长为多少 cm？

13. 图 13-4 的矩形中包含 6 个单位正方形，它是用 17 根完全相同的木棒构成的．每个单位正方形的每条边恰好是由一根木棒构成的．请问恰好用 500 根木棒所能围成的矩形中，最多能包含多少个单位正方形？

14. 在图 13-5 中，总共可以找出多少个三角形？

15. 图 13-6 是由 14 个边长为 1 m 的正方体石块堆砌的正直角锥的基底．想要在这个基底上添加一些石材，建成一个如图 13-7 所示的表面平滑的正直角锥．请问在原来体积为 14 m^3 的基底上，最少还要再添加多少 m^3 的石材？

（注：正直角锥的体积 = 底面积 × 高 × $\frac{1}{3}$.）

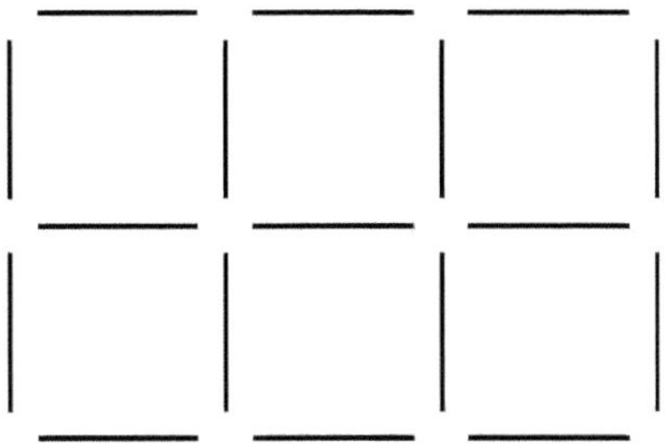

图 13-4

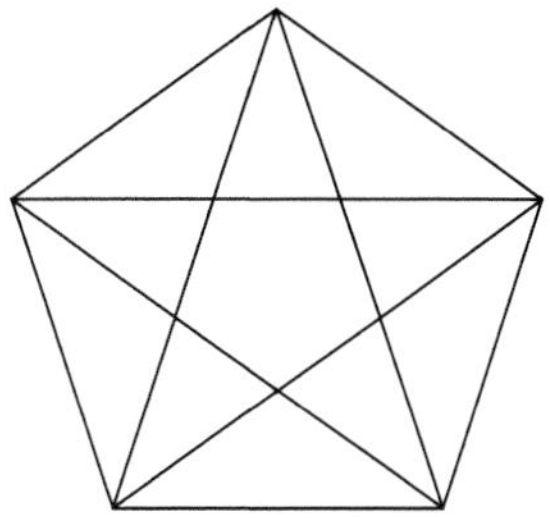

图 13-5

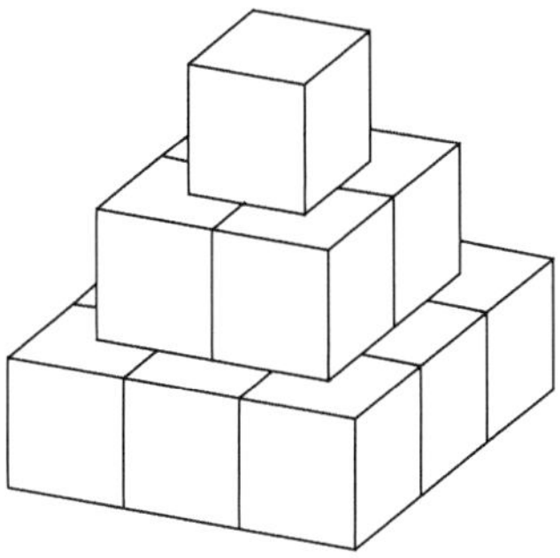

图 13-6

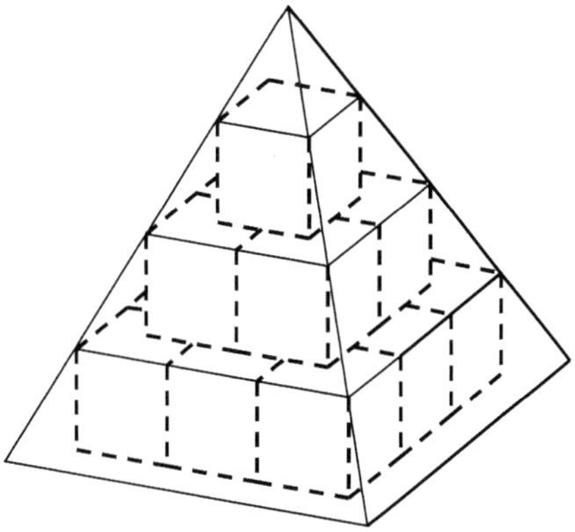

图 13-7

13.2　个人竞赛试题解答

1. 答案：1 张.

解　因为 1 元、5 元、10 元与 50 元四种纸钞至少各有一张且总额为 177 元，故本题可看成需有五张纸钞的总额为 177 − 50 − 10 − 5 − 1 = 111 元. 由个位数为 1 可知其中恰有一张 1 元纸钞且 5 元的纸钞有偶数张.

若有 4 张 5 元的纸钞，则总额为 1 + 5 + 5 + 5 + 5 = 21 元，不合题意；

若有 2 张 5 元的纸钞，111 − 5 − 5 − 1 = 100，则还需 2 张 10 元与 50 元的纸钞且总额为 100 元，此时仅 0 张 10 元纸钞与 2 张 50 元纸钞符合题意；

若 5 元纸钞为零张，则需有四张 10 元与 50 元纸钞且总额为 111 − 1 = 110

元,这种情况不可能发生,不合题意.

因此由题意组成 177 元仅有一种情况:三张 50 元、一张 10 元、三张 5 元、两张 1 元.

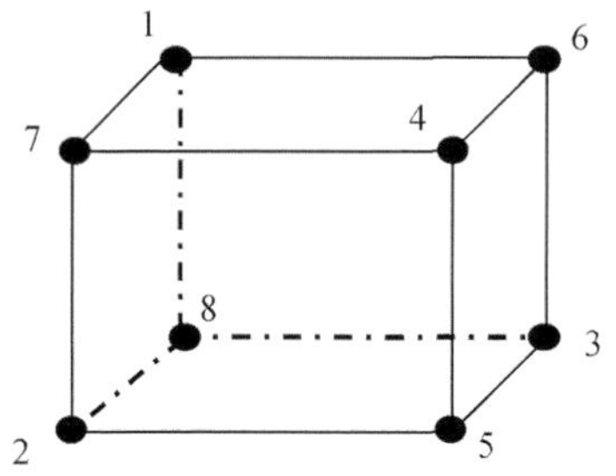

图 13-8

2. 答案:9.

解 因每个面上的四个数之和都是 18,故六个面的数总和为 $18\times6=108$ 且每个顶点都算了三次,即八个顶点数的总和必为 $108\div3=36$,再因 1 到 9 的总和为 45,故可知 9 不可被选中. 以下为其中一种填法(图 13-8).

3. 答案:2.

解 若 A 正确,则这个数为 91 不为偶数,此时 C 错误且 D 也错误,矛盾;

若 B 正确,则这个数为质数. 因 $87=3\times29$ 不为质数,故 D 错误而 C 正确,即这个数是偶质数 2.

4. 答案:77 cm^2.

解 如图 13-9 所示,设点 S 为圆 P、圆 Q 的交点,并连接 SQ,PQ. 则可看出阴影部分 PQS 的面积即为扇形 PQS 的面积;再因 P、Q、R 是三个半径都为 7 cm 的圆的圆心,故可知扇形 PQS 的面积为圆 Q 面积的 $\frac{1}{6}$. 因此阴影部分的总面积为圆 Q 面积的 $\frac{1}{6}\times3=\frac{1}{2}$,即

$$\frac{1}{2}\times\frac{22}{7}\times7^2=77(\text{cm}^2).$$

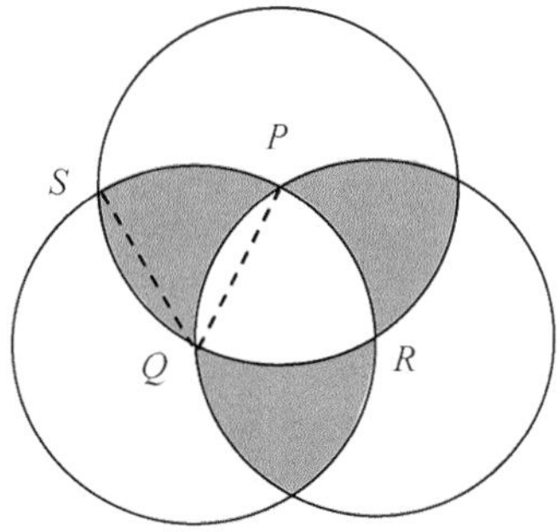

图 13-9

5. 答案:46 个.

解 由小怡还剩有 5 个披萨可知小怡若在此时只将剩余披萨的 $\frac{1}{2}$ 送给 D 而未另外加上 $\frac{1}{2}$ 个,则小怡有 $5\frac{1}{2}$ 个,故可知小怡在送披萨给 D 前有 $5\frac{1}{2}\times2=11$ 个披萨;

此时为小怡送剩余披萨的 $\frac{1}{2}$ 给 C 之后,故小怡在送披萨给 C 前有披萨 $11\times2=22$ 个;

故可知小怡若在此时只将剩余披萨的 $\frac{1}{4}$ 送给 B 而未另外加上 $\frac{1}{2}$ 个,则小怡有 $22\frac{1}{2}$ 个,故可知小怡在送披萨给 B 前有 $22\frac{1}{2}\times\frac{4}{3}=30$ 个披萨;

故可知小怡若在此时只将剩余披萨的 $\frac{1}{3}$ 送给 A 而未另外加上 $\frac{2}{3}$ 个,则小怡有 $30\frac{2}{3}$ 个,故可推知小怡在送披萨给 A 前原有披萨 $30\frac{2}{3}\times\frac{3}{2}=46$ 个.

点评 设小怡有 x 个披萨,则

小怡给 A 的披萨数为 $\frac{1}{3}x+\frac{2}{3}$,此时剩 $\frac{2}{3}x-\frac{2}{3}$;

小怡给 B 的披萨数为 $\frac{1}{4}\left(\frac{2}{3}x-\frac{2}{3}\right)+\frac{1}{2}=\frac{1}{6}x+\frac{1}{3}$,此时剩 $\frac{3}{4}\left(\frac{2}{3}x-\frac{2}{3}\right)-\frac{1}{2}=\frac{1}{2}x-1$;

小怡给 C 的披萨数为 $\frac{1}{2}\left(\frac{1}{2}x-1\right)=\frac{1}{4}x-\frac{1}{2}$,此时剩 $\frac{1}{2}\left(\frac{1}{2}x-1\right)=\frac{1}{4}x-\frac{1}{2}$;

小怡给 D 的披萨数为 $\frac{1}{2}\left(\frac{1}{4}x-\frac{1}{2}\right)+\frac{1}{2}=\frac{1}{8}x+\frac{1}{4}$,此时剩 $\frac{1}{2}\left(\frac{1}{4}x-\frac{1}{2}\right)-\frac{1}{2}=\frac{1}{8}x-\frac{3}{4}$.

可知 $\frac{1}{8}x-\frac{3}{4}=5$,即 $x=46$.

6. 答案:5 瓶.

解 令 1 个瓶子装满时的果汁量为 1,则只装有半瓶的果汁量为 $\frac{1}{2}$、空瓶的果汁量为 0. 故可知题意所述之情况的果汁总量为

$$1\times7+\frac{1}{2}\times7+0\times7=\frac{21}{2}.$$

因此分成三组各七瓶且所装的果汁之总量都相同时,果汁总量为 $\frac{21}{2}\times\frac{1}{3}=\frac{7}{2}=3\frac{1}{2}$,故可知每组都至少有一瓶是装半瓶的果汁. 因为要求在所有可能的分组方案中,在同一组中装有半瓶果汁的瓶子最多能有几个,故考虑将剩余的四

瓶都分到同一组，此时可依下列方式分组：

$$\frac{1}{2}+\frac{1}{2}+\frac{1}{2}+\frac{1}{2}+\frac{1}{2}+1+0,$$

$$\frac{1}{2}+1+1+1+0+0+0,$$

$$\frac{1}{2}+1+1+1+0+0+0,$$

故在同一组中装有半瓶果汁的瓶子最多能有 5 瓶．

7. 答案：70 岁．

解 可令孙子今年 a 岁，且过 x 年老爷爷的年龄是孙子的 6 倍、过 y 年老爷爷的年龄是孙子的年龄 5 倍、过 z 年老爷爷的年龄是孙子的 4 倍、过 w 年老爷爷的年龄是孙子的 3 倍．则可得到以下等式：

$$\begin{cases}6(a+x)=7a+x\\5(a+y)=7a+y\\4(a+z)=7a+z\\3(a+w)=7a+w\end{cases}\Rightarrow\begin{cases}5x=a,\\2y=a,\\z=a,\\w=2a.\end{cases}$$

故可知 a 为 10 的倍数，即 $7a$ 为 70 的倍数．因已知老爷爷的年龄是个两位数，故可推得老爷爷的年龄是 70 岁、孙子为 10 岁，此时经过 $x=10\div5=2$ 年后老爷爷 72 岁是孙子 12 岁的 6 倍、经过 $y=10\div2=5$ 年后老爷爷 75 岁是孙子 15 岁的 5 倍、经过 $z=10$ 年后老爷爷 80 岁是孙子 20 岁的 4 倍、经过 $z=10\times2=20$ 年后老爷爷 90 岁是孙子 30 岁的 3 倍，即所得两人的年龄符合题意．

点评 可知老爷爷与他的孙子年龄差为定值，再由题意所述可判断出两人的年龄差必为 $7-1=6$，$6-1=5$，$5-1=4$，$4-1=3$，$3-1=2$ 的公倍数，再因老爷爷年龄为两位数可知老爷爷与他孙子的年龄差为 60 岁，故可推知今年孙子年龄为 $60\div6=10$ 岁、老爷爷年龄为 $10\times7=70$ 岁，此时经过 $60\div5-10=2$ 年后老爷爷 72 岁是孙子 12 岁的 6 倍、经过 $60\div4-10=5$ 年后老爷爷 75 岁是孙子 15 岁的 5 倍、经过 $60\div3-10=10$ 年后老爷爷 80 岁是孙子 20 岁的 4 倍、经过 $60\div2-10=20$ 年后老爷爷 90 岁是孙子 30 岁的 3 倍，即所得两人的年龄符合题意．

8. 答案：1987.

解 由 1990、2000、2010 依次来看，其差为 10 可知减去同一个四位数，所得的三个不同质数也依次相差 10. 故设这三个不同质数为 p，$10+p$，$20+p$.

因为 $10+p=3\times3+(1+p)$，$20+p=3\times6+(2+p)$．又因 p，$1+p$，2

$+p$ 这三个连续的整数中至少有一个是 3 的倍数，且 $1+p$，$2+p$ 均不能为 3 的倍数，因此 p、$10+p$、$20+p$ 均为质数仅发生在 $p=3$ 时，即这三个不同质数分别为 3、13、23. 所以所减去的四位数为 $1990-3=2000-13=2010-23=1987$.

9. 答案：4 题.

解　因为小周的得分为 68 分，且 $68=4\times17$ 为 4 的倍数，故可知小周至少答对 17 题. 再因小周至少答错一题，由给分方式可知小周答错的题数为 4 的倍数，且每答错 4 题，需多答对 1 题才能使分数不变. 因为测验只有 25 道试题，且小周至少答对 17 题，故小周至多答错 8 题. 但小周不可能答错 8 题，否则总题数超过 25 题，故小周仅答错 4 题，且答对题数为 $17+1=18$ 题、没作答题目总数为 $25-4-18=3$ 题，经验算符合题意.

点评　令小周答对 x 题、答错 y 题、没作答 z 题. 由题意所述可知：

$$\begin{cases}4x-y+0z=68,\\ x+y+z=25,\end{cases}$$

其中 $y>0$. 两式相加可得 $5x+z=93$ 且 $x\geqslant\frac{68}{4}=17$. 因 $5x$ 的个位数恒为 0 或 5，故 z 的个位数只能为 3 或 8.

(1) 若 $z=3$，则 $x=\frac{93-3}{5}=18$，此时 $y=4\times18-68=4$；

(2) 若 $z=8$，则 $x=\frac{93-8}{5}=17$，此时 $y=4\times17-68=0$，不合题意；

(3) 若 $z\geqslant13$，则 $x\leqslant\frac{93-13}{5}=16$，不合题意.

因此小周答对 18 题、答错 4 题、没作答 3 题.

10. 答案：84.

解　令弟弟的年龄为 x、哥哥的年龄为 y. 则两人年龄的乘积范围为 $10^3<30\times40\leqslant xy\leqslant40\times50<13^3$，再由两人年龄的乘积恰好是一个完全立方数可知 $xy=11^3$ 或 12^3. 但由于 11 是质数，那么 x 的可能值为 1、11、$11^2=121$ 或 $11^3=1331$，均不在弟弟的年龄范围内，故 $xy=12^3=2^6\times3^3$，再继续由已知 $30<x<40$ 可以得知 $x=2^5=32$ 或 $2^2\times3^2=36$.

若 $x=32$，则 $y=2\times3^3=54$，不合题意；

若 $x=36$，则 $y=2^4\times3=48$.

因此弟弟 36 岁、哥哥 48 岁，两人年龄和为 $36+48=84$.

点评　因为两人年龄的乘积最大为 $40\times50=2000<2197=13^3$，且两人

的年龄范围均小于 $121=11^2$，故两人年龄为 11 以上的质数的倍数的情况均可不用考虑．此时弟弟仅可能为 $30=2\times3\times5$、$32=2^5$、$35=5\times7$、$36=2^2\times3^2$、$40=2^3\times5$，而哥哥仅可能为 $40=2^3\times5$、$42=2\times3\times7$、$45=5\times3^2$、$49=7^2$、$48=2^4\times3$、$50=2\times5^2$．

若弟弟为 $30=2\times3\times5$，则哥哥至少为 $2^2\times3^2\times5^2$，不合题意；

若弟弟为 $32=2^5$，则哥哥必为某一个完全立方数的 2^{3k+1} 倍，不合题意；

若弟弟为 $35=5\times7$，则哥哥至少为 $5^2\times7^2$，不合题意；

若弟弟为 $36=2^2\times3^2$，则哥哥可为 $48=2^4\times3$；

若弟弟为 $40=2^3\times5$，则哥哥需为 5^2 的立方数倍，不合题意．

故可知仅弟弟 36 岁、哥哥 48 岁符合题意，此时两人年龄和为 $36+48=84$.

11. 答案：3014.

解 因 4 与 6 的最小公倍数为 12，故从 1 开始，每 12 个连续的数所删去的数之顺序都一样；因在 1 到 12 中，仅有 1、2、3、5、7、9、10、11 这 8 个数保留，故每 12 个连续的数仅保留 8 个数．因 $2010=8\times251+2$，故新的数列中第 2010 个数为 $12\times251+2=3014$.

12. 答案：$\dfrac{35}{3}$ cm 或 $11\dfrac{2}{3}$ cm.

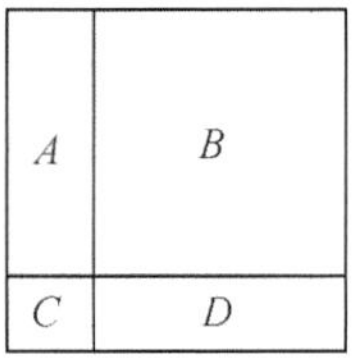

图 13-10

解 如图 13-10 所示，因为 E 为正方形，故将 A,B,C,D 四个长方形合拢后仍是一个正方形．

因面积比 $A:B=C:D$，故可知 D 的面积为 $\dfrac{2\times21}{7}=6(\text{cm}^2)$，即图 13-10 的面积为 $7+21+2+6=36(\text{cm}^2)$，所以图 13-10 中正方形的边长为 6 cm．故矩形 D 的周长为 $6\times\dfrac{3}{1+3}\times2+6\times\dfrac{2}{2+7}\times2=\dfrac{35}{3}=11\dfrac{2}{3}$ (cm).

13. 答案：228 个．

解 令 500 根木棒围成 $m\times n$ 矩形．通过观察可知共有 mn 个单位正方形，且横行共用了 $n(m+1)$ 根木棒、直列用了 $m(n+1)$ 根木棒，故可知本题即求 mn 的最大值且知

$$n(m+1)+m(n+1)=500,$$
$$m+n+2mn=500,$$
$$2m+2n+4mn+1=1001,$$

$$(2m+1)(2n+1)=1001=7\times 11\times 13.$$

(1)若 $2m+1=7$，$2n+1=11\times 13$，即 $m=3$，$n=71$ 时，$mn=213$；

(2)若 $2m+1=11$，$2n+1=7\times 13$，即 $m=5$，$n=45$ 时，$mn=225$；

(3)若 $2m+1=13$，$2n+1=7\times 11$，即 $m=6$，$n=38$ 时，$mn=228$.

由对称性可知只需讨论以上三种情况，故最多有 228 个单位正方形.

14. 答案：35 个.

解　可将最大的五边形视为一个正五边形，如图 13-11 所示，则根据三角形三边的组成方式与面积大小可分类如下：

(1)由两条边及一条对角线组成，面积与 $\triangle ABE$ 相等：共 5 个.

(2)由一条边及两条对角线组成，面积与 $\triangle ACD$ 相等：共 5 个.

(3)由一条边及两条对角线的一部分组成的等腰三角形，其中以五边形的边为底，面积与 $\triangle ABF$ 相等：共 5 个.

(4)由一条边及两条对角线的一部分组成的等腰三角形，其中以五边形的边为一腰，面积与 $\triangle ABJ$ 相等：共 10 个.

(5)由一条对角线及两条对角线的一部分组成等腰三角形，面积与 $\triangle BEH$ 相等：共 5 个.

(6)由三条对角线的一部分组成等腰三角形，面积与 $\triangle AFJ$ 相等：共 5 个.

合计共 $5+5+5+10+5+5=35$ 个.

15. 答案：$7\frac{1}{3}\ \mathrm{m}^3$.

解　考虑图 13-7 正直角锥的剖面图，如图 13-12 所示. 因为图 13-6 是由正方体石块堆砌而成的，故可知 $BC\parallel DL\parallel EH\parallel IK$，又因为 $AB=BD=DE=EI$，故可知

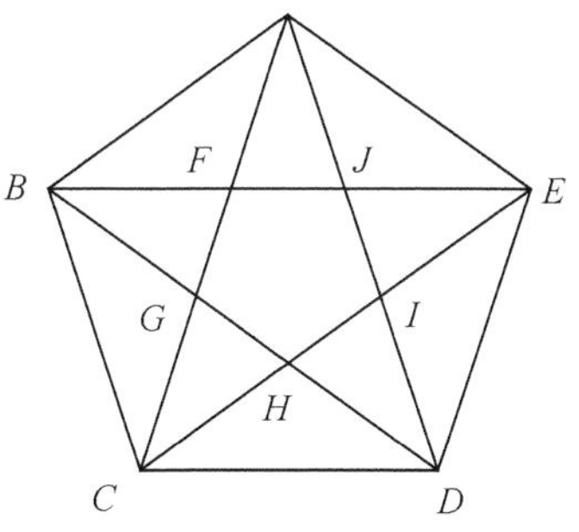

图 13-11

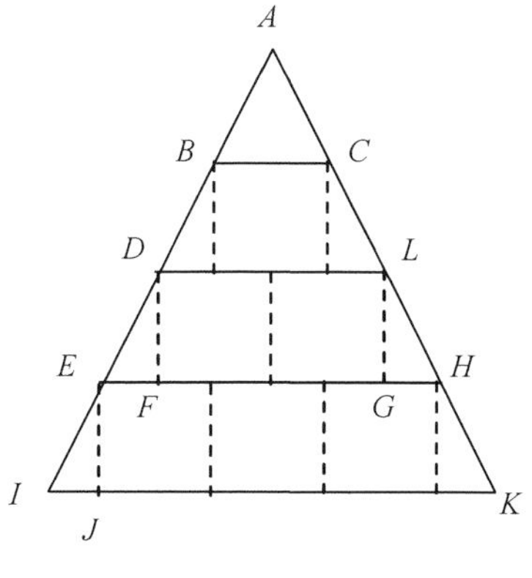

图 13-12

$$IK = \frac{AI \times BC}{AB} = 4\text{m},$$

即正直角锥的底面边长为 4 m.

接着可观察出斜面每往上一阶即为上升1 m，因此可知上到顶点 A 时共上升 4 m，即正直角锥的高为 4 m，故体积为 $4 \times 4 \times 4 \times \frac{1}{3} = \frac{64}{3} = 21\frac{1}{3}$（$\text{m}^3$），所以需再添加 $21\frac{1}{3} - 14 = 7\frac{1}{3}$（$\text{m}^3$）.

13.3 队际竞赛试题

1. 有两盒珠子，其中 A 盒内的珠子数量介于 133 颗到 200 颗之间．现进行以下的操作．

步骤 1：从 A 盒中取出与 B 盒中相同数量的珠子加入 B 盒中．

步骤 2：从 B 盒中取出与 A 盒中现有珠子数量相同的珠子加入 A 盒中．

步骤 3：从 A 盒中取出与 B 盒中现有珠子数量相同的珠子加入 B 盒中．

步骤 4：从 B 盒中取出与 A 盒中现有珠子数量相同的珠子加入 A 盒中．

步骤 5：从 A 盒中取出与 B 盒中现有珠子数量相同的珠子加入 B 盒中．

经过以上五个步骤的操作后，A、B 两盒内的珠子数量恰好相同．请问 A 盒内原来有多少颗珠子？

2. 将一条长为 2010 单位的线段分为三条都是整数单位长的线段，且这三条线段可以构成一个三角形．请问所有可能构成的三角形中，最长边与最短边长度之差的最大值是多少单位？

3. 四支球队 A、B、C、D 进行四个项目的比赛．每个项目的第一名、第二名、第三名与第四名分别可得到 5、3、2、1 分．将每支球队在这四个比赛项目后得的分数相加，四支球队所得的总分都不相同，且球队 A 有三个项目的成绩都得到第一名．请问总得分最低的球队最多能得到多少分？

4. 有一只小虫住在一个形如方格表的巢中．开始时它在某个小方格内，假设每一天它都必须移动到相邻的方格（与原方格共边的方格）内，并允许它重回到原来曾经到过的方格内．

例如图 13-13 所示的情况．

注　图上阴影的小方格为这只小虫可能移入的位置．

在第二天，这只小虫可能移入的位置有 4 个小方格；

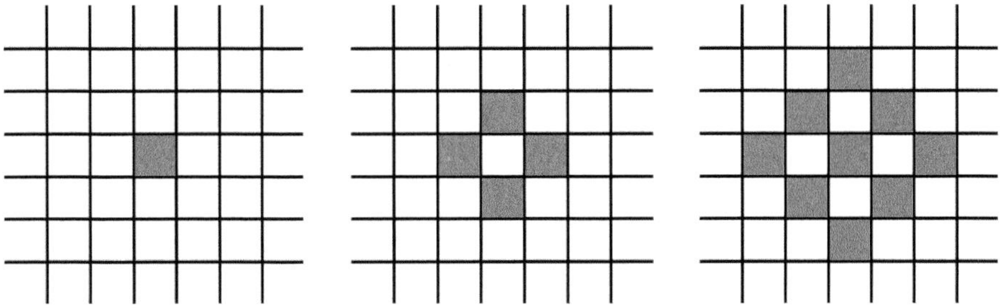

(a)第一天　　(b)第二天　　(c)第三天

图 13-13

在第三天,这只小虫可能移入的位置有 9 个小方格.

假设第一天有一只小虫被放置在如图 13-14 所示的角落,请问在第 2010 天,这只小虫可能移入的位置共有多少个小方格?

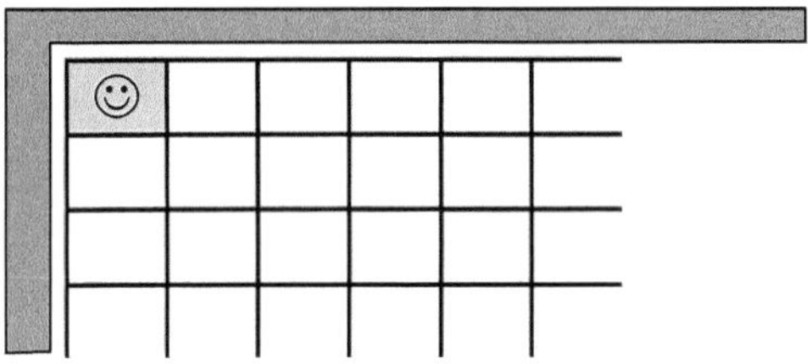

图 13-14

5. 有一台机器可以将依次放入的牌每次都按照一定的方式重新排列顺序. 若将十三张牌按 A,2,3,4,5,6,7,8,9,10,J,Q,K 的顺序放入机器,则此机器将会把这些牌按照 6,A,7,4,2,9,K,J,10,Q,8,5,3 的顺序输出.

原来的顺序如图 13-15 所示.

A	2	3	4	5	6	7	8	9	10	J	Q	K

图 13-15

经过机器一次重排后输出如图 13-16 所示.

6	A	7	4	2	9	K	J	10	Q	8	5	3

图 13-16

请问至少要将牌放入机器内多少次才能够使得输出牌的顺序与原来的顺序完全相同？

6. 在如图 13-17 所示 8 × 8 棋盘的黑色小方格内放置两枚完全相同的硬币，且这两枚硬币不可以同时出现在同一行、同一列，也不可以同时出现在同一斜线上．请问共有多少种不同放置方法？

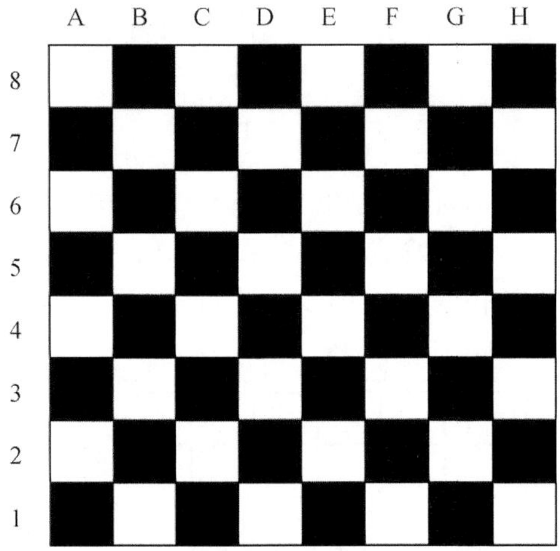

图 13-17

7. 用数字 1，2，3，4，5，6，7，8 构成两个数，每个数字均只能使用一次．已知某个数的平方与立方恰好分别等于这两个数，请问这两个数各是多少？

8. 一个装动物的笼子由 12 个小方格组成，成两行六列的分布．现将四只狗、四只猫、四只兔子分别放入小方格内，每个小方格内只能住一只动物．

(1) 若与猫在同一列的小方格内关的是兔子，则猫会吵闹；

若猫在吵闹，则与它在同一列的小方格内的一定是兔子．

(2) 若与兔子在同一行左右相邻的小方格内都是猫，则兔子会吵闹；

若兔子在吵闹，则在同一行左右相邻的小方格内关的一定都是猫．

(3) 若与狗在同一行左右相邻的小方格内一个关着猫另一个关着兔子，则狗会吵闹；

若狗在吵闹，则在同一行左右相邻的小方格内一定是一个关着猫另一个关着兔子．

某天晚上，已知图 13-18 中标记有黑圆点所在的小方格内的动物都在吵闹，请问关在这 12 个小方格内的分别是什么动物？

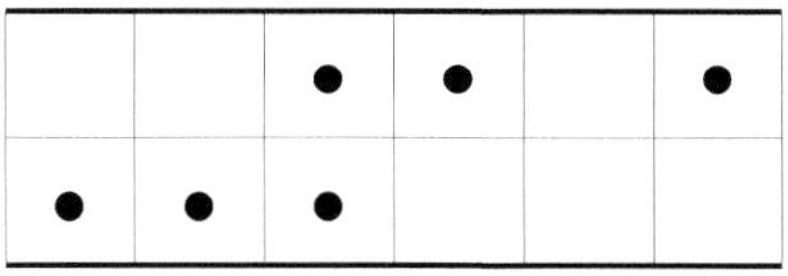

图 13-18

9. 一个具有下列性质的数称为“幸运数”：

将这个数加 1 后，所得的和正好是一个完全平方数；将这个数的一半加 1 后，所得的和正好是另一个完全平方数．例如，48 是一个幸运数，因为$48+1=49$，且$\frac{48}{2}+1=25$，49 与 25 都是完全平方数．请问比 48 大的下一个“幸运数”是多少？

10. 将 2000 至 2010 这 11 个数不重复地填入图 13-19 的格子内，每个格子恰填入一个数，使得图中十条经过三个格子的线段，每一条线段上的三个方格内所填数的总和都相等．

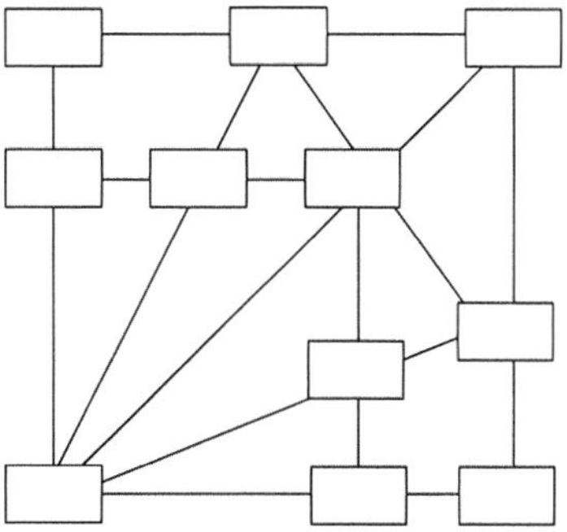

图 13-19

13.4　队际竞赛试题解答

1. 答案：172 颗．

解　设经过这五个步骤后两盒内各有 x 颗珠子，由逆推可知：

(1) 在操作步骤 5 前，B 盒有 $\frac{x}{2}$ 颗珠子，故 A 盒有 $x+\frac{x}{2}=\frac{3}{2}x$ 颗珠子；

(2) 在操作步骤 4 前，A 盒有 $\frac{3}{4}x$ 颗珠子，故 B 盒有 $\frac{x}{2}+\frac{3}{4}x=\frac{5}{4}x$ 颗珠子；

(3) 在操作步骤 3 前，B 盒有 $\frac{5}{8}x$ 颗珠子，故 A 盒有 $\frac{3}{4}x+\frac{5}{8}x=\frac{11}{8}x$ 颗珠子；

(4) 在操作步骤 2 前，A 盒有 $\frac{11}{16}x$ 颗珠子，故 B 盒有 $\frac{5}{8}x+\frac{11}{16}x=\frac{21}{16}x$ 颗珠子；

(5) 在操作步骤 1 前，B 盒有 $\frac{21}{32}x$ 颗珠子，故 A 盒有 $\frac{11}{16}x+\frac{21}{32}x=\frac{43}{32}x$ 颗

珠子.

因为 $133 < \frac{43}{32}x < 200$,即

$$\frac{133\times 32}{43} = 98\frac{42}{43} < x < \frac{200\times 32}{43} = 148\frac{36}{43}.$$

因为 $\frac{43}{32}x$ 为整数,故可知 x 为 32 的倍数,即 $x=128$ 而 $\frac{43}{32}x = 172$.

2. 答案:1002.

解 令三角形的三边长分别为 a,b,c,其中 $a\leqslant b\leqslant c$. 由题意可知 $a+b+c=2010$,由三角形两边之和大于第三边可知 $a+b>c$,故可得

$$a\leqslant b\leqslant c<1005.$$

因此 $c-a$ 的最大值发生在 $b=c=1004$ 时,此时 $a=2$, $c-a=1002$.

3. 答案:8 分.

解 可令 A 队总得分为 a、B 队总得分为 b、C 队总得分为 c、D 队总得分为 d. 则每一项目合计可给出 $5+3+2+1=11$ 分,即 $a+b+c+d=11\times 4=44$,再由 A 队有三个项目的成绩都得到第一名可知 $a\geqslant 3\times 5+1=16$,此时其他任一队伍总得分最多为 $3\times 3+5=14$ 分,A 队必为总得分最高的一队. 故可令 $a>b>c>d$,此时即为求 d 的最大值.

因 $a+b+c+d=44$ 且 $a\geqslant 16$,故可得 $b+c+d\leqslant 28$;再由每队所得的总分都不相同可知 $d\leqslant 8$,即 d 的最大值为 8,此时可由以下得分方式得到表 13-1.

表 13-1

	第一项	第二项	第三项	第四项	总分
A 队	5	5	5	1	16
B 队	3	3	3	2	11
C 队	2	2	2	3	9
D 队	1	1	1	5	8

4. 答案:1011030 个.

解 先观察前几天小虫的移动情形(图 13-20).

依此规则下去,可知第 2010 天这只小虫可能移入的位置为左上角格子为白色格子的 2010×2010 黑白相间的西洋棋盘里,从右上角至左下角的主对角线左上方的黑色格子(含该主对角线),共有 $2+4+6+\cdots+2010=\frac{1005\times(2+2010)}{2}=1011030$(个).

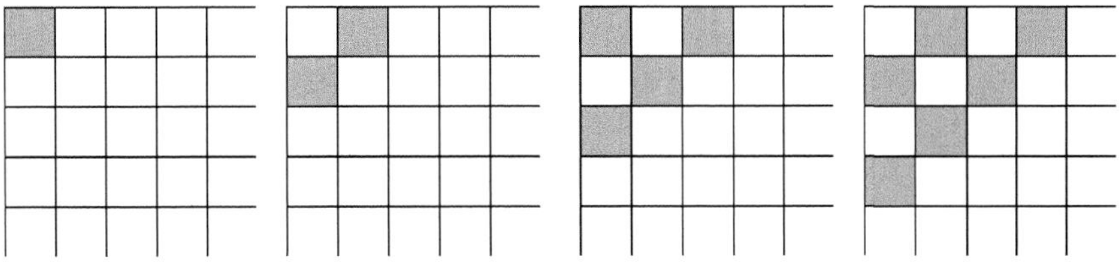

(a) 第一天　(b) 第二天　(c) 第三天　(d) 第四天

图 13-20

5. 答案:42 次.

解　观察可知,A 的输出顺序:1→2→5→12→10→9→6→1,即每 7 次后的输出顺序不变;而由以上输出顺序也可发现 2,5,Q,10,9,6 也都是每 7 次后的输出顺序不变.

3 的输出顺序:3→7→13→3,即每 3 次后的输出顺序不变;而由以上输出顺序也可发现 7、K 也都是每 3 次后的输出顺序不变.

4 的输出顺序:4→4,即每次的输出顺序不变.

8 的输出顺序:8→11→8,即每 2 次后的输出顺序不变;而由以上输出顺序也可发现 J 也都是每 2 次后的输出顺序不变.

故可知经过[7,3,1,2] =42 次才能够使得输出牌的顺序与原来的顺序完全相同.

6. 答案:260 种.

解　若仅考虑在黑色小方格内放置两枚完全相同的硬币时,即是在 32 个黑格中选择两个,故共有 $31+30+29+\cdots+2+1=496$ 种情况;

因不可以同时出现在同一行、同一列,而每一行、每一列都有 4 个黑格子,且行与列共 $8+8=16$ 条,故有 $16\times(3+2+1)=96$ 种情况要排除.

又因为不可以同时出现在同一斜线上,此时根据斜线的方向分类如下:

(1)由右上至左下. 此类斜行的黑格子数依序为 2,4,6,8,4,6,2 个,因此需排除 $1+(3+2+1)+(5+4+3+2+1)+(7+6+5+4+3+2+1)+(5+4+3+2+1)+(3+2+1)+1=72$ 种情况.

(2)由左上至右下:此类斜行的黑格子数依序为 1,3,5,7,7,5,3,1 个,因此需排除 $0+(2+1)+(4+3+2+1)+(6+5+4+3+2+1)+(6+5+4+3+2+1)+(4+3+2+1)+(2+1)+0=68$ 种情况.

因此 $496-96-72-68=260$ 种情况符合题意.

7. 答案:576,13824.

解 设平方数为 $A=x^2$、立方数 $B=x^3$. 因 A 与 B 各位上的数由 1,2,3,4,5,6,7,8 构成,通过观察 x,A,B 的个位数字后可得出以下符合要求的情况(表 13-2).

表 13-2

x 的个位数字	2	4	8
A 的个位数字	4	6	4
B 的个位数字	8	4	2

可知 $A<B$. 因 A、B 共有 8 个数字,故可分类如下:

(1)若 A 有 1 个数字、B 有 7 个数字:由 A 有 1 个数字可知 $x<4$,故 $x^3<64$,即 B 至多 2 个数字,不合题意;

(2)若 A 有 2 个数字、B 有 6 个数字:由 A 有 2 个数字可知 $x<10$,故 $x^3<1000$,即 B 至多 3 个数字,不合题意;

(3)若 A 有 3 个数字、B 有 5 个数字:由 A 有 3 个数字可知 $10<x<31$,由 B 有 5 个数字可知 $21<x<46$,故 $21<x<31$,即 x 为 22,24 或 28. 若 $x=22$,则 $A=484$,不合题意;若 $x=24$,则 $A=576$,$B=13824$;若 $x=28$,则 $A=784$,$B=21952$,不合题意;

(4)若 A 有 4 个数字、B 有 4 个数字:由 A 有 4 个数字知 $x>31$,故 $x^3>31^3=29791$,即 B 至少 5 个数字,不合题意.

因此 $A=576$,$B=13824$ 为唯一满足题意的解.

8.

解 如图 13-21 所示,用字母表示关在这 12 个方格里的动物.

A	B	C	D	E	F
G	H	I	J	K	L

图 13-21

由题意可知,动物 C,D,F,G,H,I 均加了下划线,表示它们在吵闹.

(1)因为 G,F 都在吵闹,故知 G,F 不是狗也不是兔子;也就是说,G,F 都是猫,也可由此知 A,L 都是兔子. 整理后得到的信息如图 13-22 所示.

A 兔	B	C	D	E	F 猫
G 猫	H	I	J	K	L 兔

图 13-22

(2)若 H 是狗,则 I 是兔子;因为 I 也在吵闹,那么 H 是猫,不合题意;所以 H 不是狗.

(3)若 H 是兔子,则 I 是猫;因为 I 也在吵闹,那么 C 是兔子;因为 C 也在吵闹,故 B、D 都是猫. 此时共有 F、G、I、B、D 五只猫,不合题意;故 H 不是兔子,即 H 是猫,且由此可知 B 是兔子(图 13-23).

A 兔	B 兔	C	D	E	F 猫
G 猫	H 猫	I	J	K	L 兔

图 13-23

(4)若 C 是兔子,则 B 是猫,不合题意;故 C 不是兔子.

(5)若 C 是猫,则 I 是兔子;因 I 在吵闹,故 J 是猫. 此时共有 F,G,H,C,J 五只猫,不合题意;故 C 不是兔子,即 C 是狗,且由此可知 D 是猫、J 是兔子(图 13-24).

A 兔	B 兔	C 狗	D 猫	E	F 猫
G 猫	H 猫	I	J 兔	K	L 兔

图 13-24

(6)最后由动物数量可知 E,K,I 都是狗,此时 E,K 左右的动物都一样,故狗不会吵闹,而 I 左右的动物不同,所以狗会吵闹. 此情况满足题意,故图 13-25 即为所求.

A 兔	B 兔	C 狗	D 猫	E 狗	F 猫
G 猫	H 猫	I 狗	J 兔	K 狗	L 兔

图 13-25

9. 答案:1680.

解　设这个幸运数为 x,根据题意得 $x+1=a^2$, $\frac{1}{2}x+1=b^2$.

由 $\frac{1}{2}x+1=b^2$ 可知 $\frac{1}{2}x$ 为整数,即 x 为偶数,故可设 $x=2y$,此时可得 $2y+1=a^2$, $y+1=b^2$.

由 $2y+1=a^2$ 可知 a 为奇数,故可设 $a=2m+1$,此时可得 $2y+1=(2m+$

$1)^2$，即 $y=2(m^2+m)$.

由 $y=2(m^2+m)$ 可知 y 为偶数，故可设 $y=2z$，此时可得 $z=m^2+m$，$2z+1=b^2$.

由 $2z+1=b^2$ 可知 b 为奇数，故可设 $b=2n+1$，此时可得 $2z+1=(2n+1)^2$，即 $z=2(n^2+n)$.

由 $z=2(n^2+n)$ 可知 z 为偶数，故可设 $z=2w$，此时可得 $w=n^2+n=n(n+1)$，$2w=m^2+m=m(m+1)$.

由 $w=n^2+n=n(n+1)$ 可知 w 为偶数，故可设 $w=2u$，此时可得 $x=2y=4z=8w=16u$，即 $a^2=16u+1$，$b^2=8u+1$，所以 a^2 除以 16 之后所得余数为 1，即 a 除以 16 所得余数为 1，7，9 或 15，而 $x=48$ 为 $a=7$，因此从 $a=9$ 开始讨论.

若 $a=9$，则 $u=5$ 且 $8u+1=41$，不为完全平方数，不合题意；

若 $a=15$，则 $u=14$ 且 $8u+1=113$，不为完全平方数，不合题意；

若 $a=17$，则 $u=18$ 且 $8u+1=145$，不为完全平方数，不合题意；

若 $a=23$，则 $u=33$ 且 $8u+1=265$，不为完全平方数，不合题意；

若 $a=25$，则 $u=39$ 且 $8u+1=313$，不为完全平方数，不合题意；

若 $a=31$，则 $u=60$ 且 $8u+1=481$，不为完全平方数，不合题意；

若 $a=33$，则 $u=68$ 且 $8u+1=545$，不为完全平方数，不合题意；

若 $a=39$，则 $u=95$ 且 $8u+1=761$，不为完全平方数，不合题意；

若 $a=41$，则 $u=105$ 且 $8u+1=841=29^2$，恰为完全平方数，此时 $x=16\times105=1680$.

故比 48 大的下一个幸运数是 1680，其中 $1680+1=1681=41^2$，$\frac{1}{2}\times1680+1=841=29^2$.

点评　设这个幸运数为 x，根据题意得 $x+1=a^2$，$\frac{1}{2}x+1=b^2$，由 $\frac{1}{2}x$ 为整数，即 x 为偶数，故可设 $x=2y$，此时可得 $2y+1=a^2$，$y+1=b^2$.

由 $2y+1=a^2$ 可知 a 为奇数，故可设 $a=2m+1$，此时可得 $2y+1=(2m+1)^2$，即 $y=2(m^2+m)$.

由 $y=2(m^2+m)$ 可知 y 为偶数，故可设 $y=2z$，此时可得 $z=m^2+m$，$2z+1=b^2$.

由 $2z+1=b^2$ 可知 b 为奇数，则 b^2 的个位可能为 1，5，9：

若 b^2 的个位为 9，那么 $\frac{1}{2}x$ 的个位则为 6，那么 $x+1$ 的个位为 7，不能被开方,不合题意;若 b^2 的个位为 1 或 5,则 b 的个位只能为 1,5,9.

当 $x=48$ 时,$a=7$,$b=5$,因此,接下来,从 $b=9$ 开始讨论:

当 $b=9$ 时, $\frac{1}{2}x+1=b^2=81$,$x=160$,而 $160+1=161$,不是完全平方数,不合题意;

当 $b=11$ 时, $\frac{1}{2}x+1=b^2=121$,$x=240$,而 $240+1=241$,不是完全平方数,不合题意;

当 $b=15$ 时, $\frac{1}{2}x+1=b^2=225$,$x=448$,而 $448+1=449$,不是完全平方数,不合题意;

当 $b=19$ 时, $\frac{1}{2}x+1=b^2=361$,$x=720$,而 $720+1=721$,不是完全平方数,不合题意;

当 $b=21$ 时, $\frac{1}{2}x+1=b^2=441$,$x=880$,而 $880+1=881$,不是完全平方数,不合题意;

当 $b=25$ 时, $\frac{1}{2}x+1=b^2=625$,$x=1248$,而 $1248+1=1249$,不是完全平方数,不合题意;

当 $b=29$ 时, $\frac{1}{2}x+1=b^2=841$,$x=1680$,$1680+1=1681=49^2$,符合题意.

因此,比 48 大的下一个幸运数是 1680.

10.

解　可知此题等价于将 0 至 10 这十一个数不重复地填入格子内使得图中经过三个格子的十条线段,每一条线段上的三个方格内所填数的总和都相等.如图 13-26 所示,用字母表示填在这 10 个方格里的数,设每一线段上的三个方格内所填数的总和为 S. 则有

(1)$(a+b+c)+(a+d+e)+(a+f+g)+(a+h+i)+(a+j+k)=5S$,即 $4a+55=5S$.

(2)$(c+e+g)+(b+d+f)+(a+h+i)+(a+j+k)=4S$,即 $a+55=4S$.

由上述两式可知 $S=3a$. 代入 $4a+55=5S$,则 $a=5$,$S=15$,那么 $b+c=d+e=f+g=h+i=j+k=10$.

由于对称,故仅需考虑 $b+c=d+e=f+g=10$ 的情况:

若 $g=10$，则 $f=0$，如图 13-27 所示．而此时知 $e+i=b+d=h+j=15$，但和为 15 仅有 $9+6$，$8+7$ 两种情况，不合题意．

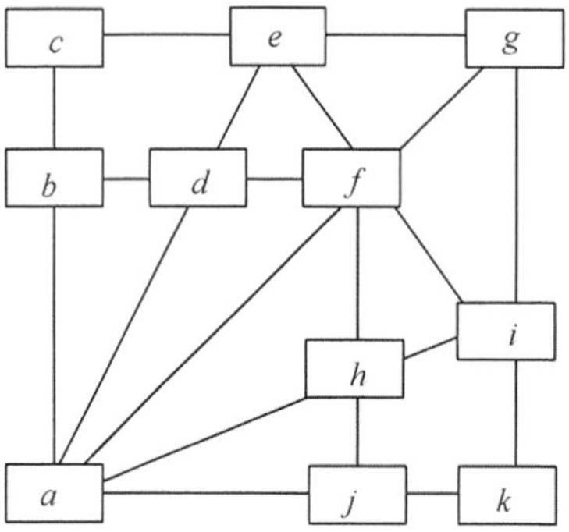

图 13-26

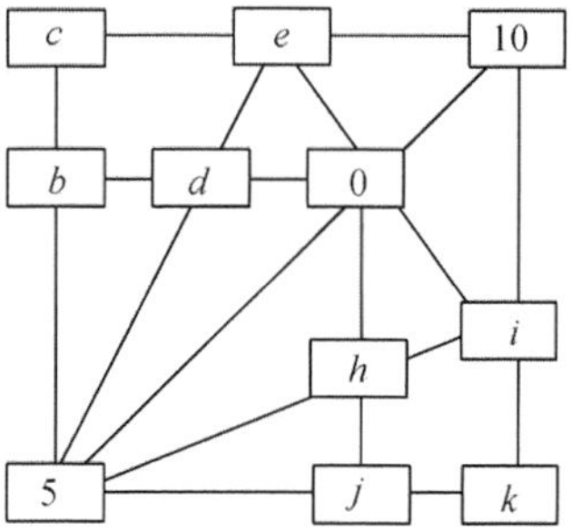

图 13-27

若 $f=10$，则 $g=0$，如图 13-28 所示．此时 $e+i=b+d=h+j=5$，但和为 5 仅有 $1+4$，$2+3$ 两种情形，不合题意．

若 $e=10$，则 $d=0$，如图 13-29 所示．此时 $b+f=15$，但和为 15 仅有 $9+6$，$8+7$ 两种情形，即 $f\geqslant 6$，$e+f\geqslant 16>15$，不合题意．

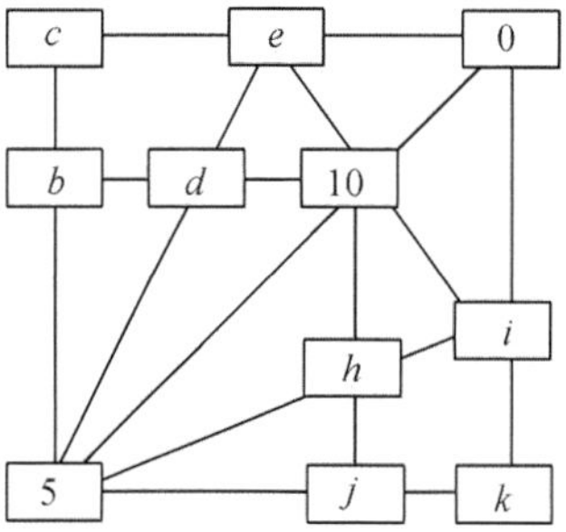

图 13-28

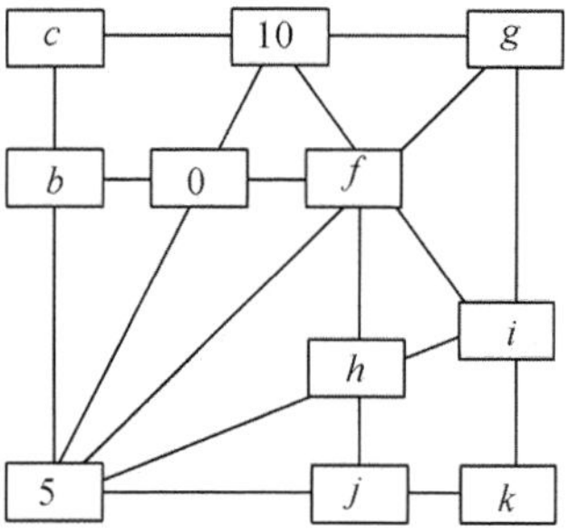

图 13-29

若 $d=10$，则 $e=0$，如图 13-30 所示．此时 $f+i=15$，但现 15 仅有 $9+6$，$8+7$ 两种情形，即 $f\geqslant 6$，$d+f\geqslant 16>15$，不合题意．

若 $c=10$，则 $b=0$. 此时 $e+g=5=1+4=2+3$：

若 $e=4$、$g=1$，则 $d=6$，$f=9$，故 $i=2$，$h=8$，此时 $e+f=17>15$，如图 13-31 所示，不合题意．

若 $e=1$，$g=4$，则 $d=9$，$f=6$，故 $i=8$，$h=2$，因此 $j=7$，$k=3$，此时可得到如图 13-32 的一种解．

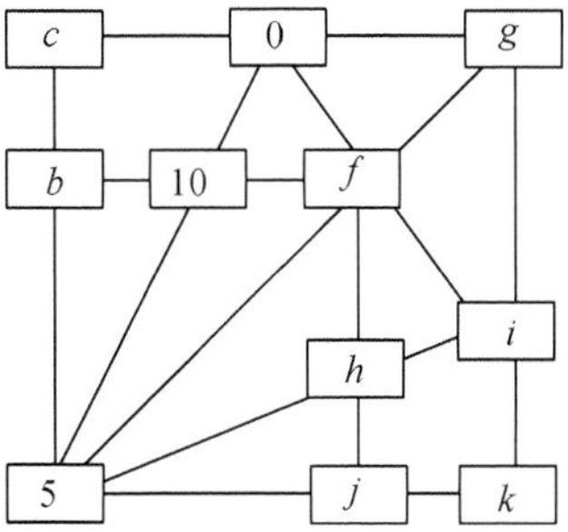

图 13-30

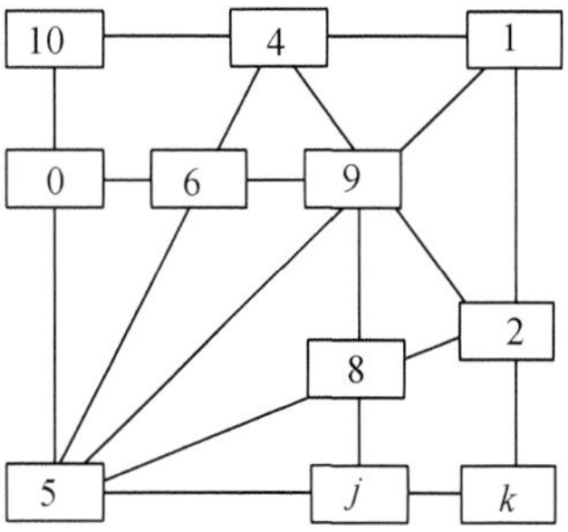

图 13-31

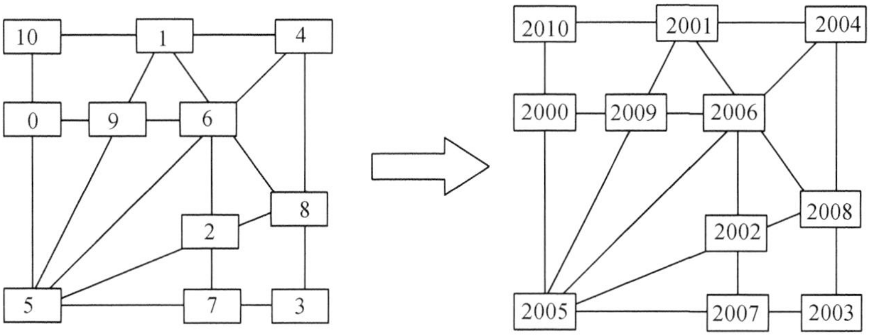

图 13-32

若 $e=2,g=3$，则 $d=8,f=7$，故 $i=6,h=4$，因此 $j=4,k=6$，如图 13-33 所示，出现重复的数字，不合题意．

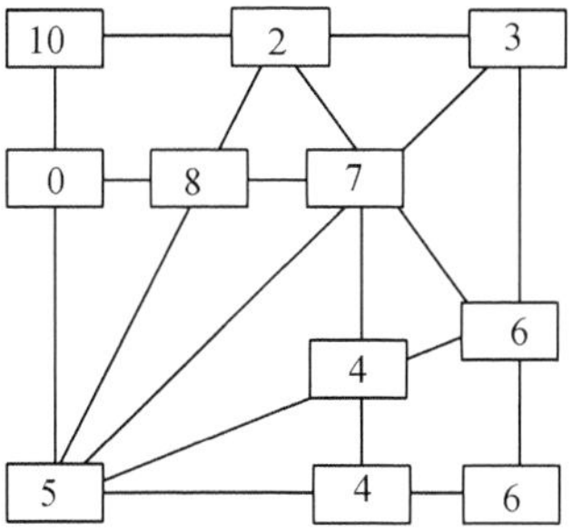

图 13-33

若 $e=3,g=2$，则 $d=7,f=8$，故 $i=4,h=6$，因此 $j=1,k=9$，此时可得到如图 13-34 的一种解．

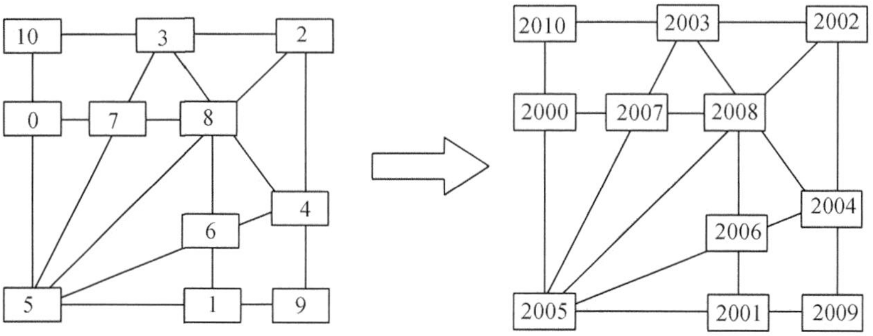

图 13-34

若 $c=0$,则 $b=10$. 此时 $d+f=5=1+4=2+3$;

若 $d=4$,$f=1$,则 $e=6$,$g=9$,故 $i=8$,$h=2$,此时 $g+i=17>15$,如图 13-35 所示,不合题意.

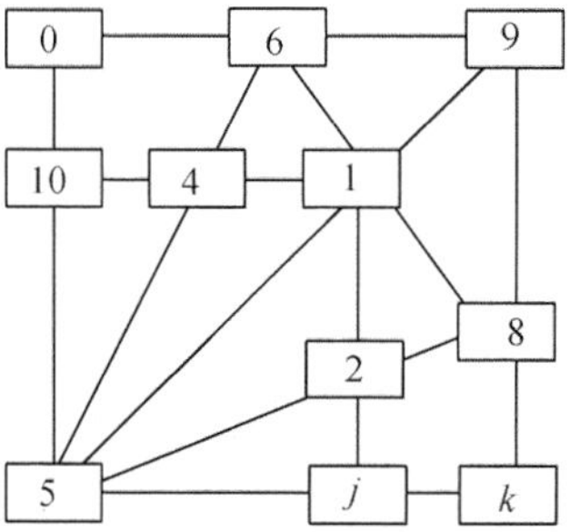

图 13-35

若 $d=1$,$f=4$,则 $e=9$,$g=6$,故 $i=2$,$h=8$,因此 $j=3$,$k=7$,此时可得到图 13-36 的一种解.

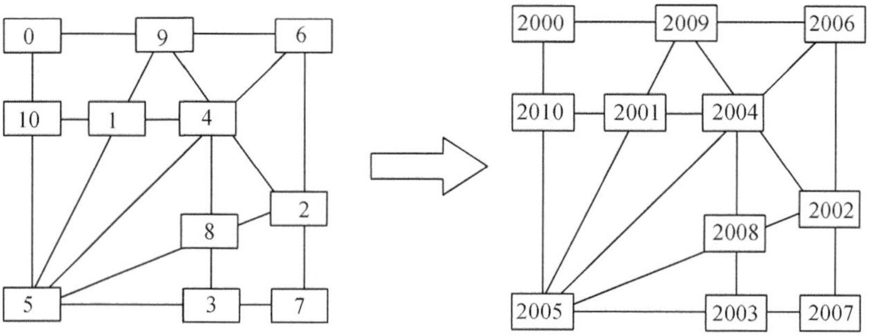

图 13-36

若 $d=3, f=2$，则 $e=7, g=8$，故 $i=6, h=4$，因此 $j=9, k=1$，此时可得到图 13-37 的一种解.

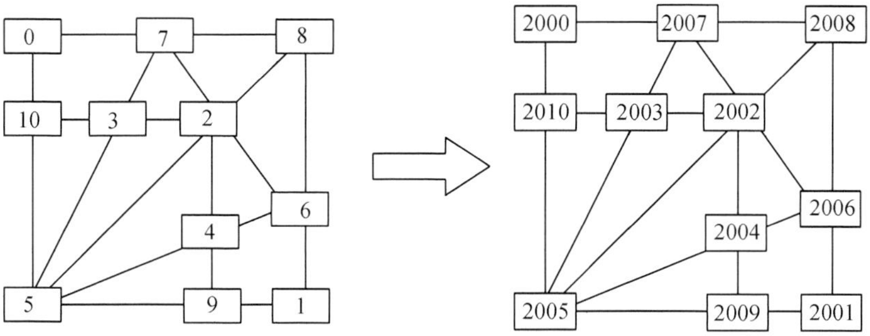

图 13-37

若 $d=2, f=3$，则 $e=8, g=7$，故 $i=4, h=6$，因此 $j=6, k=4$，如图 13-38 所示，不合题意.

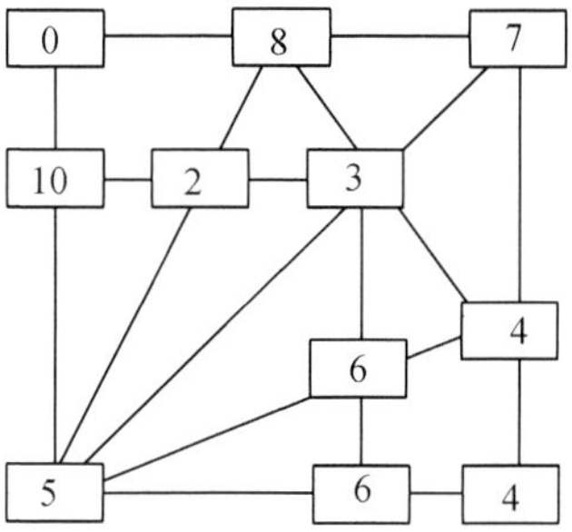

图 13-38

因此若将对称视为同一种解，则共有以下四种解，见图 13-39 ~ 图 13-42.

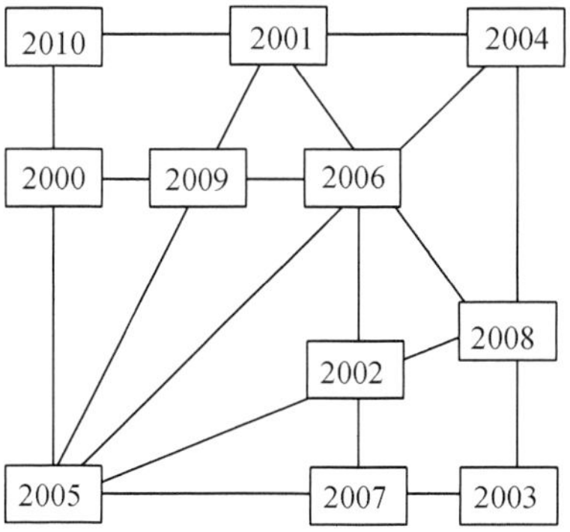

图 13-39

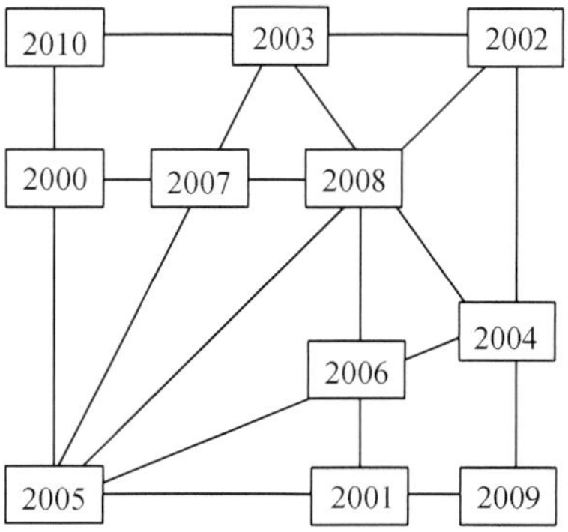

图 13-40

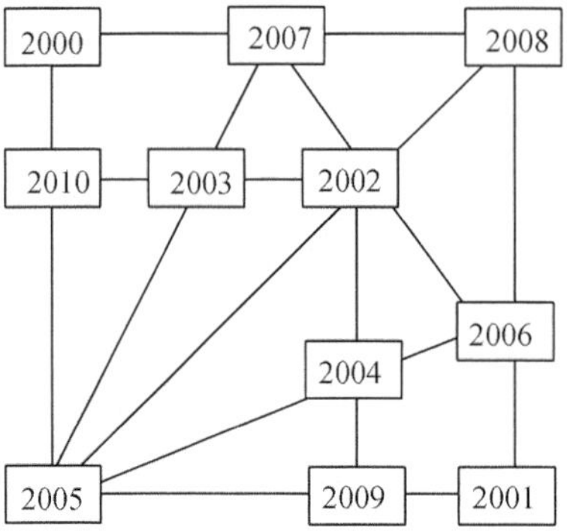
2000
2007
2008
2010
2003
2002
2006
2004
2005
2009
2001

图 13-41

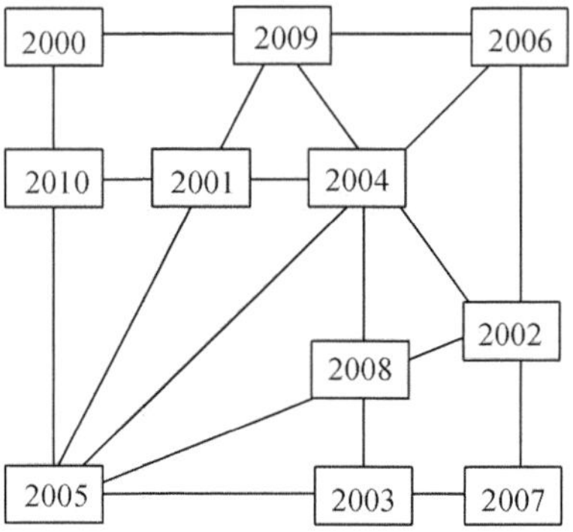
2000
2009
2006
2010
2001
2004
2002
2008
2005
2003
2007

图 13-42